钱塘法律评论

2024年第1卷

杭州师范大学沈钧儒法学院 主办

汪红飞 蒋铁初 主编

赵文宗 执行主编

知识产权出版社
全国百佳图书出版单位
—北京—

图书在版编目（CIP）数据

钱塘法律评论.2024年.第1卷/汪红飞，蒋铁初主编.—北京：知识产权出版社，2024.8
ISBN 978-7-5130-9292-0

Ⅰ.①钱…　Ⅱ.①汪…②蒋…　Ⅲ.①法律—文集　Ⅳ.①D9-53

中国国家版本馆CIP数据核字（2024）第030808号

责任编辑：张琪惠　　　　　　　　　　责任校对：王　岩
封面设计：乔智炜　　　　　　　　　　责任印制：孙婷婷

钱塘法律评论

（2024年第1卷）

杭州师范大学沈钧儒法学院　主办

汪红飞　蒋铁初　主编　赵文宗　执行主编

出版发行：知识产权出版社 有限责任公司		网　　址：http://www.ipph.cn	
社　　址：北京市海淀区气象路50号院		邮　　编：100081	
责编电话：010-82000860转8782		责编邮箱：963810650@qq.com	
发行电话：010-82000860转8101/8102		发行传真：010-82000893/82005070/82000270	
印　　刷：北京建宏印刷有限公司		经　　销：新华书店、各大网上书店及相关专业书店	
开　　本：710mm×1000mm　1/16		印　　张：13	
版　　次：2024年8月第1版		印　　次：2024年8月第1次印刷	
字　　数：220千字		定　　价：88.00元	
ISBN 978-7-5130-9292-0			

出版权专有　侵权必究
如有印装质量问题，本社负责调换。

《钱塘法律评论》编委会

主　编

汪红飞　蒋铁初

执行主编

赵文宗

编　委

於兴中　卞建林　陈兴良　郭　锋
梁治平　吴汉东　王　轶　章剑生
赵　骏　李　安　汪红飞　蒋铁初
邵　劭　李建忠　徐燕斌　袁杏桃

CONTENTS 目录

卷首语
后信息时代:法律控制信息控制人类? 赵文宗 001

"信息法国际会议"专栏
比特币和数据之间的比较法 [意]艾尔玛诺·卡佐莱奥 文 夏雨薇 译 004
从设计隐私到设计数据:《个人信息保护法》、《数据安全法》和
　欧盟数据保护 [意]西蒙尼·卡佐莱奥 文 刘 丹 武海妹 译 018
网络安全的中国视角 赵之威 029
反思香港资料公开权的立法讨论:一个后人类(法律)主义的论述 赵文宗 049
信息公开的政治:理念、实施与影响 [英]本·沃西 文 俞卓炜 译 062
"信息法国际会议"笔谈:多元视角下的数字法治 071

钱塘新声
论网约车平台违反安全保障义务的"相应责任" 王音骅 094
唐朝户籍制度的社会管理功能研究 卢宏勋 109
非破产下股东出资义务加速到期制度之再构成
　——基于2016—2021年相关民事裁判文书的实证研究 罗青青 128

农村妇女土地权益的依法保障研究
　　——基于浙江省的司法实践考察　　　　　　　　　　杨　岚　145
犯罪既遂标准问题研究　　　　　　　　　　　　　　　蒋嫣婷　167
在线诉讼云模式的实证研究
　　——以杭州市为例　　　太金锁　吴志豪　郭皓娴　俞佳慧　江晨雨　180

Table of Contents

Era of Postinformation: Law Controlling Information
    Controlling Human?   *Chiu Manchung*   001

Comparative Law Between Bitcoin and Data   *Ermanno Calzolaio*   004

From Privacy by Design to Data by Design: Personal Information
    Protection Law, Data Security Law and European Union Data Protection
                                                                              Simone Calzolaio   018

Cyber Security in China   *Zhao Zhiwei*   029

Reassessing the Hong Kong Legislative Discourse of Access to
    Information: A Posthuman(Legal) Perspective   *Chiu Manchung*   049

The Politics of Access to Information: Ideas, Implementation and Impact
                                                                                           Ben Worthy   062

International Information Law Conference Discussion: Legal Studies
    in the Digital Era from Various Perspectives   071

On the "Corresponding Responsibility" of Online Car-hailing Platforms
    for Violating Safety Guarantee Obligations   *Wang Yinhua*   094

Research on the Social Management Function of Household Registration
    System in Tang Dynasty   *Lu Hongxun*   109

Reconstructing the Acceleration of Shareholder's Capital
　　Contribution Obligation under Non-Bankruptcy
　　　—Based on the Empirical Research of Relevant Civil Judgments
　　　　from 2016 to 2021　　　　　　　　　　　　　　　Luo Qingqing　128

Research on Legal Protection of Rural Women's Land Rights and Interests
　　—Based on the Judicial Practice of Zhejiang Province　　Yang Lan　145

Research on the Standard of Accomplished Crime　　Jiang Yanting　167

Empirical Research on Online Litigation Cloud Model
　　—Taking Hangzhou as an Example
　　　　　　Tai Jinsuo　Wu Zhihao　Guo Haoxian　Yu Jiahui　Jiang Chenyu　180

后信息时代：法律控制信息控制人类？

赵文宗[*]

2021年，杭州师范大学沈钧儒法学院与意大利马切拉塔大学（University of Macerata）法律系合办了"信息法国际会议"。会议分为两部分：2021年12月1日及15日先举行线上会议；2022年1月10日则在沈钧儒法学院举行线下会议，并形成一组笔谈。会议主题包括个人信息保护、加密货币监管、网络安全保障、档案法律制度与信息公开制度。

正如时任沈钧儒法学院院长郝铁川在会议开幕致辞时指出：于新冠疫情期间，举办一个国际学术会议有其特别意义。正是依靠先进科技支持、信息光速传递，国际学术交流才得以保证。换言之，信息科技支持（甚至创造）了人类的继续生存，如果没有移动电话、没有网络，我们该如何叫外卖和在家工作学习？正是在疫情中，法律—信息—人类的互动更显有趣，信息随科技的日新月异而瞬息万变，虚拟货币也好，网络攻击也好，法律的应对是否及时到位？我们能否一如既往地在信息（爆炸）时代，把信息视为个人财产，由法律保障及操控（例如，何时可将哪些数据公开或封锁）？过去的"人类创造法律控制信息"的"方程式"是否仍然有效？又或者，人类已不自觉（非不自愿）进入后信息时代，意即信息有其自我衍生生态，人类（及法律）已不能完全控制科技和信息。无论答案是什么，正如会议发起人之一，艾尔玛诺·卡佐莱奥（Ermanno Calzolaio）在《比特币和数据之间的比较法》一文中所说的，新科技创造了新（法律）时代。此次国际会议就是在这样的时代背景下举行的，从比较法的角度，互相审视各自当下的法律发展，所以特别有反思意义。

进入信息爆炸时期，个人信息保护一直是热议话题。我们常有一个错觉误

---

[*] 赵文宗，杭州师范大学沈钧儒法学院特聘教授（2018—2023），主要研究方向：法理学。

判：新一代与最新科技一起成长，理应最了解资料一旦上传到网络，便不再受个人主体完全控制，况且，网上的一举一动都有记录，数字脚印（Digital Footprint）永不磨灭。谁知，事实刚好相反，他们的隐私保护意识很差，纪录片《网络炼狱：揭发N号房》中的年轻受害者就是因个人资料落入歹徒手中而被威胁、虐待。因背景不同（如年龄、性别、教育经历）或使用网络的目的不同，每个人往往对个人信息的定义有不同诠释。诚如西蒙尼·卡佐莱奥（Simone Calzolaio）所指出的，这种多元差异会折射到同一司法管辖区内不同法规对个人资料的不同定义及不同的处理中。在《从设计隐私到设计数据》一文中，他十分仔细地比较了中国《个人信息保护法》和欧盟《通用数据保护条例》，在会上，他称前者比后者更优，其中的分析值得深思。赵之威在《网络安全的中国视角》一文中，亦以欧盟《通用数据保护条例》为切入点，详细比较了中国内地和中国香港地区及中国澳门地区关于网络保护的法律。

来自伦敦大学伯贝克（Birkbeck）学院的本·沃西（Ben Worthy）著作颇丰，常被香港法律改革委员会[1]引用。他在《信息公开：理念、实施与影响》一文中先从欧美法理学的角度阐述了"信息公开"概念出现的历史政治脉络及信息公开法律的基本内容，又从比较法的视角精辟地审视了瑞典、芬兰、德国、法国、英国、爱尔兰、墨西哥、美国及印度的立法模式，以及成功或失败的原因。该学者将"信息公开"是否能彻底落实与政府的态度挂钩。其实，整个关于"信息公开"的法律论述，就是讨论信息的属性——信息什么时候属于私人、什么时候属于政府、什么时候属于公众，这就是中心命题。从这个视角来看，税务数据的应用值得深入研究。当今，信息亦自然地成为"石油"，价值甚高。然而，当科技已成为人类主体的一个必然元素时（我们今天外出可以不携带手机吗？手机内藏信息是否较人类肉体更重要？），信息是否可全然由人类操控呢？《反思香港资料公开权的立法讨论》一文企图从后人类主义（Posthumanism）角度探索，当科技不自觉（逐渐）与人类平起平坐时，信息与法律互动的未来走向。

无论科技与人类的关系将来如何，必须坚持全面依法治国，维护社会公平

---

[1] 香港法律改革委员会的当然成员包括律政司司长、终审法院首席法官及法律草拟专员。委员会会就法律议题进行研究、咨询及公开报告。

正义。围绕贯彻依法治国的目标，尹剑斌副教授提出了"数字法治"理论。他指出：今日科技光速发展，立法者必须在跨学科层面规划法律发展——要"将人本精神、平等观念、民主理念带入科学文化中"，也要使崭新技术"参与到数字法治共同体的构建中"。

马切拉塔大学法律系主任斯特法诺·波拉斯特里（Stefano Pollastrelli）在会议开幕致辞时指出：即使有科技支持，也不用预定航班、膳食及住宿，但要跨时区选好开会时间，实属不易，幸好我们团队细心，留意到欧洲在12月会由夏季时间转为冬季时间，不然必出大乱。此外，由于不是线下会议，个人日常烦琐事多，又缺乏实时技术支持，因此还有临时失约、突然断网、会后催稿及翻译等问题。而且由于时间限制，很多题目（如网上欺凌）及重要案例并没有被讨论。由于缺乏面对面的沟通，各专家的实时交流也不如线下顺畅。无论如何，感谢王好及学生团队的不懈努力，由此才顺利克服以上困难。希望基于此次会议的经验，在以后可以组织更多更完美的国际学术会议。

比特币和数据之间的比较法

[意]艾尔玛诺·卡佐莱奥[*]

夏雨薇 译[**]

摘　要　在我们所处的时代,新研究领域的出现变得显而易见,反映出技术创新正在全方位影响我们的个人生活和社会生活。我们所经历的时代变化最确切的特征是"旧世界"的物质维度正在向非物质维度转变,新事物通过电子方式存在并不断变化。本文分析的比特币和数据这两种新事物就为这一转变提供了证据。立法者、法官和学者都在努力探索这些难以捉摸的事物,以便将它们重新分配到令人安心的传统范畴中。然而这些新事物的"非地域性"特征使人们开始质疑目前所采用的反映现实世界的简化方法。我们需要一种致力于分享共同主题和问题的新方法。比较法将应对挑战,以全球化的视角跨越各国的国内法,以了解它们的复杂性。

关键词　比特币;自我监管;法律资格;全球法律

一、引言:"新技术法"的出现及其影响

这一部分针对所谓的数字革命的两个新事物提出一些思考,这两个新事物揭示了我们正在经历的时代变迁,以及渗透到个人生活和社会生活各个方面的新技术的发展。在广阔的网络世界中,法律需求不断增长,以至于我们见证了一个新的法律研究领域的出现:"新技术法"。新技术法的主要特点是什么?在它尚不完善的情况下,关注其中3个特点是有帮助的。

第一个特点可能看起来微不足道,但具有重要意义,即新技术法涉及法学

---

[*] 艾尔玛诺·卡佐莱奥(Ermanno Calzolaio),意大利马切拉塔大学法律系教授,主要研究方向:比较私法。

[**] 夏雨薇,杭州师范大学沈钧儒法学院硕士研究生,主要研究方向:国际法。

家难以理解的非常复杂的方面。因此，我们应该像踮脚走路那样小心翼翼地推行新技术法，并接受不可避免的近似风险（Risk of Inevitable Approximations）。第二个特点是许多议题具有跨学科性质，涉及不同的研究领域（除了公法学、宪法学、民商法学、刑法学，还有历史学、经济学、哲学等）。这就要求我们应当避免法律研究中常见的自我参照风险，采取一种包容性的方法。第三个特点可能是最需要被强调的。数字革命向我们展示了一个前所未有的视角：一个位于被明确界定的领域之外的"空间"，因此这一"空间"也在特定的法律体系之外，就像环境法等其他新兴法律研究领域一样。[1]而合同签订、数据收集、新的财产和服务的流通，甚至违法行为，都发生在这样一个空间里。规范以上这些方面的规则大多是由在这个全球空间中运作的同一群体详细制定和实施的。

在此背景下，本文的切入点是提出"旧世界"立足于以静态性和地域性为特征的物质维度之上，而"新世界"建立在非物质维度上。在"新世界"中，事物仅以电子方式存在且变动不定。[2]比特币和数据就是向"新世界"转变的典型例子。首先，我将集中分析比特币，试图了解它是什么，从比较法的角度研究它的性质，并探讨欧盟的相关监管提案。其次，我将谈到数据及其法律性质。最后，我将对比较法研究面临的新挑战提出一些结论性意见。

二、比特币现象

在不到10年的时间里，比特币以意想不到的规模传播，成交量持续增长。2021年年初，特斯拉宣布有意投资比特币并接受将其作为支付手段。这一消息公布后，比特币的报价猛涨，但在特斯拉宣布重新考虑其战略时，它的报价又下跌了。然而毫无疑问，比特币市场正在持续扩大。

简言之，比特币以区块链技术为基础，而区块链是分布在多台计算机（节

---

[1] Jean-Sylvestre Bergé, Stéphane Grumbach, Vincenzo Zeno-Zencovich, "The 'Datasphere', Data Flows beyond Control, and the Challenges for Law and Governance", *European Journal of Comparative Law and Governance*, Vol. 5, 2018, pp. 144-178.

[2] Luigi Moccia, "La proprietà intellettuale come 'proprietà globale': tendenze e problemi" in Gianmaria Ajani, Antonio Gambaro, Michele Graziadei, Rodolfo Sacco, Vincenzo Vigoriti & Michel Waelbroeck, (eds), *Studi in onore di A. Frignani. Nuovi orizzonti del diritto europeo e transnazionale*, Napoli: Jovene Editore, pp. 661-704.

点）上、将去中心化共识机制与加密验证相结合的一种加密安全数据库。同时，比特币是一种去中心化的、匿名的虚拟货币，其支付交易作为完整支付注册的一部分被验证和接受。更具体地说，比特币依赖哈希算法，以确保记录的交易不会被复制或操纵。记录和验证交易的责任由网络参与者共同承担，提交给服务器的每个新记录的交易都包括以前交易的所有信息。在区块链系统中，各个节点不断进行通信，并通过互联网与运行同一软件的其他计算机同步。

创造者强调比特币系统具有的下述特点和好处，这是所有区块链技术的共性。第一，它具有容错性。即使在区块链的一个副本被删除的情况下，节点上仍有许多其他副本继续提供相关信息。第二，它是不可被篡改的。因为其不只是一个链条，一旦特定节点（矿工）投入大量时间和精力解决数学难题，就可以添加新信息。在这方面值得注意的是，去中心化共识算法确保了区块链始终处于由最大计算能力支持的可靠状态。第三，它是难以被审查的。也就是说，一旦信息得到"矿工"的验证，就没有中心权威机构可以阻止任何信息进入区块链中。[3]

从源头上讲，自2008年国际金融危机之后，比特币的最大卖点是它有望成为在线支付系统的无须基于信任的替代品，可以在不受任何中央货币管理局监督的情况下直接交易。以中本聪之名发布于2008年的第一篇文章，其标题就明确提及这一点：比特币———种点对点式的电子现金系统。[4]

然而该系统并不简单，且需要被不断维护。事实上，它要求计算机以相当大的算力和电力创建数千个哈希。一个哈希（包含交易信息、前一区块记录和指出基础条件已得到满足的时间戳）一经成功获取，将被披露给网络。然后，当前节点通过使用前一区块的哈希对其进行加密签名来验证该区块，创建一个不可变的连续区块。拥有最多工作证明的链条就代表了系统的最终状态，尽管它也不是一成不变的。用户被鼓励参与到这一过程中，其每成功获取一个哈希

---

[3] Philipp Hacker, Joannis Lianos, Georgios Dimitropoulos, Stefan Eich, "Regulating Blockchain: Techno-Social and Legal Challenges-an Introduction" in Philipp Hacker, Joannis Lianos, Georgios Dimitropoulos, Stefan Eich, (eds), *Regulating Blockchain: Techno-Social and Legal Challenges*, Oxford University Press, 2019, pp. 3-24.

[4] Satashi Natamoto, (undated) "Bitcoin: A Peer to Peer Electronic Cash System", https://bitcoin.org/bitcoin.pdf, last visited on August 9, 2022.

都会得到比特币作为奖励。

该系统的复杂性促使人们关注这一事物的两个特点，从而使主流叙事相对化，根据这一叙事，该系统对所有人开放，并且可以自由运用。一方面，人们应该意识到系统具体运作需要大量能源，并因此产生相关成本。比特币时代的环境问题不容低估。据估计，制造一枚比特币所需的能量是通过 Visa 信用卡进行 10 万笔交易所需能量的 4 倍。[5] 根据剑桥大学发布的比特币电力消费指数，全球比特币网络每年消耗约 80 万亿瓦时的电力，大约相当于 23 个燃煤发电厂的年产量，或接近芬兰消耗的电力。[6]

另一方面，比特币确实可以按照绝对的经济秩序流通，这种秩序可以记住每一个离散事件，它不会被破坏，也不需要第三方参与来证明比特币转让的有效性。然而，所需的巨大成本确实也催生了"链外"（Off-chain）交易的情形。其实，在大多数情况下，比特币交易都是通过在线钱包进行的，将交易相关信息保存在云端，并允许客户使用计算机或应用程序访问平台。这些钱包易于使用，且用户无须下载区块链软件。为此，一些人认为，在分布式账本（区块链）上记录每一笔比特币交易的活跃个人网络是一个"迷思"，因为大部分比特币的流通都发生在区块链之外。[7]

总体来说，比特币市场的扩张是基于一种假设，即它不需要任何监管干预。但实际上其确实已被监管，即私人中介机构的自我监管。在这种情况下，一些立法者开始干预，有时是为了吸引经营者（日本、摩纳哥、列支敦士登、马耳他），有时是为了限制或避免在其境内使用比特币作为支付手段（中国）。[8] 这些措施的有效性受到质疑，本文不打算对这些措施进行详细分析。值得一提的是，它们肯定没有阻止或限制比特币市场的急剧扩张。

---

[5] 关于比特币能耗的估计，参见数字经济学网，https://digiconomist.net/bitcoin-energy-consumption，最后访问日期：2021 年 11 月 12 日。

[6] 参见剑桥大学替代金融研究中心网，https://ccaf.io/cbeci/index，最后访问日期：2021 年 11 月 12 日。

[7] Matteo Solinas, "Bitcoiners in Wonderland: lessons from the Cheshire Cat", *Lloyd's Maritime and Commercial Law Quarterly*, Vol. 3, 2019, pp. 433-456.

[8] Filippo Annunziata, "Speak, if you can: what are you? An alternative approach to the qualification of tokens and initial coin offerings", *European Company and Financial Law Review*, Vol. 17, 2020, pp. 129-154.

三、比特币的法律属性

当前的一个争议问题是比特币的法律属性。了解比特币的性质对于应对监管问题，确定适用的法律制度和比特币"所有者"最终可获得的救济措施至关重要。

关于比特币的性质，目前尚无共识。与其他加密货币一样，比特币是一种价值的数字表现，其可以在线交易，且至少具有一些公认的货币功能：它是一种价值存储、交易媒介和记账单位。从这个意义上讲，值得牢记的是，比特币如今已被许多私营公司所接受，同时政府机构也开始接受比特币。[9]一个值得注意的例子是瑞士的楚格州已经开始接受用加密货币纳税。根据2020年的公告，瑞士当局表示，从2021年2月起，楚格州的公民和公司将能够用比特币或以太币支付100000瑞士法郎的税收。

由于虚拟货币和实体货币的相似性，各国都将比特币视为货币，这是美国和部分欧洲国家采纳的观点。2015年，瑞典最高行政法院请求欧盟法院作出先行裁决的一个案件中[10]，欧盟法院的立场明显影响了这一观点。这项请求与《欧盟增值税指令》（VAT Directive）第2条第1款和第135条第1款的解释适用有关。在该案中，一名瑞典公民就传统货币与比特币兑换交易是否应缴纳增值税提起了诉讼。更具体地说，该瑞典公民希望由一家总部设在瑞典的公司来提供将传统货币兑换为比特币等虚拟货币的服务。在不提及更多细节的情况下，我们只需注意，欧盟法院认为，就《欧盟增值税指令》的目的而言，比特币是一种虚拟货币，除了作为支付手段，没有其他用途，不能被定性为有形财产。传统货币与比特币之间的兑换构成了"服务供应"，需缴纳增值税。

针对"支付方式"方面的限制，欧洲中央银行采取了不同的观点，同时就

---

[9] Georgios Dimitropoulos, "Global Currencies and Domestic Regulation. Embedding through Enabling?" in Philipp Hacker, Joannis Lianos, Georgios Dimitropoulos, Stefan Eich, (eds), *Regulating Blockchain: Techno-Social and Legal Challenges*, Oxford University Press, 2019, pp. 112-119.

[10] EUCJ, 22 October 2015, C-264/14, *Skatteverket* v. *David Hedqvist*, in Foro it., 2015, IV, 513. Novella Mancini, "Bitcoin: rischi e difficoltà normative", *Banca impresa società*, Vol. 1, 2016, p. 129; Giuliano Lemme, Sara Peluso, "Criptomoneta e distacco dalla moneta legale: ilcaso bitcoin", October/December *Riv. dir. banc*, 2016, pp. 381-434.

一项关于防止将金融系统用于洗钱目的的指令提案提供了建议。欧洲中央银行认为，目前已知的虚拟货币并没有完全具备经济学理论中货币的三大功能。"当然，就比特币这一目前最受欢迎和最常用的虚拟货币而言，虚拟货币作为交换媒介的作用有限，因为它们在公众中的接受度非常低。此外，它们与货币之间的汇率就大多数商品和服务而言存在高度波动性，使得虚拟货币作为一种价值存储手段毫无用处，即使用于短期目的也是如此，更不用说作为一种长期储蓄工具了。最后，它们的低接受度、汇率高波动性以及因此导致的高购买力波动，使虚拟货币不适合作为记账单位。因此，尽管不排除将来会出现更稳定并被更广泛的用户群体使用的虚拟货币的可能，但目前还不能将比特币等虚拟货币视为完整的货币形式。从经济和法律角度进行分析，可以得出结论，虚拟货币不应被捆绑在货币或货币的通用词中，尽管它们的技术外观与活期存款或电子货币有一些相似之处。"[11]

有趣的是，欧洲立法者支持欧洲中央银行的见解。在《欧盟反洗钱5号令》（Directive 2018/843/EU）的最终版本中，加密货币的所有货币内涵都消失了。

协调比特币与货币这两个概念的困难之处在于，与实体货币不同，虚拟货币在任何法律秩序中都不具有法定货币地位。[12] 二者的关键区别在于，实体货币通常是一种国家货币，而虚拟货币具有全球性质。它们是被设计出来的货币，在不需要国家或国家之外的情况下运行。因此，它们是通用的，可以在使用多种货币的系统之外运行，从而避免货币兑换成本。

显然，除了以"货币"一词来指称比特币的做法存在争议，比特币的性质也有很大争议。这表明要理解仅以虚拟形式存在，并散布在广阔且模糊的网络世界中的事物是很难的。当具体问题出现时，这种性质争议是诸种待解决难题的根源。在这一层面上，法律制度之间的差异殊为明显。

---

[11] European Central Bank, "Virtual Currency Schemes—A Further Analysis", https://www.ecb.europa.eu/pub/pdf/other/virtualcurrencyschemesen.pdf, last visited on July 28, 2022.

[12] Andreas Rahmatian, "Electronic Money and Cryptocurrencies (Bitcoin): Suggestions for Definitions", *Journal of International Banking Law and Regulation*, Vol. 34, 2019, pp. 115-121.

按照普通法的法律传统，2019 年英国高等法院对一个重要案件[13]作出了裁决，该案或许是法院探讨比特币法律性质的首次机会。该案中，一名黑客（第一被告）设法侵入了加拿大一家保险公司的 IT 系统，要求该保险公司以比特币的形式支付赎金，作为公司获取解密软件以重新访问其数据和系统的条件。保险公司向黑客支付了 95 万美元的比特币，并按时、缓慢地重新获得了访问权限。追踪调查显示相当一部分比特币被转移到了与"比特菲奈"（Bitfinex）交易所（由第三和第四被告运营）有关的特定钱包或地址。法院对所有被告下达了所有权强制令（Proprietary Injunctions），冻结了他们的比特币。本案的基本假设是比特币属于财产，这与英国司法工作组于 2019 年 11 月发布的《加密资产和智能合约的法律声明》（Legal Statement on Cryptoassets and Smart Contracts）中的结论一致。该声明认为，个人财产的类型包罗万象，而比特币具有财产的所有特征，即"可定义、可由第三方识别、依其性质可被第三方获得，且具有一定程度的永久性或稳定性"[14]。因此，根据英国高等法院的见解，比特币（以及潜在的其他加密资产）可以被归为财产。

这一做法被飞采（Fetch.ai）诉未知人员（Fetch.ai v. Persons Unknown）[15]一案所证实。原告声称，欺诈者获得了第一原告所持有的币安（Binance）交易账户的使用权，并以远低于实际价值的价格代表第一原告进行各种交易，在短时间内耗尽了账户中的 260 万美元。这一骗局的最终结果是，交易账户中的相关加密资产被传输到第三方账户，原告推断这些账户由实施欺诈的人或其代表运营。原告对未知身份的被告以及两个币安实体（分别在开曼群岛和英国注册）提起了诉讼。原告申请的针对未知人员的所有权强制令、全球冻结令、辅助信息披露令，以及针对币安实体的第三方信托令和银行信托令（Bankers Trust Order）均获准。本案采用的方法与之前审查的另一个案件有所不同，在这一案件中，英国高等法院认为比特币是"据法权产"（Choses in Action），而在之前那个案件中这一观点被否定。无论如何，在该案中比特币毫无疑问被作为一种财产。值得补充的是，英国高等法院还允许在管辖范围外送达申请，理由是加密资

---

[13] AA v. Persons Unknown [2020] 4 WLR 35.
[14] National Provincial Bank v. Ainsworth [1965] 1 AC 1175.
[15] Fetch.ai Ltd and another v. Persons Unknown Category A and others [2021] EWHC 2254 (Comm).

产所在地的法律是其（原）所有人（本案中的第一原告，一家注册地在英格兰和威尔士的公司）住所地的法律。

新西兰高等法院在罗斯科诉隐托邦案（Ruscoe v. Cryptopia）[16]中也采取了类似的做法。新西兰的一家加密货币交易所提供托管服务，并作为一个功能齐全的现货交易平台运营，该交易所要求用户通过开户和存款来注册其会员资格。注册完成后，该交易所将为用户的在线账户提供可用的硬币余额，使用户能够进行交易。购买的加密货币的私钥将存储在交易所持有的虚拟自托管钱包账户中。该案具体细节在此不予展开，其主要案情是该交易所的服务器遭到黑客攻击，钱包中的加密货币被盗，估值约3000万新西兰元。交易所股东决定对公司进行清算，并要求高等法院解决账户持有人和公司债权人为了各自利益就货币法律地位和持有机制性质产生的争议。如果加密货币是财产，那么用户可能对其拥有所有权，在破产情况下，它们可能成为信托的标的物。尽管加密货币因无形而无法被占有，但新西兰高等法院仍然认为，从某种意义上说，它们是财产，是受控制的、有排他性的和可耗尽的数字资产。据新西兰高等法院称，加密货币是实质存在并独立于它们所在媒介的。此外，它们可以被删除或修改，从而使它们失去价值并无法访问。

现在来看一下意大利法律中的情况，比特币的资格问题远未明确。[17]例如，一些法院认为比特币是货币，但同时又排除了将比特币纳入公司股本的可能性，因为比特币的极度不稳定性阻碍了其被赋予精确价值的可能性。[18]其他法院认

---

[16] [2020] NZHC 728. For critical comments see Matteo Solinas, "Bitcoiners in Wonderland: lessons from the Cheshire Cat", *Lloyd's Maritime and Commercial Law Quarterly*, Vol. 3, 2019, pp. 433-456. Also the Commercial Court of Singapore concluded in the sense that bitcoins have "the fundamental characteristic of intangible property as being an identifiable thing of value". [*B2C2 Ltd* v. *Quoine Pte Ltd* (2019) SGHC (I) 03]

[17] Ermanno Calzolaio, "La qualificazione del bitcoin: appunti di comparazione giuridica", *Danno e responsabilità*, Vol. 26, 2021, pp. 188-198; De Graaf, Tycho, "The Qualification of Bitcoins as Documentary Intangibles", *ERPL*, Vol. 5, 2019, pp. 1051-1073; Matthias Haentjens, Tycho De Graaf, Ilya Kokorin, "The Failed Hopes of Disintermediation: Crypto-custodian Insolvency", *Legal Risks and How to Avoid Them Hazelhoff Research Paper Series No. 9*, https://ssrn.com/abstract =3589381, last visited on July 28, 2022.

[18] Corte app. Brescia, sec. I, decr. 24 October 2018, in *Società*, 2019, p. 26 ss. (annotated by F. Murino, Il conferimento di token e di criptovalute nelle s. r. l. and F. Felis, L'uso di criptovaluta in ambito societario. Può creare apparenza?)

为，比特币是一种可以存储在虚拟钱包里，无形、可代替的东西，因此持有它的公司有责任确保其所有者能够处置这些比特币。基于这些理由，一家法院宣布一公司破产，因为它无法确保用户存储的比特币的可用性。[19]然而，这一裁决并没有直接说明比特币的法律性质，尤其是其所有权的排他性。这是一个棘手的问题，因为为了承认无形财产的所有权排他性，就有必要对其进行专项立法，但目前仍然缺乏这一立法。综上所述，即使在大陆法系国家，人们普遍认为无形财产也属于财产，但对其性质仍存在很大争议。[20]

四、欧盟关于加密资产监管的提案

鉴于上文所述的不确定性，欧盟委员会发布了一项关于加密资产监管的提案，并于2020年9月24日通过。《加密资产市场条例》（Markets in Crypto-assets Regulation）是全面的"数字金融一揽子计划"（Digital Finance Package）的一部分，其中还包括其他文件和立法提案。《加密资产市场条例》一旦通过并生效，将成为所有欧盟成员国直接适用的法律，并可据此对处理加密资产的所有发行人和服务提供商进行监管。

《加密资产市场条例》囊括欧盟金融法尚未涵盖的所有类型的加密资产：（1）笼统的一般加密资产（例如比特币、以太币、莱特币等）；（2）实用代币［例如"文件币代币"（Filecoin Token）、"基本注意力代币"（Basic Attention Token）等］；（3）资产参考代币［例如"天秤篮子币"（Libra Basket Coin）等］；（4）电子货币代币［例如USD币（USDC）、"天秤欧元"（Libra Euro）等］。

简单地说，该提案要求欧盟这几种加密资产的发行人发布白皮书（除非适用例外规则），并提前将其发送给各自的国家金融监管机构，以便通知。监管机

---

[19] Firenze Trib, sec. fall., 21 gennaio 2019, n. 18, in *Giur. It.*, 2020, p. 2657. (annotated by D. Fauceglia, Scambio e deposito di criptovalute: la responsabilità del gestore della piattaforma, ivi, p. 2659.)

[20] Rainer Kulms, "Blockchains: Private Law Matters", *Sing JLS*, 2020, p. 78. Zeno-Vincenzo Zencovich, Giorgio Giannone Codiglione, "Ten legal perspectives on the 'Big Data revolution'", (*unico*) *Concorrenza e mercato*, 2016, pp. 39-57. ["From a civil law perspective, it is clear that exclusive rights on non-material entities tend to be a numerus clausus. Copyright, trademarks, patents and all that follows are protected (in the whole world) on the basis of legislative definitions and regulated procedures."]

构随后可以禁止发行这些代币。根据加密资产的类别，发行人将承担不同的监管职责。如果发行人履行了所有义务，加密资产就可以在整个欧盟市场直接发行。

就服务提供商而言，其托管业务、经纪业务、交易活动或投资建议等需要事先获得国家监管机构的批准，才能根据《加密资产市场条例》的规定提供加密资产服务。除此之外，这些监管要求涉及初始资本储备、IT基础设施的安全性、公司治理结构和管理委员会的适当性。一旦获准，该服务可以通过"欧洲金融护照"在整个欧盟范围内被提供。

《加密资产市场条例》希望为基于区块链的数字资产的监督和监管制定全球标准。批评者担心，该法规的部分内容可能会过于超标，对企业施加无法克服的限制，并终结欧盟的各种创新加密货币使用案例。《加密资产市场条例》采用的严格方法通过该提案的第67条第8节得到了很好的说明："被授权代表第三方保管和管理加密资产的加密资产服务提供商，应就故障或黑客攻击导致的加密资产损失向客户负责，赔偿金额不超过所损失加密资产的市场价值。"这一条款引入了严格责任制度，并似乎排除了以不可抗力作为借口的情形。一些观点认为，可以预见，这种制度将成为欧盟内部加密货币监管活动的主要障碍。[21]

总之，如果《加密资产市场条例》的目标是创建一个完全统一的欧洲加密资产市场，通过明确的资产分类和对服务提供者、发行人的透明指导方针，为整个欧盟提供法律确定性，那么这一尝试能否成功值得怀疑。事实上，在全球竞争中，云计算或人工智能等技术的总部基本上设在欧盟以外的地方。大多数《加密资产市场条例》条款的僵化可能会使许多欧盟消费者转向非欧盟监管的外国交易所，从而在很大程度上阻碍欧盟更好地保护消费者。

这一论点表明，监管比特币和其他加密货币的尝试，在一定程度上可能会存在问题，并可能无效。如果欧盟（或其他地方）采取限制性监管措施，那么加密货币的"全球性"特征将会使市场可以轻易地跨越领土界限，在立法者设想的法律体系之外发展。

---

[21] Dirk Zetzsche, Filippo Annunziata, Douglas Arner, Ross Buckley, The Markets in Crypto-Assets Regulation (MICA) and the EU Digital Finance Strategy. Frankfurt, *Germany: European Banking Institute e. V*, 2020.

五、数　据

和比特币一样，数据也是在网络中流通的"东西"。数据化是将我们的日常生活行为、选择、特征等方面转化为数据的过程。它将概念、观点、行为模式、意图和选择转化为数据形式。数据化将不可见的数据转化为一种计算机化的形式，预测不同的趋势、模式和行为，使数据可用。它从数据收集、清理、分类、分析开始，最后将其转化为有助于理解当前趋势的可视化场景。[22]

如今，数据主体和数据处理公司会定期交换个人数据。通常，由合同法规范此类交易。然而，这种现状受到普遍的市场失灵的影响，包括信息过载和执法成本过高，以及对提供和保护个人数据的激励不足。[23]因此，一些学者对将个人数据视为财产的利弊进行了激烈的辩论。学术讨论在这方面总是非常激烈。[24]即使不参与这场辩论，我们也能注意到，至少有两个特征将个人数据与传统的财产形式区分开来。第一，从经济学角度来看，单个数据是微不足道的，但它们聚集后会成为一种巨大的资源。第二，它们很容易被转移。由于信息是非竞争性的，多人可以同时使用它，而不需要相互知道对方的使用情况。这使得强制执行成为一项艰巨的任务，每一个意图监管个人数据的法律制度都应该考虑到它们相较其他"物体"所具有的特殊性。

在欧盟，数据监管的尝试始于2018年起施行著名的《通用数据保护条例》（General Data Protection Regulation）[25]。这是欧洲长期致力于将隐私权视为一项人权的最新成就。它监管数据处理者的内部操作、数据主体的收集许可，并设置新的监管形式。该条例区分了数据经济中的3种参与者。首先，数据主体是

---

[22] David Blei, Padhraic Smyth, "Science and data science", *Proceedings of the National Academy of Sciences of the United States of America*, Vol. 114, 2017, pp. 8689-8692.

[23] Stephen Hazel, "Personal Data as Property", *Syracuse Law Review*, Vol. 70, 2020, pp. 1055-1112.

[24] Paul Schwartz, "Property, Privacy, and Personal Data", *Harvard Law Review*, Vol. 117, 2004, pp. 2055-2128; Pamela Samuelson, "Privacy as Intellectual Property?", *Stanford Law Review*, Vol. 52, 2000, pp. 1125-1173.

[25] Regulation 2016/679, of the European Parliament and of the Council of 27 April 2016 on the Protection of Natural Persons with Regard to the Processing of Personal Data and on the Free Movement of Such Data and Repealing Council Directive 95/46/EC, 2016 O. J. TL 119.

使用特定信息"可以直接或间接识别"的个人。其次,数据控制者"决定个人数据处理的目的和方法"。然而,《通用数据保护条例》认识到,数据控制者通常不直接处理数据,而是依赖第三方处理。因此,该条例最终涵盖了数据处理者,他们在数据控制者的指令下对"个人数据或个人数据集"执行操作。由此,《通用数据保护条例》的术语反映了数据经济的复杂交换模式。该条例仅适用于"全部或部分通过自动化方式"处理或"构成归档系统一部分"的信息。该条例对出于执法和国家安全目的的处理行为进行了豁免。换句话说,《通用数据保护条例》只涵盖档案,并排除家用使用和执法使用。

　　一些观点认为,即使《通用数据保护条例》最初的目的并不是授予欧盟公民对其所创建的数据的财产权,但这就是《通用数据保护条例》所实现的,因为它为数据主体提供了一系列具有对世性的权利束,且数据主体不能完全转让这些权利。[26]如果《通用数据保护条例》真的赋予了欧盟公民数据财产权,那么就不适合进一步讨论这个备受争议的问题了。[27]相反,重要的是要强调,无论个人数据权利的性质如何,真正的问题是执法者不容易发现违法行为。事实上,数据处理者在匿名的情况下使用、储存和共享数据。一旦匿名化充分,产生的数据就成为工业数据,其可根据不同的法律和商业规则被占有、转让,并受法律保护。在这种情况下,人们可能会质疑,能否找到一种有效控制个人

---

[26] Stephen Hazel,"Personal Data as Property", *Syracuse Law Review*, Vol. 70, 2020, pp. 1055-1112.

[27] Jeffrey Ritter, Anna Mayer,"Regulating Data as Property: A New Construct for Moving Forward", *Duke Law & Technology Review*, Vol. 16, 2018, pp. 220-277. For a very critical view about the reconduction of personal data within the field of property, see Serge Gutwirth, Gloria González Fuster, "L'éternel retour de la propriété des données: de l'insistance d'un mot d'ordre" in Cécile De Terwangne, Elise Degrave, Séverine Dusollier, Robert Queck, (eds), *Law, Norms and Freedoms in Cyberspace*. Brussels: Larcier, 2018, pp. 117-140. For a partially different approach, Alain Strowel, "Les données: des ressources en quête de propriété" in De Terwangne, Cécile; Elise Degrave; Dusollier, Séverine & Robert Queck, (eds), *Law, Norms and Freedoms in Cyberspace*. Brussels: Larcier, 2018, pp. 251-256; see also Hugenholtz, Bernt P., "Against 'Data Property'" in Ullrich, Hans; Drahos, Peter & Ghidini, Gustavo, (eds), *Kritika: Essays on Intellectual Property*, Vol. 3, Cheltenham: Edward Elgar, pp. 65-77.

信息的方法。[28]

六、结语：比较法的新角色

是时候就比较法在现阶段应扮演的新角色得出一些结论了。比特币和数据是我们所处新环境中两个突出的新事物。这些"物体"在网络环境中流通，它们不仅无形，而且变动不定。它们的价值在不断增加，但从法律角度来看，它们不容易被理解和分类，基于传统类型化方法来说尤其如此。它们是模棱两可的"物体"，逃避着法律规制。

正如我在文章开始提到的，这些新事物的法律地位和流通需要被制度规范，但相关规则大多由各自市场中的参与者自行提供，同时由于这些"物体"的全球性，立法提案面临以何种路径实施有效监管的困难。在线平台的全球活动在全世界范围内创造了一个与国家当局竞争的准法律环境。在 21 世纪来临时，我们曾经见证了一种新型权力的崛起，它质疑现代法律话语赖以为基的传统主权观念。宪法学者正逐渐意识到新技术对民主和法治带来的挑战。当一项新技术出现时，法律系统干预往往为时已晚，即使监管干预随之而来，其有效性也会受到质疑，因为将分散在网络中的事物框定在领土界限内存在结构性的困难。[29]对此，有观点认为，基于地理边界的监管是不可行的，不可能将国家法律应用于互联网。[30]这一观点可能过于绝对，然而毫无疑问，自我监管在数字环境中发挥着主导作用。

简言之，现代世界的复杂性将我们投射到一个层面，即法律在专属的领土范围内变得越来越不可识别。正是在这个层面上，比较法可以发挥其不可替代的作用，有助于对法律现象采取"全球方法"。这就要求比较法学者能够理解我

---

[28] Jean-Sylvestre Bergé, Stéphane Grumbach, Vincenzo Zeno-Zencovich, "The 'Datasphere', Data Flows beyond Control, and the Challenges for Law and Governance", *European Journal of Comparative Law and Governance*, Vol. 5, 2018, pp. 144-178.

[29] Oreste Pollicino, Giovanni De Gregorio, "Constitutional Law in the Algorithmic Society" in Hans W. Micklitz, Oreste Pollicino, Amnon Reichman, Andrea Simoncini, Giovanni Sartor, Giovanni De Gregorio, (eds), *Constitutional Challenges in the Algorithmic Society*, Cambridge University Press, pp. 3-26.

[30] Johnson, David & Post, David, "Law and Borders: The Rise of Law in Cyberspace", *Stanford Law Review*, Vol. 48, 1996, pp. 1367-1402.

们的时代带来的视角变化。[31]20世纪，比较法曾致力于对法律制度进行分类。如今，新技术的发展开辟了新的视角，其特点是活动的去本地化和虚拟空间中"事物"的去物质化。这要求我们放弃僵化的法制理论体系。

法学家习惯于通过调整传统的分类结果和修改既有制度来面对新的问题，并假定法律是一种被限制在明确的、国家行使其主权的领土范围内的现象。[32]我们对比特币和数据这两种典型事物的讨论表明，立法者、法官和学者都迷失了方向，因为令人安心的传统分类已经不再适合这样的新事物。此外，当立法者试图采取监管措施时，这些措施与事物正在逃离领土界限的全球性相冲突。

当然，打开法律讨论的窗口是有必要的。即将开启的新一轮讨论应当就促进公平贸易、个人数据保护的一般原则展开交流，并探讨决策算法的可解释性等其他价值标准，让科学家和技术人员在学习和交易的过程中参与进来。在这种"教育保护"[33]中，比较法的作用变得越来越重要。只有凭借对比较法的敏感性，我们才能提出比特币和数据等新事物所需要的全球性方法，因为比较主义者习惯面对不同的法律规则和种类并捕捉法律现象的普遍性和相对性，为理解和规范我们所生活的复杂世界提供了关键方法。

---

[31] Luigi Moccia, "Comparazione giuridica, diritto e giurista europeo: un punto di vista globale", Luigi Moccia, *Comparazione giuridica e prospettive di studio del diritto*. Padova: Cedam, 2016, p. 767. Then published in an amended version in Luigi Moccia, "Comparazione giuridica come modo di studio e conoscenza del diritto: l'esempio della tutela ambientale", Riv. trim dir proc civ 74, 2020, pp. 13-41.

[32] Luigi Moccia, "Comparazione giuridica come modo di studio e conoscenza del diritto: l'esempio della tutela ambientale", *Riv. trim dir proc civ* 74, 2020, pp. 13-41. See also Andrea Zoppini, Il diritto privato e i suoi confini Bologna: Il Mulino, 2021, p. 17.

[33] Andrea Simoncini, Erik Longo, "Fundamental Rights and the Rule of Law in the Algorithmic Society", Micklitz, Hans W; Pollicino, Oreste; Reichman, Amnon; Simoncini, Andrea; Sartor, Giovanni & De Gregorio, Giovanni, (eds), *Constitutional Challenges in the Algorithmic Society*, Cambridge University Press, 2021, p. 41.

从设计隐私到设计数据：《个人信息保护法》、《数据安全法》和欧盟数据保护

[意] 西蒙尼·卡佐莱奥*
刘 丹 武海妹 译**

摘 要 2021年，中国立法机关通过了两部与数据相关的重要法律，即《中华人民共和国个人信息保护法》（以下简称《个人信息保护法》）和《中华人民共和国数据安全法》（以下简称《数据安全法》）。《个人信息保护法》的制定受到了欧盟《通用数据保护条例》（General Data Protection Regulation）的启发，借鉴了其保护模式。然而事实上，中国立法者正以更新旧概念（比如个人信息、敏感个人信息）内涵或引入新概念（比如重要数据、国家核心数据）的方式来创新数据治理规则。本文旨在简要描述这些创新，并阐释它们对欧盟数据法的演进有何启示。

关键词 个人数据；非个人数据；个人信息；重要数据；数据治理

一、引 言

2021年，中华人民共和国通过了两部法律，分别涉及数据安全监管和个人信息监管。这两部法律是对《中华人民共和国民法典》（以下简称《民法典》）中有关个人信息保护的规定以及《中华人民共和国网络安全法》（以下简称《网络安全法》）的补充。[1]为充分了解中国监管框架的变化，有必要对其进行

---

* 西蒙尼·卡佐莱奥（Simone Calzolaio），意大利马切拉塔大学法律系副教授，主要研究方向：宪法学。
** 刘丹，杭州师范大学沈钧儒法学院硕士研究生，主要研究方向：国际法；武海妹，杭州师范大学沈钧儒法学院硕士研究生，主要研究方向：国际法。
[1] For the previous regulations: G. Graham Greenleaf, *Asian Data Privacy Law: Trade & Human Rights Perspectives*, Oxford University Press, 2014, Chapter 7; Morris, Robert J, "China's Marbury: Qi Yuling v. Chen Xiaoqi-The Once and Future Trial of Both Education & Constitutionalization", *Tsinghua China Law Review*, Vol. 2, 2012, pp. 274-312; Zhi-zheng Wang, "Systematic government access to private-sector data in China", *International Data Privacy Law*, Vol. 4, 2012, pp. 220-229.

深入研究，并随着新制度的应用实践而与时俱进。本文旨在通过参考中国法律和欧盟数据法的若干基本概念（数据、个人数据、个人信息）来比较中国与欧盟监管框架的异同。在界定这两种法律体系所建立的数据治理模型时，这些概念密切相关且能提供有用信息。

二、欧盟和中国的数据法律框架：布鲁塞尔效应对《个人信息保护法》的影响

欧盟监管框架相当简单，至少从与数据监管紧密相关的角度来看是如此。个人数据受《通用数据保护条例》约束，该法就与个人数据处理相关的自然人的保护及此类数据的自由流动订立规则，取代了此前的《第95/46/EC号保护个人在数据处理和数据自由流动中权利的指令》。非个人数据则由欧洲议会和欧盟理事会于2018年11月14日通过的欧盟《非个人数据自由流动框架条例》进行规范。在此基础上还逐渐增加了其他法规，它们直接或间接地根据每项拟议法规所追求的目的限定了"数据"的概念，或通过有关数字平台或人工智能系统使用数据的规定来管理数据。这些法规包括：《欧盟数据治理法案》提案（2020年11月公布，2022年4月6日批准）[2]、《欧盟数字服务法案》提案（Proposal of Regulation EU Digital Services Act，2020年12月公布）、《欧盟数字市场法案》提案（Proposal of Regulation EU Digital Markets Act，2020年12月公布）、《欧盟人工智能法案》提案（Proposal of Regulation EU Artificial Intelligence Act，2021年4月公布）[3]。

换言之，目前欧盟内部存在对数据（和数字平台）监管过度的风险。关于数据保护，目前欧盟使用的法律概念基本上就包括表1所示的两种（"个人数据"和"非个人数据"）[4]，也许随着《欧盟数据治理法案》提案的出台，一般性的"数据"概念将被引入。

---

[2] See art. 2, par. 1, n. 1 (data), n. 8 (data holder), n. 9 (data user), n. 10 (data sharing), n. 16 (data altruism).

[3] See art. 3, par. 1, n. 29 (training data), n. 30 (validation data), n. 31 (testing data), n. 32 (input data), n. 33 (biometric data). See also art. 10 on the concept of "data governance".

[4] Graef Inge, Raphaël Gellert, Martin Husovec, "Towards a Holistic Regulatory Approach for the European Data Economy: Why the Illusive Notion of Non-Personal Data is Counterproductive to Data Innovation", TILEC Discussion Paper, Vol. 29, 2018, https://papers.ssrn.com/sol3/papers.cfm?abstract_id=3256189, last visited on July 28, 2022.

表1　欧盟关于数据的监管框架

个人数据	非个人数据
《通用数据保护条例》，并废除《第95/46/EC号保护个人在数据处理和数据自由流动中权利的指令》	《非个人数据自由流动框架条例》[Regulation（EU）2018/1807]

如前所述，"中国在个人信息保护和隐私法律领域起步较晚"[5]。如表2所示，目前中国对于数据安全和个人信息的监管由4部法律保驾护航。一方面，2021年通过的《个人信息保护法》和2020年通过的《民法典》（第111条和第1032—1039条）关于个人信息保护的法律基础在于个人信息的概念；另一方面，2016年通过的《网络安全法》[6]和2021年通过的《数据安全法》关于个人信息保护的法律基础在于数据的概念（以及该概念的弱化）。

表2　中国对数据安全和个人信息保护的监管框架

数　据		个人信息	
《网络安全法》（2016年）	《数据安全法》（2021年）	《民法典》（第111条和第1032—1039条，2020年）	《个人信息保护法》（2021年）

如表3所示，《个人信息保护法》在很大程度上借鉴了欧盟《通用数据保护条例》的模式和方法。两者所采用的原则和规定的监管机构以及数据主体的权利即使不是（表面上）相同，也是相似的。

表3　欧盟《通用数据保护条例》与中国《个人信息保护法》之比较

欧盟《通用数据保护条例》	中国《个人信息保护法》
第4条： "个人数据"是指任何指向一个已识别或可识别的自然人（"数据主体"）的信息	第4条： 个人信息是以电子或者其他方式记录的与已识别或者可识别的自然人有关的各种信息

---

[5] Shujie Cui, Peng Qi, "The legal construction of personal information protection and privacy under Chinese Civil Code", Computer Law & Security Review, Vol. 41, 2021, https://doi.org/10.1016/j.clsr.2021.105560, last visited on July 27, 2022. Paul. De Hert, Vagelis Papakonstantinou, The Data Protection Regime in China, European Parliamentary Research Service, 2015.

[6] Yuexin Zhou, "Cyber protection of personal information in a multi-layered system", Tsinghua China Law Review, Vol. 1, 2019, pp. 160-169.

续表

欧盟《通用数据保护条例》	中国《个人信息保护法》
第5条： 　　与个人数据处理相关的原则 　　1. 个人数据：（A）对涉及数据主体的个人数据，应以合法、公平、透明的方式进行处理（"合法性、公平性和透明性"）	第5条： 　　处理个人信息应当遵循合法、正当、必要和诚信原则 第7条： 　　处理个人信息应当遵循公开、透明原则，公开个人信息处理规则，明示处理的目的、方式和范围
第5条： 　　与个人数据处理相关的原则 　　1. 个人数据：（B）应为特定的、明确的、合法的目的收集，并且不符合以上目的不得以一定的方式进行进一步的处理……（"目的限制"）	第6条： 　　处理个人信息应当具有明确、合理的目的，并应当与处理目的直接相关，采取对个人权益影响最小的方式
第5条： 　　与个人数据处理相关的原则 　　1. 个人数据：（C）应以充分、相关以及以该个人数据处理目的之必要为限度进行处理（"数据最小化"）	第6条： 　　收集个人信息，应当限于实现处理目的的最小范围，不得过度收集个人信息
第5条： 　　与个人数据处理相关的原则 　　1. 个人数据：（D）应准确，必要，及时；为了个人数据被毫不延迟地处理、删除或修正，必须采取一切合理的步骤确保个人数据是准确的（"准确性"）	第8条： 　　处理个人信息应当保证个人信息的质量，避免因个人信息不准确、不完整对个人权益造成不利影响
第5条： 　　与个人数据处理相关的原则 　　1. 个人数据：（E）应以具有可识别性的形式存储，存储时间不得超过实现处理个人数据的目的所必要的时间……（"存储限制"）	第19条： 　　除法律、行政法规另有规定外，个人信息的保存期限应当为实现处理目的所必要的最短时间

续表

欧盟《通用数据保护条例》	中国《个人信息保护法》
第 5 条： 　　与个人数据处理相关的原则 　　1. 个人数据：（F）应以确保其适当安全的方式被处理，包括采取适当的技术或组织措施，防止其被未经授权或非法处理，防止其被丢失或毁损（"完整性和保密性"） 　　2. 控制者应该负责，并能够证明遵守了第 1 款的规定（"问责制"）	第 9 条： 　　个人信息处理者应当对其个人信息处理活动负责，并采取必要措施保障所处理的个人信息的安全
第 6 条： 　　处理的合法性 　　1. 只有满足至少如下一项条件时，处理才是合法的： 　　（A）数据主体已经同意基于一项或多项目的而对其个人数据进行处理； 　　（B）处理对于完成某项数据主体所参与的契约是必要的，或者在签订契约前基于数据主体的请求而进行的处理	第 13 条： 　　符合下列情形之一的，个人信息处理者方可处理个人信息： 　　（一）取得个人的同意； 　　（二）为订立、履行个人作为一方当事人的合同所必需，或者按照依法制定的劳动规章制度和依法签订的集体合同实施人力资源管理所必需
第 6 条： 　　处理的合法性 　　（C）处理是控制者履行其法律义务所必要的； 　　（D）处理是保护数据主体或另一个自然人的切身利益所必要的； 　　（E）处理是执行公共利益领域的任务或行使控制者既定的公务职权所必要的； 　　（F）处理是控制者或者第三方追求合法利益所必要的，但数据主体的利益或基本权利与自由优先于该种利益，特别是数据主体为儿童时	第 13 条： 　　（三）为履行法定职责或者法定义务所必需； 　　（四）为应对突发公共卫生事件，或者紧急情况下为保护自然人的生命健康和财产安全所必需； 　　（五）为公共利益实施新闻报道、舆论监督等行为，在合理的范围内处理个人信息； 　　（六）依照本法规定在合理的范围内处理个人自行公开或者其他已经合法公开的个人信息； 　　（七）法律、行政法规规定的其他情形

续表

欧盟《通用数据保护条例》	中国《个人信息保护法》
第 22 条： 自动化的个人决策，包括分析	第 24 条： 个人信息处理者利用个人信息进行自动化决策
第 20 条： 数据可携带权	第 45 条第 3 款： 携带权
第 26 条： 联合控制者	第 20 条： 个人信息共同处理者
第 27 条： 数据处理者	第 24 条： 个人信息处理者
第 35 条： 数据保护影响评估	第 55—56 条： 个人信息保护影响评估

三、欧盟和中国法律中的数据（和个人信息）分类：在布鲁塞尔将反过来产生中国个人信息保护法效应？

现在，我们来关注欧盟和中国法律所使用的数据和个人信息的概念。如表 4 所示，欧盟法律对数据有一个相当简单但未必完整的分类。该分类采取个人数据（《通用数据保护条例》第 4 条第 1 款第 1 项）和非个人数据《非个人数据自由流动框架条例》（第 3 条第 1 款第 1 项）的二分法，特殊种类的个人数据也在此框架下受到监管[7]。完整起见，应该补充的是，欧盟法律所指的个人数据包括假名化数据（Pseudonymised Data），非个人数据则包括匿名化数据（Anonymised Data）。[8] 学者们已经明确，在当前的技术背景下，重识别的可能性使

---

[7] M. Finck & F. Pallas, "They who must not be identified—distinguishing personal from non-personal data under the GDPR", *International Data Privacy Law*, Vol. 10, 2020, pp. 11-36.

[8] Mark Elliot, Kieron O'Hara, Kieron Raab, Christine O'Keefe, Mackey, Elaine, Christopher Dibben, Heather Gowans, Kingsley Purdam, Kingsley McCullagh, "Functional Anonymisation: Personal Data and the Data Environment", *Computer Law & Security Review*, Vol. 34, 2018, pp. 204-221.

得匿名化或假名化数据的区分尤为脆弱,难以绝对保证。[9]

表4 欧盟法律关于数据的分类

《通用数据保护条例》		《非个人数据自由流动框架条例》
个人数据 第4条	特殊种类的个人数据 第9条	非个人数据 第3条
"个人数据"是指任何指向一个已识别或可识别的自然人("数据主体")的信息(……)	揭示种族或民族起源、政治观点、宗教或哲学信仰、工会成员身份的个人数据,以及以唯一识别自然人为目的的基因数据,生物特征数据,健康数据,自然人的性生活或性取向数据	"数据"是指2016/679条例第4条第1点中定义的个人数据以外的数据

首先,如表5和表6所示,《个人信息保护法》(以及《民法典》)使用的是"个人信息"而不是"个人数据";而《数据安全法》和《网络安全法》使用的是"数据"。

表5 中国法律关于个人信息的分类

《个人信息保护法》(2021)		《民法典》(2020)
个人信息 第4条	敏感个人信息 第28条	个人信息 第1034条
个人信息是以电子或者其他方式记录的与已识别或者可识别的自然人有关的各种信息,不包括匿名化处理后的信息	敏感个人信息是一旦泄露或者非法使用,容易导致自然人的人格尊严受到侵害或者人身、财产安全受到危害的个人信息,包括生物识别、宗教信仰、特定身份、医疗健康、金融账户、行踪轨迹等信息,以及不满十四周岁未成年人的个人信息	个人信息是以电子或者其他方式记录的能够单独或者与其他信息结合识别特定自然人的各种信息,包括自然人的姓名、出生日期、身份证件号码、生物识别信息、住址、电话号码、电子邮箱、健康信息、行踪信息等

---

[9] Claudia Irti, "Personal Data, Non-personal Data, Anonymised Data, Pseudonymised Data, De-identified Data" in Senigaglia, Roberto; Irti, Claudia & Bernes, Alessandro, (eds), *Privacy and Data Protection in Software Services*, Springer, 2022, pp. 49-57.

表6　中国法律关于数据的分类

数　据	重要数据	国家核心数据
《数据安全法》第3条	《数据安全法》第21条（亦见于《网络安全法》第21条第4项和第37条）	《数据安全法》第21条
数据，是指任何以电子或者其他方式对信息的记录	国家建立数据分类分级保护制度，根据数据在经济社会发展中的重要程度，以及一旦遭到篡改、破坏、泄露或者非法获取、非法利用，对国家安全、公共利益或者个人、组织合法权益造成的危害程度，对数据实行分类分级保护。国家数据安全工作协调机制统筹协调有关部门制定重要数据目录，加强对重要数据的保护	关系国家安全、国民经济命脉、重要民生、重大公共利益等数据属于国家核心数据，实行更加严格的管理制度

了解了上述不同的类别后，下文特别指出如下3个值得关注的方面：

其一是数据化背景下区分个人信息（《个人信息保护法》）与数据（《数据安全法》）的逻辑。中国立法者区分"信息"（《个人信息保护法》《民法典》）和"数据"（《数据安全法》《网络安全法》）的概念似乎并非偶然。可以推测，《个人信息保护法》着重信息的功能而非承载信息的数据，因为《个人信息保护法》所保护的主要法益是自然人的个人信息权益（第1条和第3条）。类似地，《民法典》的规定与《个人信息保护法》的规定趋于一致。相反，当保护的主要法益是公共利益（例如国家安全，需注意国家安全还包括"个人或组织的合法权益"），国家数字主权就出现了，此时便使用"数据"概念，而不管它包含了什么信息。拟作为物理实体的数据是且必须由国家控制（位置、可用性、使用）。这种区别（"信息""数据"）似乎更适合于数据化的场景。[10]

数据化[11]是当前技术环境的写照，大体由3个因素组成：第一，在技术环境中，现实被全方位投射到一组庞大的数据中，这些数据年复一年不可阻挡地增加着；第二，在无尽的数据挖掘中，电子处理器可以对这些数据进行系统分

---

[10] Marina Micheli, Marisa Ponti, Max Craglia, Anna Berti Suman, "Emerging models of data governance in the age of datafication", *Big Data and Society*, Vol. 7, 2020, pp. 1-15.

[11] Simone Calzolaio, "Protezione dei dati personali", *Dig Disc Pubbl Aggiorn*, 2017, pp. 695-730.

析和关联以提取信息；第三，这些信息通常被用于以自动方式（算法决策）作出与自然人的法律领域相关的决策。

事实上，为保护个人隐私权，重要的不是作为物理实体的"数据"，而是对数据的利用[12]。因此，数据控制者/处理者可以或打算在数据处理过程中提取到的信息实为"个人信息"，有别于取决于用途的"个人数据"。如果数据控制者能够利用该数据提取个人信息（从而去匿名化或将其重新识别为自然人）的期待是不可能或不合理的，则该数据与个人保护无关，《个人信息保护法》将不适用。相反，如果数据旨在识别个人身份，即数据控制者可提取个人信息，则即使其本身不包含个人信息，也仍与个人信息有关，仍适用《个人信息保护法》。就个人保护而言，"个人信息"的概念比"个人数据"的概念更有用。

当国家安全和数字主权的公共利益作为受保护的法益时，情况恰恰相反。在这种情况下，国家必须保护自己使其免受包括其他国家在内的其他主体使用超出可预见或合理范围（就时间、成本、专业技能、专职人员数量而言）的手段从数据中提取信息的影响，包括国家通过该数据已掌握的信息以外的其他信息。在这种情况下，国家法律保护的是"数据"而不是"信息"是完全可以理解的。综上，中国法律似乎对信息（保护个人权利）和数据（保护国家安全和数字主权）进行了细致的区分。

其二是敏感个人信息的界定标准。《个人信息保护法》包含对敏感信息的一个尤为有趣的定义，它将敏感信息与对人格尊严的伤害联系起来。如上文所述，《通用数据保护条例》第9条没有定义敏感数据，仅罗列了敏感数据的若干类型。相反，《个人信息保护法》第28条提出了一项与个人信息定义相符的通用准则：个人信息可识别个人，敏感个人信息可识别与自然人相关的人格。侵犯个人信息的行为侵犯了个人信息受保护权；侵犯敏感个人信息，除了侵犯个人信息受保护的权利（可理解为信息自决权），还可能损害个人尊严、侵犯个人人格。这种独特的界定标准非常合理，可以实现旨在保护个人尊严的

---

[12] OECD, Protecting Privacy in a Data-driven Economy: Taking Stock of Current Thinking, https://one.oecd.org/document/DSTI/ICCP/REG（2014）3/en/pdf, 2014, last visited on July 28, 2022. Abrams, Martin, "The Origins of Personal Data and its Implications for Governance", *The Information Accountability Foundation*, 2014, https://papers.ssrn.com/sol3/papers.cfm?abstract_id=2510927, last visited on July 28, 2022.

灵活法理应用。

其三是"重要数据"概念所反映出的欧盟法律和中国法律间的具体差异。中国法律向我们揭示，数据制度的建构不仅应由相关数据是欧盟法律所指的"个人数据"（因此受到保护）抑或"非个人数据"（于是可以自由流通）决定。中国法律明确规定，包括非个人数据在内的数据和数据集都可以具有战略价值，对经济和社会发展以及国家安全和个人权利具有不同程度的重要性。从《数据安全法》第21条，我们可以观察到数据的重要性。归根结底，数据是否重要，与其说与相关数据本身的性质和类别有关，还不如说与可以对其进行的使用以及不当使用数据可能对国家和人民造成的不利后果有关。因此，国家核心数据将是"非常重要的数据"。中国法律引入重要数据的概念并区分数据的重要程度，在人工智能技术应用数据以及更广泛的机器学习、深度学习和数据挖掘方面也非常有用。

上述3个方面似乎是欧盟立法者在新增数据部门（和数字平台）监管法规之前应该考虑的。

四、数据治理：中国写意画与欧盟马赛克？

借助重要数据和国家核心数据的概念，中国已对数据和个人信息保护进行了完整的法律阐述，至少在使用和引入基本概念方面是如此。为什么欧盟法律体系没有引入这些概念？本质原因是欧盟不像中国那样是一个单一的主权国家。

欧盟无法直接解决超出保护单一欧盟市场和《尼斯基本权利宪章》（The Charter of Fundamental Rights of Nice）所承认的个人基本权利范围的问题，这也是因为制定国家安全法规目前属于各成员国的职权范围，因此在欧盟，除关于个人数据保护和非个人数据自由流通的两项法规外，我们在各成员国（如意大利、法国、德国、西班牙等）可以找到用于保护国家网络安全的各种不同的法律。

然而在数字技术和数据全球化背景下，如果不对重要数据进行监管，就很难对个人数据和信息进行全面监管，进而难以实现真正意义上的数据法律治理。换言之，如果欧盟不对网络安全领域加以监管，就无法真正实现欧盟数字主权。事实上，中国的数据保护法律制度除了受到《通用数据保护条例》的启发，也向欧盟的数据保护法发起了挑战。中国法律从"设计隐私"到"设计数据"的路径转变，强调在法律体系中不再可能将个人数据保护视为一项独立于一般数据制度的法律制度。

个人数据法律制度对于保障国家的战略利益至关重要，监管重要数据乃至所有数据，对于在数字社会中保护个人和个人数据权益同样至关重要。

网络安全的中国视角

赵之威[*]

摘　要	本文将针对中国（包括港澳台地区）与网络安全及个人信息保护有关的法规体系、一般规定及监管热点逐一进行剖析。如今，我国已经构建起以《网络安全法》《数据安全法》《个人信息保护法》为核心的网络安全法律规范体系，对个人信息保护作出全面、细致的规定。我国港澳台地区也出台了针对个人资料和网络安全的法律规定，以应对不断变化的网络安全环境。
关键词	网络安全；个人信息保护；计算机犯罪；网络犯罪

一、引　言

　　网络安全及个人信息保护已经成为近年大众极度关注的议题。自欧盟于 2018 年 5 月 25 日在各成员国统一实施《通用数据保护条例》（General Data Protection Regulation）之后，由于其严谨及跨地域的规管，世界各国政府近年不断通过立法或修法加强网络安全及对个人信息的保障，各大小企业也非常警惕内部网络安全问题，以及在业务中使用客户个人信息而带来的合规风险。亚洲各地规管和保障网络安全及保护个人信息的新法规犹如雨后春笋，陆续出台，与网络安全有关的法规亦日趋完善。亚洲地区许多市场的重点是加强消费者数据保护以及引入强制性通知制度等方面。遭受网络攻击和/或发生违规事件被处罚金与处罚等案例也在不断增加，个人信息外泄及被盗用风险与日俱增。本文将针对中国与网络安全及个人信息保护有关的法规体系、一般规定及监管热点进

---

[*] 赵之威，张淑姬赵之威律师行合伙人，主要研究方向：知识产权法。

行逐一剖析。

二、中国内地（大陆）

2017年以前，我国内地（大陆）法律在网络安全及个人信息方面一直缺乏专门保护。有关网络安全及个人信息保护的规定散见于《中华人民共和国宪法》《中华人民共和国护照法》《中华人民共和国居民身份证法》《中华人民共和国消费者权益保护法》《中华人民共和国保守国家秘密法》《全国人民代表大会常务委员会关于维护互联网安全的决定》《全国人民代表大会常务委员会关于加强网络信息保护的决定》《中华人民共和国计算机信息系统安全保护条例》《计算机信息网络国际联网安全保护管理办法》《电信和互联网用户个人信息保护规定》等法律法规、规章中。但在当时的法律框架内，对于精准打击和遏制侵犯网络安全及个人信息的违法和侵权行为仍缺乏明确直接的法律依据及完善的监管和惩罚机制。

在全球化时代背景下，中国自2017年逐渐形成了以《中华人民共和国网络安全法》（以下简称《网络安全法》）、《中华人民共和国数据安全法》（以下简称《数据安全法》）、《中华人民共和国个人信息保护法》（以下简称《个人信息保护法》）为核心，以《网络产品安全漏洞管理规定》《信息安全技术 个人信息安全规范》等一系列法规规章和标准文件为配套的法律体系，为数字时代的网络安全、数据安全、个人信息权益保护提供了基础制度保障。

（一）《网络安全法》（2017年）

《网络安全法》作为中国内地（大陆）第一部全面规范网络空间安全管理的基础性法律，就数据和个人信息合规提出了许多框架性的要求。该法对个人信息作出了定义，规定了个人信息收集使用应遵循的原则，网络运营者维护网络信息安全的相关义务，网络用户所享有的个人信息保护相关权利，以及违反个人信息保护规定的法律责任等内容，还明确了国家网信部门和其他部门对于网络信息安全监督监管的责任，确立了"1+X"的监管体制。

此外，该法特别强调保护关键信息基础设施（指那些一旦遭到破坏、丧失功能或者泄露数据，可能严重危害国家安全、国计民生、公共利益的系统和设施）的运行安全，明确了关键信息基础设施的运营者负有更多的安全保护义务，并配以国家安全审查、重要数据强制本地存储等法律措施，确保关键信息基础设施的运行安全。

(二)《数据安全法》(2021年)

《数据安全法》作为中国网络空间规制的重要法律之一,规制的是数据处理活动,搭建了数据安全及治理的基本框架。该法确立了数据分类分级管理、数据安全审查、数据安全风险评估、监测预警和应急处置等基本制度,形成了有关数据安全的顶层设计。

同时,该法还通过规定数据管理者和运营者的数据保护责任,指明了在信息化建设和运行维护过程中其应该履行的数据保护义务,包括建立健全流程数据安全管理制度,重要数据的处理者应当明确数据安全负责人和管理机构,落实数据安全保护责任;组织开展数据安全教育培训;采取相应的技术措施和其他必要措施,保障数据安全;应当加强风险监测,发现数据安全缺陷、漏洞等风险时,应当立即采取补救措施;发生数据安全事件时,应当立即采取处置措施,按照规定及时告知用户并向有关主管部门报告;重要数据的处理者应当按照规定对其数据处理活动定期开展风险评估;收集数据,应当采取合法、正当的方式。

(三)《个人信息保护法》(2021年)

《个人信息保护法》在个人信息保护法律方面具有里程碑意义,其立法目的在于保护个人信息权益、规范个人信息处理活动及促进个人信息的合理利用(第1条),对保护公民个人信息和网络隐私起到重要作用。

具体而言,该法厘清了个人信息、敏感个人信息、个人信息处理者、自动化决策、去标识化、匿名化的基本概念,从适用范围、个人信息处理的基本原则、个人信息及敏感个人信息处理规则、个人信息跨境传输规则、个人信息保护领域各参与主体的职责与权利以及法律责任等方面对个人信息保护进行了全面规定。

以下是《个人信息保护法》的重点:

第一,定义清晰。个人信息是指以电子或者其他方式记录,并与已识别或者可识别的自然人有关的各种信息,但不包括匿名化处理后的信息(第4条);而敏感个人信息是指一旦泄露或者非法使用,容易导致自然人的人格尊严受到侵害或者人身、财产安全受到危害的个人信息,包括生物识别、宗教信仰、特定身份、医疗健康、金融账户、行踪轨迹等信息,以及不满十四周岁未成年人的个人信息（第 28 条）。

第二，规管境内外对象。《个人信息保护法》规管在境内处理自然人个人信息的活动（第 2 条），包括国家机关处理个人信息的活动（第 33 条）。如为向境内自然人提供产品或者服务，或者为分析、评估境内自然人的行为等，在境外处理境内自然人个人信息，亦适用《个人信息保护法》（第 3 条），但境外个人信息处理者应当在境内设立专门机构或者指定代表，负责处理个人信息保护相关事务（第 53 条）。

第三，信息处理原则。处理个人信息应当遵循公开、透明、合法、正当、必要和诚信原则，不得通过欺诈、误导、胁迫等方式；公开个人信息处理规则，明示处理的目的、方式和范围（第 5 条和第 7 条）。个人信息处理者（例如网络运营者）在处理个人信息前，应当以显著方式、清晰易懂的语言真实、准确、完整地向个人告知下列事项：（1）其名称或者姓名和联系方式；（2）处理目的、处理方式，处理的个人信息种类及保存期限；（3）个人行使权利的方式和程序等事项（第 17 条）。个人信息处理者如处理不满十四周岁未成年人的个人信息，应当制定专门的个人信息处理规则（第 31 条）。

第四，个人信息的保护要求。从个人信息收集到存储、使用、加工、共享、公开、传输，直到删除，《个人信息保护法》可以完全覆盖。收集个人信息时，个人信息处理者必须遵从上述原则及知情同意原则。使用和处理个人信息不得超出收集前获得的授权范围；而在数据处理外包的情况下，个人信息处理者必须确保外包商在外包处理活动中严格遵守上述要求。存储方面，仅允许在必需的最短时间内存储个人信息，建议在存储个人信息时进行去标识化处理，并且将可用于恢复识别个人的信息与去标识化后的信息分开存储，敏感个人信息最好采用加密形式存储。在与第三方共享或向第三方传输个人信息之前，必须额外征得个人信息主体的相关同意。

第五，处理敏感个人信息的额外要求。个人信息处理者须在具有特定的目的和充分的必要性，并采取严格保护措施的情况下，方可处理敏感个人信息。处理敏感个人信息一般须取得个人的单独同意，除非法律、行政法规另有规定。在公共场所为维护公共安全安装图像采集、个人身份识别设备，须设置显著的提示标识，而所收集的个人图像、身份识别信息不得用于维护公共安全以外的目的，除非取得个人单独同意。此外，个人信息处理者应当在处理敏感个人信息前，进行个人信息保护影响评估，并将有关报告记录保存至少 3 年。

该法通过规定个人信息处理规则（包括一般规定、敏感个人信息的处理规则、国家机关处理个人信息的特别规定）、个人信息跨境提供规则、个人在个人信息处理活动中的权利、个人信息处理者的义务、履行个人信息保护职责的部门以及法律责任等，明确禁止过度收集个人信息、"大数据杀熟"及非法买卖、提供或公开他人信息等行为，并设置了在公共场所安装图像采集等设备应设置显著提示标识等义务，还规定了高额罚款以及记入信用档案等惩罚机制。

其中，值得关注的包括有关自动化决策（大数据算法）的规定。自动化决策是指通过计算机程序自动分析、评估个人的行为习惯、兴趣爱好或者经济、健康、信用状况等，并进行决策的活动（第 73 条第 2 项）。根据《个人信息保护法》第 24 条规定，用户可以拒绝大数据对自己周密的计算及过多的了解，互联网公司同样被禁止利用算法对用户进行了解。企业在通过自动化决策方式向个人进行信息推送、商业营销时，应当同时提供不针对其个人特征的选项，或者向个人提供便捷的拒绝方式。企业在通过自动化决策方式作出对个人权益有重大影响的决定时，个人有权要求个人信息处理者予以说明，并有权拒绝个人信息处理者仅通过自动化决策的方式作出决定。这从源头上断了个人信息的流通，必然治理了非法买卖信息的不正之风，禁止"大数据杀熟"。

又如，该法明确规定了个人信息主体的撤回同意权，即基于个人同意处理个人信息的，个人有权撤回其同意，个人信息处理者应当提供便捷的撤回同意的方式；个人撤回同意的，不影响撤回前基于个人同意已进行的个人信息处理活动的效力。此外，《个人信息保护法》对个人信息处理者响应个人信息主体关于撤回同意的要求也进行了规定，即除处理个人信息属于提供产品或者服务所必需的以外，个人信息处理者不得以个人不同意处理其个人信息或者撤回同意为由，拒绝提供产品或者服务。

再如，该法提出了"单独同意"的概念，并规定了许多个人信息处理者需要取得单独同意的情形，具体包括向第三人提供其处理的个人信息、公开其处理的信息、用于维护公共安全目的以外的目的、处理敏感个人信息、向境外提供个人信息。

《个人信息保护法》有关个人信息保护责任的规定相当细密，对个人信息处理者也规定了较高的要求和较多的责任，同时在惩罚制度上也相当具有威慑力，因此《华尔街日报》评价其"严厉程度全球居前列",硅谷科技媒体"信息"(The Information)将该部法律称为"世界上最严格的隐私法之一"。

（四）《网络安全法》《数据安全法》《个人信息保护法》的配套规范、指南及标准文件

在《网络安全法》《数据安全法》《个人信息保护法》的基础上，近年陆续出台了一系列配套规定，包括《App 违法违规收集使用个人信息行为认定方法》（2019 年）、《网络安全标准实践指南—移动互联网应用程序（App）收集使用个人信息自评估指南》（2020 年）、《常见类型移动互联网应用程序必要个人信息范围规定》（2021 年）、《网络产品安全漏洞管理规定》（2021 年）、《关于开展汽车数据安全、网络安全等自查工作的通知》（2021 年）、《工业和信息化部关于加强车联网卡实名登记管理的通知》（2021 年）、《工业和信息化部关于加强车联网网络安全和数据安全工作的通知》（2021 年）、《信息安全技术　个人信息安全规范》（2020 年）、《汽车数据安全管理若干规定（试行）》（2021 年）、《促进和规范数据跨境流动规定》等。

（五）其他涉及网络安全、数据安全与个人信息保护的法律与司法解释

此外，还有一些法律、司法解释也涉及网络安全、数据安全与个人信息保护。例如,《密码法》（2020 年）对密码作出了定义，明确了密码工作管理体制和管理部门，规定了核心密码、普通密码和商用密码的主要管理制度以及对于密码的使用；《民法典》（2021 年）第 1032 条、第 1033 条、第 1034 条对隐私权和个人信息的定义、保护原则、法律责任、主体权利、信息处理等问题都作出了规定，从法律层面推动解决个人信息保护中的痛点和难点问题；《刑法》（2021 年）第 253 条之一规定了侵犯公民个人信息罪；《最高人民法院、最高人民检察院关于办理侵犯公民个人信息刑事案件适用法律若干问题的解释》（2017 年）将《刑法》中的"公民个人信息"定义为"以电子或者其他方式记录的能够单独或者与其他信息结合识别特定自然人身份或者反映特定自然人活动情况的各种信息，包括姓名、身份证件号码、通信通讯联系方式、住址、账号密码、财产状况、行踪轨迹等"，并对侵犯个人信息的犯罪行为通过列举等方式进行了界定。

（六）计算机及网络犯罪相关规范

最早涉及计算机犯罪的立法可以说是 1994 年施行的《中华人民共和国计算

机信息系统安全保护条例》，该条例主要规定对计算机系统和数据进行保护，并没有涉及网络安全问题。

随着互联网在中国普及，网络信息安全和网络侵害公民权益等问题接踵而来。1997年，《刑法》修订时增加了第285条"非法侵入计算机信息系统罪"（适用于黑客入侵）、第286条"破坏计算机信息系统罪"以及第287条"利用计算机实施金融诈骗、盗窃、贪污、挪用公款、窃取国家秘密或者其他犯罪"，后者首次把计算机犯罪写入刑法，这是计算机犯罪立法的又一里程碑。可是，当时仍然没有明确把网络盗窃、网络诈骗按照盗窃罪与诈骗罪予以处罚。

全国人大常委会2000年通过的《全国人民代表大会常务委员会关于维护互联网安全的决定》，列举了不同层面共21种网络犯罪行为，如侵入计算机信息系统，利用互联网造谣、诽谤或者发表、传播其他有害信息，等等。另外，国务院2000年制定的《互联网信息服务管理办法》针对的是互联网信息服务提供者的信息服务规范问题。2012年通过的《全国人民代表大会常务委员会关于加强网络信息保护的决定》，其主要针对的是网络信息安全，包括非法获取公民个人信息罪。

时至今日，我国《刑法》已发展至包含一共8个罪名（在第6章妨害社会管理秩序罪当中），分别是第285条第1款"非法侵入计算机信息系统罪"、第285条第2款"非法获取计算机信息系统数据、非法控制计算机信息系统罪"、第285条第3款"提供侵入、非法控制计算机信息系统程序、工具罪"、第286条"破坏计算机信息系统罪"、第286条之一"拒不履行信息网络安全管理义务罪"、第287条"利用计算机实施犯罪的提示性规定（金融诈骗、盗窃、贪污、挪用公款、窃取国家秘密或其他犯罪）"、第287条之一"非法利用信息网络罪"、第287条之二"帮助信息网络犯罪活动罪"。

此外，与网络犯罪相关的还至少包括以下多个司法解释，分别是：最高人民法院、最高人民检察院于2013年颁布的《最高人民法院 最高人民检察院关于办理利用信息网络实施诽谤等刑事案件适用法律若干问题的解释》；最高人民法院、最高人民检察院于2004年颁布的《最高人民法院、最高人民检察院关于办理利用互联网、移动通讯终端、声讯台制作、复制、出版、贩卖、传播淫秽电子信息刑事案件具体应用法律若干问题的解释》；最高人民法院、最高人民检察院、公安部于2010年颁布的《关于办理网络赌博犯罪案件适用法律若干问题的意见》；最高人民法院、最高人民检察院于 2010 年颁布的《最高人民法院、最高人民检察院关于办理利用互联网、移动通讯终端、声讯台制作、复制、出版、贩卖、传播淫秽电子信息刑事案件具体应用法律若干问题的解释（二）》；最高人民法院、最高人民检察院于 2011 年颁布的《最高人民法院 最高人民检察院关于办理危害计算机信息系统安全刑事案件应用法律若干问题的解释》；最高人民法院于 2013 年颁布的《最高人民法院关于审理编造、故意传播虚假恐怖信息刑事案件适用法律若干问题的解释》。

由于篇幅所限，笔者未能就每个罪名进行逐一分析。但从上述计算机及网络犯罪的立法过程可见，如今我国《刑法》已因应互联网时代的变化扩大了打击网络犯罪的范围，覆盖面广，应用性强，虽然比较零碎化，但是比不少发达国家更能有效打击计算机及网络犯罪。

三、台湾地区

台湾地区的网络安全由不同的规定所规制。其所谓的"个人资料保护法"致力于保障个人隐私，所谓的"资通安全管理法"则确立了针对关键基础设施供应者的网络安全管控机制。台湾地区所谓的"刑法"第 36 章亦以简洁和科技中立的方式对计算机及网络犯罪进行了规定。

（一）所谓的"个人资料保护法"

台湾地区于 1995 年公布了所谓的"电脑处理个人资料保护法"，规范之主体仅限八大行业及经指定之非公务机关，规范之客体亦有限（未保护特种数据及其他间接可识别之个人资料，且仅及于经电脑处理而未及于纸本数据）。2010 年，前述规定被正式更名为所谓的"个人资料保护法"，扩大了适用范围，并规范对个人资料之收集、处理及利用，宗旨是避免人格权受侵害，并促进个人资料合理利用。据悉，台湾地区正考虑参考欧盟《通用数据保护条例》再次修改相关规定，加强对个人资料的保障。

为了保护个人隐私和资料，该规定指出，公务或非公务机关必须采取适当的安全措施阻止个人资料被盗取、篡改、损坏、销毁或泄露。所谓的"个人资料保护法"不仅适用于台湾地区的公务或非公务机关，外国个人或企业对台湾地区居民个人资料的收集、处理和使用也受到该规定的约束。

根据台湾地区所谓的"个人资料保护法"第 1 章第 2 条第 1 项，个人资料是指自然人之姓名、出生年月日、身份证统一编号、护照号码、特征、指纹、婚姻、家庭、教育、职业、病历、医疗、基因、性生活、健康检查、犯罪前科、联络方式、财务情况、社会活动及其他得以直接或间接方式识别该个人之资料。其中，台湾地区参考了欧盟之规定，把医疗、基因、性生活、健康检查、犯罪前科等资料归于特种数据（敏感资料）范围内，须符合更高的标准，并明令此类资料除非特殊情形，不得收集、处理或利用。

在收集个人资料时，该规定要求收集者应尽告知义务，除了部分特殊情形，应明确告知当事人公务或非公务机关名称、收集目的、资料类别，资料利用期间、地区及方式，当事人得行使之权利及方式，当事人选择不提供个人资料时对其权益之影响，等等。处理与利用个人资料时，必须于该规定所明订之特定目的范畴内，并与原先收集目的有关联，不得擅自挪用，并在特定目的消失或期限届满时，主动或应当事人之要求，删除、停止处理或利用相关个人资料。个人资料当事人也有可行使之权利，包括查询、审查、修改、补充个人资料，要求提供个人资料复印本，要求停止收集、处理、利用个人资料，或者要求直接删除个人资料，此等权利均不得事先以合同形式被放弃或限制。

一般而言，个人资料的跨境传输被允许，除非主管机关在下列情形下行使权力禁止或限制个人资料的跨境传输：（1）涉及重要的台湾地区利益；（2）国际条约或协议禁止或限制该等传输；（3）个人资料输入国（地区）没有为个人资料提供完善的法律保护，从而影响或危害资料当事人的利益；（4）将个人资料传输至第三国（地区）是为了规避"个人资料保护法"的限制。此外，不同行业的主管机关可以发布适用于相关行业的资料控制者进行个人资料跨境传输的规则和规定。例如，台湾地区银行业监管者要求任何涉及个人资料跨境传输的金融机构的外包业务必须符合一定的要求，并且须取得其事先审批。

若发生个人资料被不法收集、处理、利用等纠纷，该规定亦订明了相关刑事责任与民事责任。特别值得一提的是，其规定举证责任由被告承担，也建立了团体诉讼机制，可由公益团体出面代表所有受害者进行诉讼，以民间团体力量保护受害者。

（二）所谓的"资通安全管理法"

台湾地区所谓的"资通安全管理法"于2018年6月6日颁布，该法旨在在公私领域营造安全稳定的网络环境。台湾地区经济事务主管部门随后亦发布了台湾地区企业根据该规定建立相关网络安全机制的指导意见。

所谓的"资通安全管理法"对关键基础设施供应者有严格的要求，要求其制订适当的网络安全维护计划，具有较高的保护水平和一定的应对机制，以确保相关公众的敏感信息不会被恶意或意外泄露。该规定范围内的关键基础设施供应者涉及信息技术和通信、银行和金融、高科技园区、交通、能源、紧急服务、公共医疗保健等领域。

关键基础设施的供应者需要实施网络安全维护计划及将网络安全事件报告业务主管机关。关键基础设施供应者应依设施风险等级（台湾地区行政管理机构所定），并考虑有关业务的重要性、保密性和敏感性，制订、修订及实施网络安全维护计划，报告保存或处理的信息数量和性质，以及网络安全系统的规模和性质。此外，关键基础设施的供应者必须向其主管部门报告网络安全维护计划的实施情况，以供检查。如果出现任何缺陷或不足，关键基础设施供应者必须纠正缺陷并提交改进或改善报告。

为了应对潜在的网络安全事件，所谓的"资通安全管理法"要求关键基础设施的供应者事先建立报告和应对机制（Report and Response Mechanism）。当发现系统、服务或互联网状态受到威胁，可能会影响其系统的操作、可用性、完整性、真实性或机密性时，关键基础设施供应者必须在意识到该事件后立即通知其有关部门，同时采取措施控制损失，并按照有关部门制定的机制恢复运行。

此外，关键基础设施供应者应在每次网络安全事件发生后，向监管其业务的部门提交一份报告，详细说明其调查、处理和改进的情况。发生重大事件时，还应当向行政管理机构报告。如果关键基础设施供应者违反该规定的要求，主管部门可直接处以30万—500万新台币的罚款，并命令供应者在指定期限内改正问题。

（三）所谓的"刑法"

台湾地区所谓的"刑法"第36章"妨害电脑使用罪"针对网络罪行进行了规定，虽然条文精简，但有关规定涵盖了现行各种不同的网络安全问题。黑客入侵行为明确违反所谓的"刑法"第358条（侵入他人的电脑罪行）——如果某人无故输入他人的账号和密码、破坏电脑的保护措施或者利用电脑系统的漏洞，无正当理由（包括未经授权或并非法律要求下）入侵他人的电脑或相关设备，都属于第358条规定的犯罪。

任何人非法获取、删除或者修改他人电脑或相关设备中的电磁记录的行为可能会违反所谓的"刑法"第 359 条的规定。该规定适用范围广，无论是在线上或线下以任何形式侵入他人电脑或网络，只要涉及电子文件的获取、删除或者修改，均可以第 359 条入罪。

凡无故干扰他人使用电脑或相关设备，并对公众或他人造成伤害的，违反所谓的"刑法"第 360 条的规定。此条一般适用于大部分间谍软件（Spyware）程序、恶意软件（Malware）程序及拒绝服务攻击（DoS Attack）。

根据所谓的"刑法"第 362 条，为了进行上述犯罪行为而自己或他人制作电脑程序亦属于违法行为。值得注意的是，台湾地区民事相关规范体系并没有关于网络安全侵权民事责任的具体规定。可是，倘若任何人通过侵入他人计算机或者通过其他方式危害网络安全，使他人遭受损失或损害，受害人可以依据台湾地区所谓的"民法典"第 184 条（侵权）及其他相关条款要求经济赔偿。

四、澳门特别行政区

澳门特别行政区在网络安全及个人资料保护方面的法律规范可以说是"麻雀虽小，五脏俱全"。因为澳门于 2005 年制定了《个人资料保护法》，为个人资料的线上及线下收集、处理及使用提供了基本保障；更于 2009 年制定了《打击电脑犯罪法》，对计算机及网络相关罪行作出具有针对性的规定，配合其《刑法典》最大限度地实现刑法对科技犯罪的打击。2019 年，澳门特别行政区正式落实及执行《网络安全法》，进一步强化澳门网络安全防护能力，降低关键基础设施遭受网络攻击的风险，保障澳门地区以至我国国家安全。

（一）《个人资料保护法》

澳门特别行政区《个人资料保护法》（第 8/2005 号法律）制定了个人资料处理及保护的法律制度，适用于所有自然人或法人，自动化或手动操作方法对个人资料的处理均受此法规管。

根据澳门特别行政区《个人资料保护法》，个人资料是指与某个身份已确定或身份可确定的自然人（资料当事人）有关的任何信息，对个人资料的分类比大部分国家或地区仔细，其将个人资料归类为常见个人资料，敏感资料，怀疑从事不法活动、刑事违法行为或行政违法行为的资料，信用和偿付能力资料，以及具有监察性质的资料。常见个人资料一般可分为身份识别资料（例如身证明文件种类和号码、身份证明文件副本、姓名、性别、年龄和出生日期、出生地国籍、照片、联络方式、常用语言和学历等）、家庭情况资料（例如婚姻状况、配偶姓名、子女姓名、父母姓名等）、职业活动资料（例如职业种类及名称、工作经验、银行账户号码、收入等）。敏感资料是指与世界观或政治信仰、政治社团或工会关系、宗教信仰、私人生活、种族和民族本源及健康和性生活有关的个人资料（包括遗传资料）。怀疑从事不法活动、刑事违法行为或行政违法行为的资料包括但不限于与某人涉嫌犯罪或违法相关的个人资料，以及其被判处刑罚、罚金或附加刑决定有关的个人资料。信用和偿付能力资料包括但不限于银行交易记录、月结单等。具有监察性质的资料包括但不限于电话录音、声音、影像、电邮记录、互联网浏览记录等。这种详细分类并不常见，虽然有助于大众更好地了解《个人资料保护法》的保护范围，但在实务操作中灵活性可能略有不足。

《个人资料保护法》明确任何人处理个人资料时应以透明的方式进行，遵守合法、善意、目的限定、适度、准确、限期保存等原则。在收集个人资料时，必须依法告知当事人与处理其个人资料相关的信息，例如处理者身份、收集目的、资料去向、回答问题是否有强制性，不提供资料会有什么后果，当事人享有的查阅权、更正权和行使条件。

与中国内地的《个人信息保护法》一样，澳门特别行政区《个人资料保护法》也明确对敏感个人资料作出特别保护。根据《个人信息保护法》，"敏感个人信息"是指，一旦泄露或非法使用，容易导致自然人的人格尊严受到侵害或人身、财产安全受到危害的个人信息，包括生物识别、宗教信仰、特定身份、医疗健康、金融账户、行踪轨迹等信息，以及不满十四周岁未成年人的个人信息。《个人信息保护法》所规范的敏感个人信息的范围较《个人资料保护法》更广，且作出了更严格的保护。值得注意的是，《个人信息保护法》将未成年人个人信息归入敏感个人信息，加大对未成年人个人信息保护的力度，体现了国家对儿童合法权益予以充分保护的明确取向。

值得一提的是，澳门特别行政区的个人资料保护办公室获《个人资料保护法》授权负责审批某些非依照常规处理个人资料的许可申请，例如：敏感资料处理（基于重大公共利益且处理为负责处理的实体履行职责所必需，对敏感个人资料进行处理）；改变个人资料用途（在与收集个人资料的目的不同的情况下使用个人资料）；延长资料保存期（因具有正当利益及为历史、统计或科学之目的，延长个人资料的保存期限）；转移个人资料到澳门特别行政区以外（如有关转移不符合《个人资料保护法》所列的条件，在确保有足够的保障他人的私人生活、基本权利和自由的机制，尤其透过适当的合同条款确保这些权利的行使的情况下，可申请许可，在获个人资料保护办公室许可后将个人资料转移至澳门以外地区）。

（二）《网络安全法》

欧美国家近年来不断出台有关网络安全的法例，例如欧盟的《通用数据保护条例》、美国加利福尼亚州的《物联网安全法案》等，不少亚洲国家及地区亦陆续制定自己的网络安全法例。澳门特别行政区在2019年6月24日公布《网络安全法》，该法于同年12月22日生效。

《网络安全法》的目的是建立及规范澳门特别行政区的网络安全体系，以保护关键基础设施营运者的资讯网络、电脑系统及电脑数据资料，降低遭受网络攻击的风险。所有关键基础设施的公共及私人营运者都受《网络安全法》所规范，其中私人营运者包括：（1）在下列特定领域从事业务的私法实体（供水；银行、财务及保险业；在医院提供卫生护理；污水处理和垃圾收集及处理；燃料和受卫生检疫及植物检疫的食品的总批发供应；法定屠宰场宰杀动物；电力及天然气的供应及分配；按预定路线或航线、班次、时间表及收费提供的定期海、陆、空运输的公共服务；港口、码头、机场及直升机场的营运；视听广播；经营娱乐场幸运博彩；经营固定或流动的公共电信网络，以及提供互联网接入服务）；（2）全公共资本公司；（3）活动仅限于科学及技术领域的行政公益法人。相关机构需要设立一个专门负责网络安全管理的部门及网络安全负责人，而该负责人需具备相关资格及专业经验，并要以澳门为常居地。曾犯《网络安全法》规定的罪行，计算机犯罪或伪造技术注记罪、损坏或取去技术注记罪、以资讯方法作侵入罪、不当利用秘密罪、违反函件或电讯保密罪或违反职业保密罪，或犯其他被判超过5年有期徒刑的罪，都不得担任此职位。

机构也要建立网络安全投诉和举报的机制及渠道。另外，每个机构要制定网络安全管理制度及相关的内部操作程序，落实内部网络安全保护、监测、预警及应急措施。一旦机构发生网络安全事故，它需要向"网络安全事故预警及应急中心"通报，并展开应急工作。

在审查程序中，所有机构都要允许"网络安全事故预警及应急中心"等相关部门的代表进入设施及信息网络，并向该等人员提供所需数据，以便进行审查。公共营运者与用户签订合约，确认提供互联网接入服务、域名注册服务、固定或流动公用电信服务时，需要用户提供真实身份数据。在提供互联网接入服务时，公共营运者要将记录互联网地址与内联网地址的转换对应关系的日志保存1年。

如公共营运者违反了该法例，均构成行政违法行为，轻微者（指没有构成实质危险，且非属累犯）会被罚款5万—15万澳门币；严重者会被罚款15万—500万澳门币，并可能会被剥夺参与公共实体采购的公开竞投权利、获取津贴等权利，亦可被中止有关政府许可、牌照、批给合同或执照的部分或全部效力。

（三）《打击电脑犯罪法》

早期，澳门特别行政区没有一部专门针对电脑犯罪及网络犯罪的法律，只是利用澳门《刑法典》第213条"信息诈骗罪"（现已废止）及第187条"以资讯方法作侵入罪"两项规定。第213条"信息诈骗罪"旨在打击以任何方式介入信息处理之程序或结果，而侵害他人财产权益的行为，亦便于打击通过网络侵入银行电脑系统，篡改程序或数据以诈骗金钱的行为。第187条"以资讯方法作侵入罪"则不需要证明不诚实意图，亦无须与金钱有关，主要针对私人生活的保护。可是，这两项罪名明显不足以应付不同形态的网络罪案，而且刑罚相对较轻。

因此，澳门特别行政区于2009年制定了《打击电脑犯罪法》，致力于提高澳门打击网络犯罪的能力。该法首先通过澳门《刑法典》相关规定对不当进入电脑系统，不当获取、使用或提供电脑数据，不当截取电脑数据，损害电脑数据，干扰电脑系统，用作实施犯罪的电脑装置或电脑数据，电脑伪造，电脑诈骗8项电脑犯罪行为的犯罪构成和刑罚作出规定，对《网络安全法》所规定的关键基础设施营运者及中央人民政府驻澳机构实施的电脑犯罪进行了加重规定，并对法人实施的电脑犯罪的刑事责任予以明确规定，亦明确规定《刑法典》相关规定如何适用于电脑犯罪和网络犯罪及《刑法典》和《打击电脑犯罪法》如何互补，最大限度实现刑法对电脑犯罪及网络犯罪的打击。

另外，鉴于计算机及网络犯罪证据容易流失或被篡改、伪造等特点，《打击电脑犯罪法》对计算机及网络犯罪的证据收集进行了相关的补充规定，以填补澳门《刑法典》的不足，并进一步完善计算机及网络犯罪的刑事诉讼程序，有助于监管机关进行刑事调查及检控。主要条文包括：明确赋予监管机关扣押相关电脑系统及数据储存载体中数据的权力，以保持已储存的电脑数据的完整性；明确法院可采取不同的计算机证据保存措施，例如命令互联网服务提供商保存涉案的计算机完整数据（数据保存最长期限为 90 日），并提供足够的路由数据和能识别各互联网服务提供商的身份数据，以及有关通讯路径数据；实时查阅及收集涉案人所使用的通讯或服务的路由数据；命令任何相关人士（不仅指涉案人士）将其持有或由其控制的计算机数据交出；命令互联网服务提供商将其持有或由其控制的关于其互联网服务的登记用户的基本数据交出；命令互联网服务提供商迅速移除或阻止他人查阅特定及不法的计算机数据；等等。这些都是有助于计算机及网络犯罪刑事侦查的特殊措施，能有效提高监管机关的侦查能力，对证据保存起了很大作用，令《打击电脑犯罪法》及《刑法典》中针对计算机及网络犯罪的规定得以真正的实行。

五、香港特别行政区

香港特别行政区算是亚洲地区较早为打击计算机犯罪立法的地区，但其处理形式是在当时的《刑事罪行条例》及《电讯条例》中加入若干条文，或者在没有明确适用法例的情况下由法院将现存规管现实社会中行为的法例法规延伸至网络世界，因此香港现时针对计算机及网络犯罪的规定是零散的、碎片化的。可是，当今 21 世纪世界科技日新月异，香港没有进一步完善或优化相关法例法规，未能与时俱进。个人数据方面，香港特别行政区的《个人资料（私隐）条例》提供了健全的法律保障。在笔者执笔之时，香港特别行政区仍未有网络安全方面的立法。

（一）计算机及网络犯罪相关制度

如上所述，打击计算机及网络犯罪的条文散落在不同法律当中，主要条文及分析如下：

"有犯罪或不诚实意图而取用电脑"（香港法例第 200 章《刑事罪行条例》第 161 条）：任何人取用电脑时或在日后任何时间有意图犯罪、不诚实地意图欺骗、为了不诚实地使自己或他人获益，或不诚实地意图导致他人蒙受损失，都属犯罪，一经循公诉程序定罪，最高可被判监禁 5 年。获益或受损不一定是经济上的获益或受损，可以是数据、隐私、名誉方面的获益或受损，亦包括暂时性或永久性的获益或受损。多年前，有医院员工因为未经授权取用医院计算机查核香港律政司前司长梁爱诗女士的病历报告，然后告知报社，而被法院裁定不诚实取用电脑。此外，在解读"不诚实取用电脑"时，香港有法院曾在一起有关偷拍女士裙底案件中判定，该控罪范围可延伸至使用智能手机通信或拍照，之后也在另一起关于偷拍考试卷的案件中判定，即使计算机包括智能手机，"取用"意思是挪用他人的，质疑律政司过往一直错误理解"不诚实取用电脑"，因此判定用自己的手机偷拍考试卷的被告控罪不成立，现在有待律政司重新检视控罪的适用范围。这可以说是法律未与时俱进的必然结果。

"欺诈罪"：即使是通过网上方式（例如"钓鱼"网站及诈骗电邮），只要能证明有欺骗意图诱使另一人作出任何作为或有任何不作为，一般可被归纳为欺诈罪（香港法例第210章《盗窃罪条例》第16A条），最高刑罚可处监禁14年。如果是以欺骗手段取得金钱利益，最高刑罚可处监禁10年（香港法例第210章《盗窃罪条例》第17条）。

"误用电脑"：当一个人没有合法辩解，摧毁或损坏属于他人的财产，有意图摧毁或损坏属于他人的财产，或没有顾及后果而摧毁或损坏属于他人的财产，都是犯罪［香港法例第200章《刑事罪行条例》第59（1A）条及第60（1）条］。根据第59（1A）条，摧毁或损坏财产还包括"误用电脑"——任何人使用自己或他人的电脑干扰他人电脑运作，更改或删除他人电脑储存的程序或数据，或在电脑内加入任何程序或数据，这些都属于摧毁或损坏财产。

"黑客入侵"：借由电讯而未获授权取用电脑资料属刑事罪行（香港法例第106章《电讯条例》第27A条）。当一个人通过电讯网络取用电脑，而他原本没有权限取用电脑，受此条所限。这个人的意图不必是指向任何特定的电脑程序或数据，或任何特定电脑所储存的程序或数据。因此，几乎所有黑客入侵电脑的行为均适用此条，而且不需要证明有任何经济或其他财物（包括程序或数据）的损失。

"裸聊勒索"：不法之徒通过社交网络平台或实时通信软件结识受害人，诱使受害人在网络摄影机前裸露或作出不雅动作，其后声称拍下片段，威胁受害人汇款到指定银行账户，否则将片段上传至互联网。此等事件虽然发生在线上，但有关行为亦构成勒索罪（香港法例第210章《盗窃罪条例》第23条）。一经定罪，最高刑罚可处监禁 14 年。

根据香港警务处网站信息，香港特别行政区常见的科技类犯罪包括商业电邮诈骗、网上购物诈骗、网上情缘诈骗、计算机勒索软件攻击、社交媒体诈骗、网上银行诈骗、网上交友陷阱、网上裸聊勒索、非法进入计算机系统等。而香港特别行政区面临三大网络安全威胁：第一是加密货币劫持（Cryptojacking），即黑客通过恶意软件，入侵受害人计算机秘密挖掘加密货币；第二是分布式拒绝服务攻击，即攻击者使用多个被盗用或受其控制的计算机设备（俗称"僵尸计算机"）发动攻击，利用庞大互联网流量使目标服务器或网络不胜负荷，最终导致目标服务器或网络不能正常运作；第三是"网络钓鱼"攻击，不法分子会通过网站、电子邮件、实时通信信息偷取受害人的个人数据和财务数据，并植入恶意软件以获取计算机控制和管理权，从而骗取金钱。

香港法院对过往案件中"不诚实取用电脑"的范围有所争议，已经充分体现出制定专门针对打击网络犯罪法律的必要性，加上加密货币、人工智能和元宇宙的发展，香港确实有必要出台具有针对性的立法，更全面、更直接地打击网络犯罪，保障公众安全。

（二）个人资料及隐私保护制度

香港特别行政区的个人资料（亦称私隐或隐私）保护法律《个人资料（私隐）条例》于 1995 年通过，并于 1996 年 12 月正式生效（个别条文除外），可算是亚洲地区较早全面保障个人资料及隐私的法律之一。任何人收集、处理及使用个人资料均必须遵守该条例附表一列明的六大保障资料原则。

原则一：收集个人资料的目的及方式。资料使用者须为直接与其职能或活动有关的合法目的而收集个人资料；收集的资料对该目的而言是必需的或直接与该目的有关；就该目的而言，资料属足够但不超乎适度；收集资料的方法必须合法和公平。在实务操作中，收集者必须明确告知当事人是否必须提供其个人资料，收集资料的目的，资料可能会被转移给哪类人士，以及资料当事人可要求查阅和改正该等资料的权利及途径。

原则二：个人资料的准确性及保留期间。资料使用者采取所有切实可行的步骤，以确保持有的个人资料准确无误，而保留时间不应超过达致原来目的的实际所需。如果是不再为使用目的而需要的个人资料，就应当删除。

原则三：个人资料的使用。个人资料不得用于新目的，除非事先得到资料当事人自愿给予的明示同意。如果使用个人资料作直接促销，须事先取得资料当事人知情同意（必须是明确表示同意或不反对，沉默不构成同意）。为减少公众收到垃圾广告信息，条例对于未经资料当事人同意而作直接促销活动的行为予以很重的刑罚，最高可被判罚款 50 万港币及 3 年监禁，如属为了得益而提供资料予第三方作直接促销活动的情况，最高可被判罚款 100 万港币及 5 年监禁。

原则四：个人资料的保护。资料使用者须采取一切切实可行的步骤，确保个人资料受保障，不受未获准许的或意外的查阅、处理、删除或其他使用所影响。如果聘用了第三方处理或储存个人资料，资料使用者必须采取合约规范的或其他合理方法确保资料安全。

原则五：资讯须在一般情况下可提供。资料使用者须采取一切切实可行的步骤，确保资料当事人可查阅其个人隐私政策，以及在收集资料时资料当事人已获告知个人资料种类和主要使用目的。

原则六：查阅个人资料。资料当事人有权要求查阅及改正自己的个人资料。资料使用者只有在例外情况下才可拒绝遵守这些要求，而且亦须备存记录簿记录所有曾作出的拒绝（如果有的话）。

违反保障资料原则本身并不构成刑事犯罪，但个人资料私隐专员公署可对涉嫌违法个案进行调查，并在符合公众利益的情况下发表调查报告。如发现有违法情况，私隐专员可向该资料使用者发出执行通知，指令纠正该项违法行为。如果违反专员发出的执行通知，即属刑事犯罪，最高可被判罚款 5 万港币及 2 年监禁，另加以每日计的累积罚款。

2021 年，为打击侵犯个人信息及隐私的"人肉搜索"行为（香港俗称"起底"行为），将"人肉搜索"行为刑事化，赋予私隐专员法定权力发出停止披露通知，要求停止或限制披露涉及"人肉搜索"的内容，同时赋予私隐专员权力就"人肉搜索"个案进行刑事调查和检控，加大对"人肉搜索"个案的执法力度。

值得一提的是，《个人资料（私隐）条例》第 33 条明确禁止资料使用者将个人资料移转至香港特别行政区以外的地方，除非能符合多项规定中的其中一项。而其中一项规定是接收资料移转一方须有生效法律对个人资料提供类似《个人资料（私隐）条例》的保障，另一项则是资料使用者已采取所有合理的预防措施及已作出所有应作出的努力，以确保有关个人资料在移转后亦能获得条例所规定的同等保障（例如通过双方签订合约规定条例中的六项保障资料原则在转移后继续适用）。可是，我们必须注意该条例至今仍未生效，换言之，香港特别行政区暂时允许资料使用者将个人资料移转至香港特别行政区以外的地方。

（三）网络安全制度

全国人大常委会制定的《中华人民共和国香港特别行政区维护国家安全法》于 2020 年 6 月 30 日通过，同日以全国性法律形式纳入《中华人民共和国香港特别行政区基本法》附件 3 中。

网络安全是国家安全的重要一环，尤其是近年网络攻击增加，对香港地区的关键基础设施的网络安全带来重大挑战，可能会严重危害经济、民生、公共安全以至我国国家安全。为加强网络安全，确保营商环境正常，保持香港地区的长远稳定，加上台湾地区及澳门地区早已就网络安全专门立法，香港地区政府必须快步迎上。香港 2021 年"施政报告"提出将订立"网络安全法"，规管提供关键基础设施的机构，即政府部门，金融机构，以及水、电、煤气、公共交通、电信网络等公司要提供适当措施保障网络安全，确保其计算机系统运作安全，否则机构将受惩罚。

拟制定的"网络安全法"规管的主要是关键基础设施营运者，非只着眼于个人行为。目的应包括清晰界定关键基础设施营运者的网络安全责任，加强保障香港地区网络系统和关键基础设施，防止重要信息外泄，或被其他人或其他国家窃取这些信息作非法用途，同时要求关键基础设施营运者制订应变计划，一旦遇事能及时作出补救，以及设立呈报机制，遇事后必须通报当局，代替自愿申报。

鉴于关键基础设施属香港经济及社会命脉，营运者须确保设施不受干扰或破坏，而任何破坏者（或企图破坏者）必须被处以更重的刑罚，以提高震慑力。目前，香港地区不少网站的服务器及信息储存设施设在外地，如果涉及网络安全事故或罪案发生，警察申请搜查令后，电信商、互联网服务提供者有可能以有关信息在海外、服务器不受其直接管理为由而拒绝搜查。

笔者希望香港地区制定"网络安全法"时可以考虑上述几方面问题，以建立一个更完善的整体性法律框架。

六、结　语

中国近年在保障网络安全及个人数据方面采取了重要措施，积极使其法律框架与全球进程及现行科技接轨。网络安全环境不断发生变化，5G、云（Cloud）、加密货币（Cryptocurrency）、非同质化代币（NFT）、物联网（IoT）、人工智能（Artificial Intelligence）、边缘计算（Edge Computing）等技术的发展对整个世界的网络安全带来隐患，网络设备的更新带来的系统脆弱风险及网络空间中的地缘政治紧张局势也日趋加剧。故此，我们必须要有一个强大和健全的法律框架，并且确保法律要尽量与时俱进，否则社会大众的数据，甚至人身安全将无法获得保障。

笔者认为，我国制定网络安全战略时，可多考虑以下几个方面。首先，积极拥抱创新思维与技术，及早掌握科技潮流及变化，鼓励国内企业及科研团队自主研发国际一流水平的安全科技、网络安全产品及服务，以避免因使用外国科技产品而让重要的国家和人民数据暴露于安全威胁当中。其次，提升全民安全意识，建立网络安全评估制度，积极发展可信的国内网络安全行业，为企业和人民提供简便易用的防护工具。人往往是网络安全保护链当中最弱的一环，要在网络安全及个人数据保护中做到滴水不漏，通过宣传、教育和培训加强人民安全意识是重中之重。最后，全力推进建立网络空间秩序，积极执法，及时修法，与世界各国加强跨境执法，合力推动构建网络空间新秩序，切实维护我国网络空间安全。在保障网络和数据安全的同时，尽可能在网络安全及个人在线行为自由权利之间取得平衡和作出合理取舍。

反思香港资料公开权的立法讨论：
一个后人类（法律）主义的论述

赵文宗*

摘　要	当下香港有关资料公开权的讨论都假设人类是独立个体并清楚自己需要什么。本文尝试从后人类主义视角的心理分析来质疑此假设，指出"人类完全明白自身欲念"只是幻象。而且，由于科技高速发展，将来的资料公开权讨论应把焦点放在人类与科技日渐不可分离的结合及互动上。
关键词	资料公开；心理分析；后人类主义；科技

一、引　言

笔者于2020年发表了一篇讨论香港资料公开[1]立法的文章。该文章的主旨是：虽然很多学者均认为立法保障资料公开权可以让人民掌握更多的信息，从而可以更有效地参与社会活动，甚至促使制度完善（例如，要监察香港惩教署是否私卖防疫口罩，便需要该署提供统计数字），[2]但在互联网时代，越多的资料申请只会令本来已海量的资料呈爆炸式增长。况且由于提出要求太简单（以往要写长篇大论的申请信，现在只需上网填写标准表格），人民未必会细想甚至不一定清楚地知道自己确实需要什么。笔者建议：要想精准运用（未来）

---

* 赵文宗，杭州师范大学沈钧儒法学院特聘教授（2018—2023），主要研究方向：法理学。杭州师范大学沈钧儒法学院硕士研究生董来苗同学协助整理相关资料。

[1] "资料公开"即"信息公开"，前者是香港地区法律用语，由于是讨论香港地区法律，所以笔者此处使用"资料公开"一词。

[2] 参见林颖娴：《市民索惩教署CSI口罩资料受阻　申诉署裁部份投诉成立：应释疑虑》，载香港01网，https：//www.hk01.com/社会新闻/746084/市民索惩教署csi口罩资料受阻-申诉署裁部份投诉成立-應釋疑慮，最后访问日期：2022年3月12日。

资料公开法，就要从源头出发，减少制造无用的信息，是为"非数据化"。[3]但笔者亦同时指出："非数据化"会带来生活不便（试想一下没有支付宝及微信的世界）；加上科技高速发展，我们已毫无选择地逐渐进入"后人类"时代，那当然会为香港资料公开立法带来另一角度的反思。在前文讨论的基础上，本文尝试从"后人类主义"视角审视有关讨论。

过去，关于"后人类主义"的研究，多依据社会 – 法律（Socio-Legal）理论审视科技对人类及法律的挑战，缺乏批判讨论主体心理结构与法律（尤其是权利）的互动。此文为补该欠缺，会依据弗洛伊德（Freud）/拉康（Lacan）式心理分析（Psychoanalysis）理论分析当中的问题，希望可以由科技对（后）人类主体的影响，折射未来法律（尤其是香港资料公开立法）的走向。

二、讨论背景

2018 年 12 月 6 日，香港法律改革委员会[4]发布了《公开资料：咨询文件》（以下简称《咨询文件》），对香港申诉专员[5]开展的两项调查作出回应，这两项调查提出一系列建议来改善当前的地方信息管理机制。《咨询文件》提出了 14 项建议，其中包括：（1）未来的"资料公开法"要求公共权力机构承担公开信息的职责，除非该事项属于豁免事项（第 4 项建议）；（2）有两个豁免事项目录，即绝对豁免事项（共计 12 项）和有限制豁免事项（共计 11 项）（表 1）。香港法律改革委员会没有提议建立具体的司法机关或者机构（例如英国的信息委员会办公室）来解决有关未来法律的纠纷。

---

[3] Chiu, Man-Chung, "Un/Desiring Freedom to Data", *James Cook University Law Review*, Vol. 26, 2020, pp. 57-74.

[4] 香港法律改革委员会于 1980 年 1 月成立，负责研究由律政司司长或终审法院首席法官转交该会的有关香港法律的课题，以进行改革。参见香港法律改革委员会网站，https：//www.hkreform.gov.hk/tc/index/index.htm，最后访问日期：2022 年 3 月 20 日。

[5] 申诉专员公署根据《申诉专员条例》（香港法例第 397 章）于 1989 年成立。"透过独立、客观及公正的调查，处理及解决因公营机构行政失当而引起的不满和问题，以及提高公共行政的质素和水平，并促进行政公平。"参见香港申诉专员公署网站，https：//www.ombudsman.hk/zh-hk/about_this_office/vision_and_mission.html，最后访问日期：2022 年 3 月 20 日。

表1 《咨询文件》中的豁免事项[6]

绝对豁免事项	有限制豁免事项
申请人可以其他方式索取的资料	对环境的损害
法庭档案	经济的管理
立法会特权	公共服务的管理和执行，以及审计职能
在保密情况下提供的资料	内部讨论及建议
禁止披露	公务人员的聘任及公职人员的委任
防务及保安	不当地获得利益或好处
政府间事务	研究、统计和分析
国籍、出入境及领事事宜	商务
执法、法律及相关程序	过早要求索取资料
法律专业保密权	颁授励衔
行政会议的议事程序	健康及安全
个人私隐[7]	

尽管在《咨询文件》中没有详尽阐明，但颁布"资料公开法"的明确目标是保障检索和接受信息的权利。[8]保护资料自由权的益处良多，得到了很多学者和法院的讨论和支持：随着公权力机关（政府为其中之一）的审查权限降低，[9]人民可以获取更多信息，他们的政治素养将会提高，从而促使法治民主能发展得更完善。[10]

信息是通往优质决策、责任和发展的关键；信息能巩固民主，有助于克服贫困，消除压迫，打击腐败，消除偏见和低效。管理者、法官、仲裁员、咨询

---

[6] 参见《咨询文件》，载香港法律改革委员会网站，https：//www. hkreform. gov. hk/chs/docs/accesstoinfo_ sc. pdf，最后访问日期：2023年12月19日。

[7] "私隐"即"隐私"，前者是香港地区法律用语，由于是讨论香港地区法律，所以笔者此处使用"私隐"一词。

[8] See Litska Strikwerda, "Information Privacy, the Right to Receive Information and [Mobile] ICTs", Etikk I praksis, *Nordic Journal of Applied Ethics*, Vol. 4, 2010, p. 30.

[9] Mark Weiler, "Legislatiing Usability: Freedom of Information Laws That Help Users Identify What They Want", *Journal of International Media and Entertainment Law*, Vol. 7, 2017, pp. 101-107.

[10] Herwig Hofmann, "A Critical Assessment of the Relation of Information Freedom and the Protection of Personal Data in Today's EU Law", *University of Luxembourg Law Working Paper Series*, 2017, p. 9.

人员和调查人员依赖信息，同样地，新闻界、非政府组织和个人也在报道关乎公众利益的事件。出于保护隐私和自我保护，人类倾向于不公开信息。[11]

信息获取权是一种旨在增强透明度、优化管理的自主权，不仅仅是信息自由权的附庸。[12]正如史伟德（Svard）指出，（从欧美法律的角度分析）检索并获取信息的权利除了有利于群众参与公共事务管理，也让政府运作更加透明，对群众的责任感更强。简而言之，信息自由促使当局面向人类个体实行信息公开。[13]问题是：假如整个讨论的默认目标是"获取和控制数据为人类赋权"，讨论假设人类可以有效控制科技，这不单忽略了法律对人类的影响，更忽视了科技发展对法律及人类的冲击。在大数据时代，互联网无处不在，人类是否可完全控制科技？这又对法律有何影响呢？

笔者将先依据传统心理分析理论审视人类主体、法律及科技的互动。

三、从传统人类本位心理分析世界观：法律建构欲望建构资料公开权

根据弗洛伊德心理分析哲学，人类唯有借欲望来定义自身。[14]须注意的是：欲望并非任意形成的主观感觉，而是"大写他者"（Big Others）的欲望，也就是说，自己所欲求须得他者承认。例如：我要守法，并非我主观上想守法，而是因为那正是法律（其中一个"大写他者"——我必须守法是主流社会的共识）之所想。[15]这种分析有两层意义：第一层是由于欲望来自外界，我便可以知道自己在人类本位世界矩阵（Matrix）中的位置；第二层是唯有与其他人类主体进行互动，我才能体会自己的主体性（我知道违法会被公安机关拘留或逮捕，我才知我应该守法）。"我的愿望是由大写他者预先决定的……即使有时我的愿

---

[11] 参见肯尼迪诉慈善委员会［*Kennedy* v. *The Charity Commission*，(2015) AC 455, 488］一案中曼斯（Mance）大法官的判词。

[12] *Magyar Helsinki Bizottság* v. *Hungary*, Application No. 18030/11, para. 73.

[13] Svärd, Proscovia, "Has the Freedom of Information Act enhanced transparency and the free flow of information in Liberia", *Information Development*, Vol. 34, 2018, pp. 20-30.

[14] 参见彭均国：《欲望社会：齐泽克意识形态功能思想研究》，人民出版社2019年版，第131页。

[15] 参见韩振江：《齐泽克：新马克思主义批判哲学》，人民出版社2014年版，第49页；刘世衡：《难以摆脱的幻象缠绕——齐泽克意识形态理论研究》，知识产权出版社2011年版，第91页。

望逾矩，甚至违反社会规范，这种反叛恰恰基于它所违反的规则……"[16]问题是，人类即便当下知道欲求什么，也未必知道为何要欲求那事、那物，为何欲求之事或物会不停转换。（为什么我明知后果严重仍会违法？为什么我昨日渴望吃川菜今日又想吃京菜呢？）按拉康对弗洛伊德理论的再诠释，欲望本身来自人类主体的建构——人类进入象征秩序（Symbolic Order，即大写他者）[17]时须经过痛苦的"阉割"，以牺牲完整、自由及独立来换取主体身份。[18]"阉割"下来的东西遗留于真实界（the Real）内，是为"原质"（Das Ding）。原质无以名状，于真实界内便无法被象征秩序理解，所以是对象征秩序最大的威胁。[19]由于象征秩序（法律）不断变异，人类主体不断被"阉割"，新的原质不断出现。象征秩序为了求稳定，尽力封杀原质；同时，原质又总是尝试进入象征秩序，一旦成功，便成为有名有姓的小物a（Objet a）。[20]情况就如：今日我内心忐忑，不知怎么就是不顺心——那是原质在起作用；之后，我知道我想吃甜品——那就是原质被符号化了的结果。原质［在这种情况下，犹如符号的所指（Signified）］与小物a［能指（Signifer）］成为人类欲望的源头——换言之，阻止人类主体接触原质/小物a造成的欠缺（Lack），就是欲望。然而，两者的关系并不僵化（不顺心的原因可以是想吃甜品，也可以是想玩手游），小物a本身也可以是一所指，能与不同能指在不同语境中挂钩脱钩（甜品的种类繁多且日日新奇）。[21]更有趣的是，人类主体亦同时不遗余力地企图接触原质及小物a，借此寻回被"阉割"的完整、自由及独立；而这种尝试及追求是越失败越有快感，

---

[16] Žižek, Slavoj, *The Universal Exception*, Bloomsbury, 2006, p. 42.
[17] 拉康相信象征秩序（常理世界）由人类主体（以外）的最大他者（大写他者）操控。因此，有学者将大写他者等同象征秩序。参见韩振江：《齐泽克：新马克思主义批判哲学》，人民出版社2014年版，第93页；陈剑：《从意识形态到道德法：齐泽克社会批评理论研究》，暨南大学出版社2019年版，第31页。最大他者是主体形成的最大元素（例如父权），这类他者可以超过一个，均是没有指定内容（所指）的超级能指，所以象征秩序不会是铁板一块毫无破绽。
[18] 参见韩振江：《齐泽克：新马克思主义批判哲学》，人民出版社2014年版，第130页。
[19] 参见陈剑：《从意识形态到道德法：齐泽克社会批评理论研究》，暨南大学出版社2019年版，第95页。
[20] 参见赵淳：《齐泽克精神分析学文论》，中国社会科学出版社2018年版，第11—12页。
[21] Žižek, Slavoj, *The Indivisible Reminder*, Verso, 2007, p. 95.

是为"暗爽"（Jouissance）。[22] 所以，重度糖尿病患者仍会嗜吃甜品，而他们亦明知继续下去会危害生命，但诘问当中原因，患者未必可以说出所以然。呼应此段开头的问题——问题本身就是错的：人类根本不会知道自己欲求什么，遑论清楚地知道为什么。正是如此，人类欲求的对象不停改变，且欲望永远得不到满足。因此，在全球化和网络化的时代初期，资本主义与象征秩序合作，可以无休止地把不稳定欲望或人类主体重新编码解码变成商品和数据，[23] 剩余价值将成为资本积累和剩余利润（阿里巴巴创造光棍儿节促销就是成功例子）。[24]

若是如此，"大写他者"又如何把自己的欲望植入人类中，并使人类（误）以为那是自身真正所想？为什么"大写他者"要这样做？为了阻止人类主体接近真实界及原质，为了维持人类主体在象征秩序中的稳定，真实界及象征秩序（不由自主地）共同创造了"幻想"（Fantasy）。幻想同样是欲望经符号化而成的，是缓解真实界与象征秩序冲突的柔顺剂[25]——幻想以不自觉的形式融入人类生活中并不断演化再造，维持真实界与象征秩序的平衡。幻想可以成功把人类主体经历的互相矛盾的经验体会整合及和谐化，使因原质及小物 a 的出现而充满冲突的象征秩序再貌似有序地运行。[26] 简言之，幻想以不言而喻的方式（意图）创造一个令人类漠视恐惧、矛盾的现实，[27]（意图）令人类继续愉快地生活，继续努力维持现状。呼应此段开头的问题：当主流社会（大写他者和/或象征秩序）问一个人"你的志愿是什么"时，他当然可以抛开幻想意识形态接触原质并以此回应，代价是被视作歇斯底里、被视作违法；他最舒适的响应当然就是主流社会经过幻想意识形态提供的答案，也就是"大写他者"的欲望。

---

[22] Rosenstock, Eliot, *Žižek in the Clinic: A Revolution Proposal For a New Endgame in Psychotherapy*, John Hunt, 2019, p. 88.
[23] Braidotti, Rosi, *The Posthuman*, Polity Press, 2013, pp. 280-281.
[24] 参见张小虹：《时尚现代性》，联经出版社 2016 年版，第 354 页。
[25] Žižek, Slavoj, *The Universal Exception*, Bloomsbury, 2006, p. 182.
[26] 参见赵淳：《齐泽克精神分析学文论》，中国社会科学出版社 2018 年版，第 77 页。
[27] See Zizek, Slavoj, "From Virtual Reality to the Virtualization of Reality", In Tim Druckrey (ed) Electronic Culture: Technology. New York: Aperture. 1996, pp. 290-295. 另参见刘世衡：《难以摆脱的幻象缠绕：齐泽克意识形态理论研究》，知识产权出版社 2011 年版，第 41 页。

法律在拉康心理分析的视角中，是象征秩序的元素：国家设有固定的立法、执法、司法机关。而主流社会又岂能没有法律？问题是：法律如何令众生体会它的威力？为此，法律铤而走险，允许"暗爽"持续出现[28]——当法律不允许强奸、贪污时，法律是否须详细向人民描绘强奸、贪污的每个可能场景？[29]法律如没有惩罚罪犯的场景，人民又如何目睹法律的庄严？可惜的是，这种做法可能暴露"大写他者"的缺陷及象征秩序的欠妥。譬如：我们是否应当把婚内强奸刑事化？法律在保障婚姻神圣时，又该如何尊重妻子（女性）主体？幻想意识形态（例如审判和证据搜集必然性别中立）当然可以解释一直以来婚内强奸未刑事化的做法（有没有第三者作证？是否应鼓励妻子指控丈夫？）；但随着时代转变（性别平等呼声越来越高），幻想意识形态不一定可以再维护象征秩序的表面一致。此时，"暗爽"便是一个警报，警醒世人可能须重造另一"大写他者"了。一直以来，在香港，人民希望公共资料更公开，以便参与社会政策的制定；这一诉求随着科技光速发展，互联网信息传播速度加快而得到快速响应。

然而，即使香港法律改革委员会建议立法，而立法会又通过立法保障资料公开权，人民是否就真的知道应索取什么资料呢？如果人民的欲望只是象征秩序的欲望，那即便有新法、新权利，人民索取的和（立法前）已公开的又是否差不多？人类主体不知道自己想要从永不停息的信息制造机制制造的数据海洋中获得什么。金博尔（Kimball）认为，请求者搜寻的信息已经上传至网络，只是他们不知道数据具体在哪里，因为网上数据数不胜数。[30]

四、后人类主义世界观：人类不再独享资料公开权

须注意的是：人类主体并非完全无能为力，欲望对象及幻想是由主体及象征秩序共同撰写的。（法律固然由人类设计修改，支撑法律的公义更是由不同的人一直批判及定义。）而"暗爽"就是主体改变常理世界的动力，即"暗爽"

---

[28] Žižek, Slavoj, *The Universal Exception*, Bloomsbury, 2006, p. 178.
[29] 参见韩振江：《齐泽克：新马克思主义批判哲学》，人民出版社2014年版，第88页；陈剑：《从意识形态到道德法：齐泽克社会批评理论研究》，暨南大学出版社2019年版，第121页。
[30] Kimball, Michele, "Shining the Light from the Inside: Access Professional's Perceptions of Government Transparency", *Communication Law and Policy*, Vol. 17, 2012, p. 315.

显示的是"大写他者"的弱点：主体借由不停（尝试）接触原质和/或小物 a 来获取快感，此种尝试或接触会被象征秩序（法律）惩罚或幻想意识形态敷衍（如明知有害仍沉溺于抽烟会被惩罚）。但当法律不清晰而幻想意识形态又模糊时，"暗爽"就显示出"大写他者"的自我矛盾甚至无能：我用流行的图片分享应用（Instagram），不上传文字、不发布照片、不更新实时动态，我就在社交中被孤立；我下载一个非常多用途的应用，但我要允许它访问我的电话簿。最后我妥协，发觉私隐保障可牺牲，科技也需我提交数据才可服务我——以往"大写他者"的人类为本价值观开始出问题。这就是后人类主义出现、增值及赋权的契机。

按照传统心理分析世界观，因为欲望、实在界或象征秩序均是以人类为本位，所以"人类 vs. 其他事物（包括科技、机器）"的二分世界观是不言自明的。[31] 后人类主义的起点就是打破此种二元对立，[32] 让人类和科技在平等的平台上互相沟通。[33] 要成就这一结果，首先要做的就是拆解"人类"这一概念，不论是在心理分析论述还是法律机器中，人类总是被不断按年龄、肤色、性别及健康程度等条件分类分等级。[34] 可是，为何要这样分类分等级呢？谁有权分类分等级？为何他有这种权力？不认真审视和质疑这些问题，人类内部歧视便会继续，遑论要实现人类和科技平等。[35]

后人类主义除了要批判人类内部歧视性分类分等级，更要质疑执着人类本

---

[31] Ferrando, Francesca, *Philosophical Posthumanism*, Bloomsbury, 2021, p. 24.

[32] Pramod Nayar, *Posthumanism*, Polity, 2014, pp. 1-17. 必须在此说明：后人类主义并非"超人类主义"（Trans-humanism）。超人类主义宣扬人类借助科技超越自我（尤其是人体）继续控制世界，与后人类主义完全是两码事。

[33] See Hughes, John, "Contradictions from the Enlightenment Roots of Transhumanism", *Journal of Medical Philosophy*, Vol. 35, 2010, pp. 622-640. 亦有消息称人工智能可能有感情，有主体意识——当然，这相当有争议。参见《宣称 AI 系统有人类感知 Google 工程师违保密停职》，载明报新闻网，https：//news. mingpao. com/pns/%e5%9c%8b%e9%9a%9b/article/20220614/s00014/1655142431166/%e5%ae%a3%e7%a8%b1ai%e7%b3%bb%e7%b5%b1%e6%9c%89%e4%ba%ba%e9%a1%9e%e6%84%9f%e7%9f%a5-google%e5%b7%a5%e7%a8%8b%e5%b8%ab%e9%81%95%e4%bf%9d%e5%af%86%e5%81%9c%e8%81%b7，最后访问日期：2022 年 7 月 4 日。

[34] Davis, Tony, *Humanism*, Routledge, 2008, pp. 35-69.

[35] Murray, Stuart, *Disability and the Posthuman*, Liverpool University Press, 2020, p. 26. 是故，后人类主义须吸收性别和种族研究及后殖民主义研究的论述。

位的思想幻想。[36]后人类主义视角有意赋予人类以外的事物（例如科技）与人类同样的地位。[37]也就是说，后人类主义的科技观并不视服务人类为科技发展的唯一考虑；人类亦须尊重科技，科技不再是定义人类的二元他者——人类不会再借否定或控制科技来肯定自己。科技已开始与人类无痕沟通甚至结合，无异无别，建构成"新"主体。[38]新的后人类主义主体并不单依赖（阉割）人类欲望而建造，挑战了拉康学派的象征秩序—真实界的主体建构论。法律、权利及公义的讨论由此可以重新开启：由人类本位的发展转移至众生的交织共生。

那么，从后人类主义的视角来看，科技是什么呢？科技是否有本质？科技是否正如海德格尔（Heidegger）所言，是一个待发掘的仓库，供人类无限剥削呢？[39]也就是说，"为人类服务"规范了科技发展的方向，使科技成为人类控制自然世界的手段。后现代哲学大师福柯（Foucault）认为科技不再可以由人类操控，科技对人类的影响完全可以超越其创造者的想象（遑论原来的目的）。他认为科技有四个特征：第一，有生产及改变的能力（试想互联网及手机带来的改变）；第二，是一个运用符号的系统（火星文及表情符号的潜藏意义众所周知）；第三，运用权力（抖音短视频国际版及百度的影响力均是好例子）；第四，改变人类（由整容到制作助行辅具均是好例子）。[40]因此，巴拉德（Barad）建议：要理解科技，要科技发挥最大效用，要与科技交流，人类不但应放弃人类本位视角，更要体验反省人类与科技共生互动的操演（Performance）境况。[41]最佳例子是

---

[36] Braidotti, Rosi, *Posthuman Knowledge*, Polity Press, 2019, p. 83.
[37] Ferrando, Francesca, *Philosophical Posthumanism*, Bloomsbury, 2021, p. xv.
[38] Hayles, Katherine, "Wrestling with Transhumanism", Hansell GR and Grassie, W. (eds) *Transhumanism and Its Critics*, Metanexus, 2011, p. 216. 福山（Fukuyama）一直担心，随着科学发展，人性会被磨灭；然而，巴茜（Baxi）却表明，人类一直随环境变迁而进化，根本不存在永恒不变的人性。See Fukuyama Francis, *Our Posthuman Future*, Profile, 2002, p. 9; Baxi Upendra, *Human Rights in a Posthuman World*, Oxford University Press, 2007, p. 208.
[39] Heidegger, Martin, *The Question Concerning Technology and Other Essays*, Harper Torchbooks, 1977.
[40] Foucault, Michel, "Technologies of the Self", Martin, LJ et al. (eds), *Technologies of the Self*, University of Massachusetts Press, 1988, pp. 16-50.
[41] Barad, Karen, *Meeting the Universe Halfway*, Duke University Press, 2007.

（尚未出现的）合成人（Cyborg，Cybernetic organism 的简称，又译为生化人或半机械人）。按巴茜的定义，合成人是数据化的人类，是神经科学（Neurosciences）及人工智能发展的成品。合成人具有传统人类的能动性及责任感；但由于需要不时更新系统，合成人可否拥有传统人类本位主义的自由意志（Free-will）及可否给予同意（Consent），便值得商榷。[42]细想一下，我们当下日常生活可以离开移动电话及互联网吗？为了省时间，我们会在睡眠时间让手机驱动程序自动更新吗？手机到了有网络的处所便会自动将照片、录像及文件上传云端吗？用户是否已不自觉放弃"不同意"的权利？选餐厅不是靠应用推荐吗？在外地旅游开车时，我会打开纸质地图还是手机导航？移动电话根本就已经是众人身体的一部分。至于自由意志——如上所述，拉康学派早就点明，人类所想根本就是"大写他者"所欲望的，象征秩序（主流社会）的期望一直影响着每个人的决定，只是人类早已改弃独立、完整、自由而不自觉罢了。

从合成人（的预估）或手机不（能）离身的现象可知，科技与人类的互相依赖已逐渐令人类本位主义界定下的人类逐渐消失。后人类主体是合成人还是只是人类与科技的结合并不重要，那只是结合程度的差异；[43]因为每个人与科技结合的程度不同，加上科技高速发展，后人类主体的定义不会是一次性完成的混杂（Hybrid），而会是一个光谱。后人类主体不可能是一成不变的死板概念。（例如：装有心脏起搏器的足球员是否为合成人？依靠科技连接神经及四肢才可缓慢行动的是否为人类？不停更新软硬件的主体和拒绝更新软硬件的主体是否有区别？）[44]值得注意的是：科技不再只是手段而是人类主体不可或缺的部

---

[42] Haraway, Donna, Simians, *Cyborgs and Women: The Reinvention of Nature*, Routledge, 1984.

[43] See Žižek, Slavoj, *Sex and the Failed Absolute*, Bloomsbury, 2020, pp. 154-156; Rosenstock, Eliot, *Žižek in the Clinic: A Revolution Proposal For a New Endgame in Psychotherapy*, John Hunt, 2019, p. 13. 对于后人类主体，齐泽克（Žižek）一直存疑。他会问：如果思想可下载上传［如电视剧《碳变》（Altered Carbon）中的人类］，那肉体还有价值吗？［电影《超体》（Lucy）中的主角就是放弃身体生存于网络中］Zizek, Slavoj, "From Virtual Reality to the Virtualization of Reality", Tim Druckrey (ed), *Electronic Culture: Technology Aperture*, 1996, pp. 290-295.

[44] 有学者甚至认为科技可以单独成为一类物种。See Toffoletti, Kim, *Cyborgs and Barbie Dolls: Feminism, Popular Culture and the Posthuman Body*, I. B Tauris, 2007.

分。[45]（后）人类主体不再是简单经象征秩序"阉割"而形成——尤其是在虚拟世界，象征秩序力量越趋薄弱和不稳，幻想意识形态所建造的世界观亦无法有力把象征秩序与真实界阻隔。后人类主体面对象征秩序与真实界的分野逐渐模糊的景象，更易在虚拟（网络）世界存活，更易接触或寻回原质及小物a，更易沉迷不能自拔。[46]象征秩序与真实界逐渐结合的现象同时令主体更易被编码并数字化，由资本主义掌控，落入永无止境的数据再生产循环中。不要以为生存于虚拟世界就不能在常理世界生存，以往主流社会以为流连虚拟世界是耽于逸乐；在后人类社会中，足不出户网上投资、叫外送是常态，网上游戏选手何尝不是职业，上线"氪金"观看别人打游戏也是生意，甚至可以吸引很多商业赞助（如虚拟专用网络、电竞椅及高速计算机）——"网红"愿意每日连续6小时直播玩电子游戏不是浪费时间的。

正如布拉伊多蒂（Braidotti）所言，迈向后人类时代的（人类）主体须学习忘记和放下人类本位世界的经验及视野。[47]在此过程中，因为象征秩序与真实界二分慢慢不在，欲望除了可以经阉割构成，也可能由多向性（Multi-directional）互相渗透的，实时（Real time）及共时（Simultaneous）的联结（Connection）建造——例如，越多联结欲望越沉重，要公开交换的数据也越多，主体间的共通共鸣因此得以几何级数加强。原质及小物a不再一定是欲望源头。

在后人类时代，象征秩序衰落，与真实界又近了，法律作为控制主体行为的象征力量减少了，它以"暗爽"来证实力量之方法不再万试万灵。反而，法律作为增强主体沟通、保持人类与科技有效顺畅交流及允许新型主体创新出现的脉络纽结的功能出现了。由于虚拟世界的角色设定各人自决，这亦反过来解决了人类本位主义衍生的歧视问题——没有人会介意网上游戏队友是老是少、是男是女，追问调查亦没意义；没有办法确认，真实身份也不重要；要紧的是游戏技术是否高超。简述之，法律的力量不再单纯来自"阉割"惩罚，而是来自创造和沟通。最重要的一点是，法律须允许人类及科技有选择——我可以选择不再进化更新科技，科技也可选择不和某些人沟通（例如：手枪能自决不为匪徒所用）。

---

[45] Braidotti, Rosi, *The Posthuman*. Cambridge, Polity Press, Vol. 39, 2013, pp. 1-13.
[46] Zalloua, Zahi, *Being Posthuman: Ontologies of the Future*, Bloomsbury, 2021.
[47] Rosi Braidotti, *Posthuman Knowledge*, Polity Press, 2019, pp. 77, 140.

诚言之，后人类主体是一个制造、公开、交换信息的转化生成（Becoming），[48]一个永无休止的交流互动过程。后人类时代的主体没法排除科技（如人工智能）的需要。所以，当资料公开权由人类本位的权利过渡至一个后人类概念时，它将会是一个强调（人类与科技）平等的设想——人类与科技应有互相索取资料的权利。当人类明白一直上网发文章、发照片，可能暴露私隐行踪时，那就不再是上瘾或暗爽了，反而是一种必须：我不让科技知道我的行踪，它如何自动自觉执行应有任务，如适时告诉我哪里堵车，哪里可品尝我最喜欢的北京烤鸭呀？有论者问：那岂不是人失去自主，由科技控制？在后人类时代，当科技与人类同呼同吸，我们又何须奇怪科技比人类更了解人类？同样重要的是，此类信息不只是自利，亦是大数据自我进步完善的来源或步骤，经公开资料原则回馈众生——我开车去哪里，哪里便会更堵塞一点，这个信息经电子地图发放，令其他车改走其他路线。我不允许科技拿取我的数据，电子地图不准确，众生如何得利？其实，类似情况早已开始：在突发公共卫生事件中，我们的行踪数据已交付科技统筹。

一大堆法律问题来了。一个开放式跨物种的后人类主体（如合成人）如何在法律系统发声？既然连动物权益都为法庭承认，更何况拥有人工智能并可以用人类声线说话的后人类主体。如果法院曾考虑大自然（Nature）可否成为法人的问题，为何合成人不可以被考虑？[49]是否会有后人类法庭？现在律师已依靠计算机建立诉讼论点，甚至已有国际律所开发软件利用大数据预估诉讼结果。[50]还有值得研究的就是私人资料的保障权：现时的私人资料运用焦点都放在拥有者的同意上，在后人类时代，人类与科技紧密结合，这种合作产生的数据归谁？控制权是否可与拥有权分开？同意使用或分享资料是一次性的决定还是可以周

---

[48] 德勒兹学派视转化生成为主体非僵化并与其他主体或环境语境共生共鸣的概念。See Deleuze, Gilles, *Essays Critical and Clinical. Minneapolis*, The University of Minnesota Press, 1997.

[49] Stone, Christopher, "Should Trees Have Standing? -Towards Legal Rights for Natural Objects", *Southern California Law Review*, Vol. 45, 1972, pp. 450-501.

[50] 准确率高达70%。See Hildebrand, Mireille, "Data-driven prediction of judgment. Law's new mode of existence?", https://papers.ssrn.com/sol3/papers.cfm?abstract_id=3548504, last visited on March 13, 2022. 另参见冯象：《我是阿尔法》，牛津大学出版社2019年版，第186—234页。

期性地多次决定？又在什么时候或情况下，同意使用科技的要求可被豁免呢？要求控制信息的机构公开数据，人民又是否应同时呈交自己的信息？进一步而言，后人类主体之间有差别（每个人与科技的结合程度不一），当然亦有人拒绝与科技结合。他们之间的互动是否会产生歧视呢？

五、结语：问题仍多

说回《咨询文件》，笔者自然支持当中所有的建议。但即便将来全依建议立法，人民亦不会就此变得独立自由，因为被"阉割"进入象征秩序以后，人类就不再独立自主了。下一个问题便是：人类是否真正知道自己想要什么数据？而更重要的是，由于在后人类时代，科技（开始）不为人类完全控制，思考公开数据的立法方向很快便要重新调整了。

总体而言，此文运用心理分析审视人类为本社会进入后人类时代的让渡，利用欲望机制解释了人类由沉迷科技过渡至人类不可与科技分离（甚至是科技控制人类）的现象。在互联网时代，人类逐渐与科技结合，再也分不清谁控制谁。要求信息资料公开不再是纯粹人类单方面的欲望；要生存、要发展，就要让科技分享索取的权利。

后人类主义旨在建构一个众生平等、打破歧视的哲学视角。要注意的是：无论是后人类主义或心理分析，均是欧美学术产品，必须经过本土化调适，才可运用于中华大地。移植非本土的哲学视角及法律非常复杂，要先明白移植的目的（可以是填补空白，也可以是借鉴经验），还要构筑一个有效的文化移植平台，[51]再要紧密审查移植效果及与目的是否相符。笔者在《在瘟疫中呼喊公义》一文中就曾试图从法律文化角度探讨中国道家文化与后人类主义共生共鸣、互相补足的可能。而立足于心理分析和法律理论的后人类权利观是否可落地生根当然亦需讨论。最后，后人类主义仍属"人类制作"，后人类主体如何看待后人类权利观，仍有待观察。

有关后人类时代的心理分析及法律问题仍多，加上科技发展飞速（以前讨论后人类又怎会预料到手机流行，遑论元宇宙的出现），有关研究，肯定不会有尽头。

---

[51] 参见张小虹：《时尚现代性》，联经出版社2016年版，第354页。

信息公开的政治：理念、实施与影响

［英］本·沃西[*]
俞卓炜 译[**]

> **摘　要**　本文探讨了信息自由或信息公开作为一种政治理念和法律原则的兴起。本文首先阐述了信息公开的起源和关键原则，然后通过对英国《信息自由法》和印度《信息权利法》的案例研究，分析了信息公开制度的实践。最后探讨了信息公开法律制度所面临的常见问题以及未来发展方向。
>
> **关键词**　信息公开；信息自由；政治

2017年，笔者撰写了《信息自由的政治》（*Politics of Freedom Information*）一书。该书探讨了各政府在信息自由法（在一些法域则称为信息公开法）立法上的理由与具体做法，立法通过后各政府的后续措施，以及有效的信息自由法应当具备的因素。笔者着重以英国为考察对象，同时也研究了美国、新西兰、澳大利亚、印度和爱尔兰的案例，从而比较各国在信息公开法方面的不同立法方式，以及这些法律（法令）通过后的情况。在中央、地方政府层面，笔者也做过关于公开数据以及信息运行机制的研究。

笔者想说的首先是信息公开法从何而来。为什么要制定这些法律？信息公开法的历史是怎样的？该类法律的外在形式如何？它们的共同特征是什么？又是什么原因造成它们的差异？它们是如何运作的呢？法律的通过只是信息公开法漫长发展历史中的第一部分。本文将回顾在同年通过信息公开法的两个不同国家（英国和印度）的相关情况，并简单展望信息公开法在未来（一个与信息

---

[*] 本·沃西（Ben Worthy），英国伦敦大学伯贝克学院，主要研究方向：政府透明、英国政治。
[**] 俞卓炜，杭州师范大学沈钧儒法学院硕士研究生，主要研究方向：行政法。

公开法诞生时期完全不同的新技术世界）的发展。

笔者在《信息自由的政治》一书中关注的一件事是关于信息自由/信息公开的法律制度从何而来。实际上，这两个不同的名字（信息自由法与信息公开法）其意思大致相同。这类法律在世界范围内被称为信息自由法、信息公开法、信息权利法等，而笔者在本文要探讨的信息公开法，可以是这三种名称中的任何一种。

综观世界各国格局，信息公开法的通过有时是由危机、丑闻或者保密争议推动的，上述因素导致政府通过了信息公开法或信息自由法。而在过去几十年中，另一个特别明显的、真正强大的推动力是信息环境本身的变化以及新技术的发展。其对于档案的存储方式产生了巨大影响，也对人们能够和希望访问多少信息产生了影响。信息公开法有时是由刚上台的新政府通过的，或者是由同时开展许多不同宪法改革的政府通过的。从中可以看出的一般规律是，有些国家是在改革政治制度的过程中通过信息公开法，有些国家则通过信息公开法来获得国际信誉和信用，在20世纪90年代和21世纪初期尤甚。

学者长期以来一直在争论信息公开法的起源。中国古代历史学家和学者率先指出，中国古代人民向皇帝发声和请愿的权利可被视为政策制定以及官僚机构在某种意义上向人民公开、被人民监督的开端。另一个引人注意的地方是古印度。有证据表明，古印度地方和区域一级的政府会议是公开举行的，其记录被保存下来并被分发，参与决策的人得以一直跟进。

众所周知的、有史以来的第一部信息公开法律是瑞典于1766年通过的《出版自由法》(The Freedom of the Press Act)。该法律通过的原因，并不像历史书告诉我们的那样光辉。它的通过，实际上是一系列相当复杂的政治谋略的一部分，起因主要是一个政党想让另一个政党难堪。这项法律从实施到废止仅持续了大约10年时间，但无论如何它是一个重要的里程碑，因为它第一次在制定法上规定了"人们有权访问某些形式的、由政府持有的信息"。

放眼整个世界，特别是从18、19世纪到20世纪，我们看到完全不同领域的人士都在呼吁对自己从事的事情更加公开透明。这些人中，既有像亚伯拉罕·林肯（Abraham Lincoln）总统和列夫·托洛茨基委员这样的政治家，也有像杰里米·边沁（Jeremy Bentham）这样的哲学家，还有像约翰·弥尔顿（John Milton）这样的诗人。来自世界不同地区的不同哲人都在赞美公开这种美德、理念。而且信息公开作为一种理念，实际也贯穿于一些革命事件，在美国、英国和法国革命中尤为明显。

第二次世界大战后，几个国家很早就开始通过信息公开立法。芬兰等斯堪的纳维亚半岛国家在20世纪50年代开始通过信息公开立法。真正的重大时刻发生在200多年前的1766年，当时瑞典通过了《出版自由法》，而大约同时期美国通过了著名的《信息自由法》（Freedom of Information Act）。20世纪80年代，法国等国家在信息公开法律制度上紧随其后。然后是20世纪90年代的英国、爱尔兰和其他西欧国家。2000年左右，信息立法出现了真正的爆炸式增长。这个时间点非常引人注目，因为密集的立法改革只持续了几十年，但目前世界上已经有91%的人生活在一个拥有某种信息权利法律或政策的国家；有124个国家通过了全面的信息公开法律；有29个国家在制定信息权利法令；有96个国家其国民可以获得或有权获得宪法规定的信息；有78个国家加入了所谓的开放政府伙伴关系。

从另一个角度，我们可以看到世界上不同的国家和它们通过信息公开立法的速度。我们可以想象，信息公开立法在20世纪的最后几十年、21世纪初是一场真正的革命。学者们对推动这一进程的原因非常感兴趣。首先，信息和数字（科技）革命确确实实推动了信息公开的进程，这不仅意味着政府必须以一种全新的方式处理信息，而且也改变了公民对他们有权获得什么样的信息以及他们可能会拥有什么样的信息的期望。其次，传染效应（Contagion Effect）也在发挥作用。当世界上一个地区、一个国家通过某种法律时，其他国家会迅速效仿，就像在邻国之间相互传染一样。最后，一个很重要的事实是许多国际组织支持信息公开制度。美洲国家组织（Organization of American States）、世界银行（The World Bank）、国际货币基金组织（International Monetary Fund）都强烈主张扩大信息公开，这也会影响许多国家的立法决策。

信息公开制度以1766年的瑞典为开端，接着由芬兰和法国等国家跟进，一直到2000年的英国、2005年的德国和更晚的西班牙的发展，这是欧洲信息公开法律发展的一个缩影。若我们关注各国相继通过相关法律的数量，会发现爱尔兰适用三种不同的制度来规范信息公开。意大利也是一个特别有趣的例子，因为它把不同的法律框架拼凑在一起运作。

让我们聚焦世界上最重要的一些信息公开法。墨西哥在2000年通过了其信息自由法。这部法律似乎是世界上最具创新性的法律之一，甚至其在2000年年初的立法程序都是在线上完成的。例如，该法设置了一项在线信息跟踪服务，人们可以知道为什么其申请会在系统中以及谁会应答申请。印度在2005年通过了《信息权利法》（Right to Information Act 2005），我们稍后会讲到，该法被认为是非常激进的重要里程碑。在立法过程中，人们赋予这部法律很多的期望。尼日利亚于2011年通过的法律也很重要，不仅因为其立法居于区域领先地位，还因为其在相当程度上覆盖了私人受托人。

那么政府为什么要通过这些法令呢？原因是多方面的。其中一点是，它们有时需要将联盟团结在一起、将人民团结在一起。正如笔者所说的，有时政府通过法律是因为它们正在进行宪法改革，而信息公开恰好与改革趋向相符。有时则要更犬儒主义一点，有些政党通过信息公开法律是为了让竞争对手看起来很糟糕。最后，笔者发现制定法律通常是由政府里的一小群人推动的，他们真的相信并支持它，很多时候大多数人都不怎么关心。信息公开和信息自由的象征意义是难以避免的。一旦政客在竞选活动中承诺要通过一项法律，就很难收回该承诺，因为承诺一旦作出，人们就会记住它。美国前总统林登·贝恩斯·约翰逊（Lyndon Baines Johnson）认为政府应该保守秘密，但实际上他最终通过信息自由法令，而没有否决它。

着眼于大多数信息公开法律制度本身，读者可能对其外在形式很熟悉。这些法律都包含了公民（有时还包含公民以外的任何人）获取信息的合法权利，其中包含了推定信息开放的理念，即推定所有事情都应该是公开的。同时，许多政府通过法律规定了相当多在特殊情况下的豁免规则，来允许不公布影响国家安全、涉及商业机密以及敏感决策过程中产生的信息。

关于信息公开法，容易被忽视的一个方面是它有两个组成部分。第一个组成部分是在未经公众申请的情况下主动公开信息的承诺。这是获取信息的积极方面，但往往被忽视。第二个组成部分是承诺在特定的期限（例如两周或者三周）内应答公众的信息公开申请。进一步而言，几乎每一部信息公开法都有某种形式的上诉制度来裁决纠纷，可以是信息自由专员，也可以是某种形式的法庭，抑或如美国那样设置一种法院系统。

各地信息公开制度的效力位阶存在差异，大多是法律，有的是行政命令，有的甚至是层级更低的规范性文件。各地法律之间最大的区别之一是适用范围。

例如，英国的《信息自由法》涵盖了 10 万多个公共机构，包括学校、中央政府、地方政府以及许多中间机构。其他国家法律则更谦抑。此外，有时不仅中央政府有信息公开法，地方政府也有单独的信息公开法。从西班牙到美国，许多联邦制国家都存在分散的地方信息公开制度。信息自由法在时间追溯程度上有很大的裁量余地。其是否具有完全的追溯力，即是否涵盖了过去的所有时间点？还是仅追溯到特定的时间点停止？比如爱尔兰《信息自由法》（Freedom of Information Act 2014）就规定信息公开可以追溯到 1998 年。而英国的类似法律则可以追溯到过去所有时间点。

当政府完成了信息公开法的立法程序，其真正有趣的部分才刚刚开始。信息公开法能够发挥预期效用，是基于三个假设。第一个假设是，任何法律都会得到官僚机构和政府的遵守和支持。但这并不是必然的，事实上我们看到的世界各地很多法律都是通过之后就被立即架空，未能得到官僚机构支持。第二个假设是，公众会对使用信息公开法感兴趣。然而，在不同国家和地区，信息公开申请数量以及感兴趣的人数方面存在很大的不同。在申请数量上，不同司法管辖区差异很大，甚至在西欧一些国家间也存在巨大差异。英国中央政府的申请数量是每年 32000 份，而德国只有大约每年 2000 份。同年，科索沃的申请数量是 2000 份。在瑞士，相当令人吃惊的是，尽管其有完整的信息自由法令，却只有 249 份申请产生。所以，信息公开制度的利用程度差异很大。第三个假设，或者说期望和信念是，这项法律能够克服任何一种盛行的保密文化。若加以细究会发现，就法律是否被遵守而言，很多政府都经历了一种循环，即先是热衷于透明化，然后随着时间的推移就不那么热衷了，找到了抵制或试图隐藏信息的方法。大多数政客一旦掌权，往往不喜欢信息公开，例如，当时特朗普政府就花了很多时间抵制或者说努力隐藏反对信息。

关于谁在利用信息公开制度，还有一个有趣的区别。当法令通过时，我们显然希望公众都会利用它，但事实上有的群体会利用、有的不会。公众中，有一般公民、记者等多样的群体。记者当然是信息公开法的主要使用者。有些企业也有动力使用信息公开法，因为它们希望了解竞争对手在通过政府做什么。政客们自己也可以利用信息公开法，尤其是反对派政客。学者也会大量利用信息公开法进行研究。但各国具体情况差异很大。在科索沃，利用信息公开制度的主要群体是媒体；在黑山，非政府组织申请者居多；在英国，信息公开的申请者以公民社会团体为主，最多利用信息公开的群体是公众。在英国的此种情况下，信息公开法似乎最接近于它应该如何运作的理念。

在世界各地的信息公开研究中，我们看到了一些有趣的规律。我们可以看到，实际上很多信息公开是针对地方而非中央政府的：实际上信息获取权是一个相当地方性的工具，经常被当作日常的政治工具，用于更广泛活动的一部分或来推动一个目标的实现。

信息公开法的适用可以引起良性或恶性的循环。可能存在一个没有被真正利用的系统，公众对它不感兴趣，官僚机构没有真正遵守它，政客们不喜欢它。这将会对它非常不利，将导致对法律的废弃和忽视，使其意义丧失殆尽。相比之下，我们可以想象一种良性循环，在公众可以行使资料公开权的同时，又有来自官僚机构的大力支持，有正当的政治支持，尤其是来自高层的，从而进一步促使信息公开法更强大。但如何准确衡量法律的运作情况还是很困难的：往往政府不高兴，则会让媒体高兴。在改革法律方面会存在很多不同的尝试。一些国家试图使法律及媒体都强大。与此同时，也有一些试图让它们都变得更弱。所以，这是一幅相当复杂的图景，并不一定是线性发展到一个特定的终点。

作出结论之前，我们再简单地看一下英国和印度的相关情况。英国在2000年通过《信息自由法》之前，被认为是西欧比较不透明的民主国家之一。因为它有一个非常强大的保密法令，其政府长期以来被视为喜欢保守秘密的政府。在英国，《信息自由法》的通过是20世纪60年代和70年代开始的长期斗争的一部分。这项法律直到2005年才真正生效，尽管它在2000年就已通过了。事实上，托尼·布莱尔（Tony Blair）于1997年成为首相之前，就承诺过要通过《信息自由法》。政府承诺将制定世界领先的信息自由法令，作为新政府的重要象征。然而，你可能会猜到接下来会发生什么——该法被埋没在一系列委员会讨论中。随着政府变得更有经验，更犬儒主义，它对其最初承诺的非常强力的信息自由法令就更持怀疑态度，使得法案难产。议会中，来自不同团体的激烈斗争试图加强或削弱法律，最终英国的信息公开法以一种妥协形式通过，其中包含一些非常积极的成分，但也有一些部分相较最初的激进草案是一种退步。尽管如此，笔者认为相对而言，它依然是相当有力的法律。最重要的是，它正被各种各样的人广泛适用。正如笔者所说的，在英国，公众是信息公开法最大的用户群体，同时地方政府、中央政府、新闻工作者、企业和研究人员也均在利用信息公开。关于英国的一件有趣的事是，大部分的自由信息申请指向当地政府而不是中央政府。

然而，我们也可以看到，政府对信息公开和信息自由越来越不满。越来越多的政府部门基本上拒绝根据法律完全满足信息公开的要求。随着时间的推移，情况变得越来越严重。当英国《信息自由法》在 2000 年第一次通过时，只有 15% 的请求被完全拒绝。现在却有大约 40% 的请求被完全拒绝。因此，如果你今天向英国中央政府提出申请，你仅有大约一半的机会得到答复。最大的担忧之一是，即使信息公开制度被利用了，也有很多人向政府提出了申请，但政府本身对信息公开有越来越多的抵制和不满。

与此同时，也存在一些积极的结果。《信息自由法》似乎已在一定程度上改变了政府的文化。政府部门变得比过去更乐于开放。这也导致了一些变化，比如立法机构成员的薪酬受到影响。

有人担心，信息公开的一个问题是它经常导致关于政府的负面报道，而很少有正面报道，因为总是负面信息更受关注。一个很大的期望是，信息的公开会使政府变得更可信和更合法。但笔者发现情况很可能不是这样的。从 1983 年民众对于政府信任度的数据来看，人们根本不相信政府。然而来自英国枢密院司法委员会的两份关于评估信息公开的官方报告却认为这不重要。报告认为，信息公开制度作为民主机制已使政府更加公开、负责和透明。当时的首相戴维·卡梅伦（David Cameron）设立的独立委员会也得出了几乎完全相同的结论，即《信息自由法》运行得非常好。该委员会几乎没有提出什么建议来改进《信息自由法》的运作。

有趣的是，首相等人公开抱怨该法。戴维·卡梅伦表示这妨碍了他做事；托尼·布莱尔抱怨说，他本是为了人民通过这部《信息自由法》，之后却是记者们用它来写关于他的故事。托尼·布莱尔甚至还进一步说，自己通过了《信息自由法》真是太天真、太愚蠢。他说，这是他担任首相十年以来最大的遗憾之一，因为他泄露的自由信息严重破坏了政府。

在英国《信息自由法》生效的同一年，《信息权利法》在印度被通过，这被视为一种重要的象征。当一个像印度这么大的国家通过了《信息权利法》，就意味着改革实际上是自地方一级的村庄开始、从一个长期运行的基层运动中产生的。从 20 世纪 90 年代开始，信息公开的主题是要知晓政府在做什么。它来自一种底层的压力，也来自一个想要通过各种改革的政府。它被认为是印度民主化的重要组成部分，是带来变革的关键，也是正在进行的反腐运动的关键武器。从2016年到2019年，印度民众提交了数百万份信息公开申请，申请数量越来越多。在印度，信息公开被用于一些针对官员的反腐运动，也被用于反贫困运动。它不仅被用于土地开发相关信息，也以引人注目的方式被用于帮助贫困阶层，比如用于获得配给卡等。

接着我们将英国与印度的情况做一个简单的比较。在印度，每年的申请者数量略高，大约230万人；在英国这一数字大约是15万。在这两个国家，信息公开法律的使用群体非常相似，即公众和社会组织。尽管在印度，有一个更强大的参与发展的、在不断地使用信息获取权的社会团体叫作Sanga粉丝（Sanga fans）。典型的申请实际上相当相似。申请者多为男性中产阶级，相对富裕，通常生活在城市地区。申请目的一般不在于了解中央或联邦政府在做什么，而大多指向地方或地区政府。申请信息公开者通常是中产阶级男性这一点，可能令人担忧信息公开权行使的性别差异问题。人们还担心，印度一些最贫困地区的人们没有像大家期待的那样行使其信息获取权。

在印度，有趣的现象之一是媒体对于申请信息公开缺乏兴趣。在英国，媒体作为申请信息公开的常客，吸引了很多关注。你可以想象，媒体让政客们非常不高兴。在印度，媒体似乎并没有真正使用它，为什么不呢？这有点儿神秘。

就像英国一样，印度信息公开制度的运作情况也存在令人担忧之处。最大的担忧之一是印度的上诉系统，该系统既通过中央层面运作，也通过地方层面运作。但实际上，许多州一级的信息委员会没有得到连任。积压的上诉案件越来越多，重要裁决却还没有作出。在英国，也有人担心很多申请不是被推迟处理就是被政府拒绝回复。令人失望的是，这么多问题悬而未决，已经开始严重破坏法律本身的运作。

最后需要注意的是，我们谈到的信息自由法和信息公开法，很多都是在20世纪90年代通过的。我们会发现，现在它们正在一个全新的环境中运作。关于档案管理的一些想法现在已经相当过时了，相关制度需要反思和重构。比如，在开放数据的世界里，在社交媒体的世界里，在政府和公众都有非常不同和不断变化的期望的世界里，信息公开制度该何去何从？笔者在此只是提供一些想法。是什么让信息公开制度发挥效力？如笔者已经提到的，它需要非常强大的政治支持。它需要政客真正支持它、服从它。它也需要官僚机构的支持与合作，官员们不能无视它。同时，公众需要积极地申请信息公开来提供压力。此外，一个非常强大的裁决系统不可或缺。最后，信息公开制度需要资源和金钱的支持：一个真正有效的破坏政权的方法就是拿走资源和金钱。反过来，是什么让信息公开法不起作用？抵抗或冷漠是原因之一：一方面，在一些系统中，公众根本不使用它，这意味着法律只是徒有其表；另一方面，则是薄弱或缓慢的裁决系统。有时情况变得如此糟糕，以至于政府试图破坏或改变法律。

信息公开法的未来会如何呢？关于信息公开法的一大争议在于，其是否应该像适用于公权力部门那样涵盖私营组织。比如，私营公司受政府之托所做的大量事务，是否也应受制于公开要求？信息自由、信息获取的概念如何应用于这样的场景？令人担忧的是，现有的很多法律（例如英国2000年通过的法律）就其运作方式而言已开始显得有些过时。

"信息法国际会议"笔谈：
多元视角下的数字法治

> **编者按** 加快构建数字法治体系是法治中国建设的紧迫任务之一。2021年，杭州师范大学沈钧儒法学院与意大利马切拉塔大学法律系合办"信息法国际会议"（线上），围绕数字时代的隐私保护、网络安全、档案管理和信息公开等主题展开研讨。意大利马切拉塔大学法律系 Ermanno Calzolaio、Simone Calzolaio、Andrea Tripodi，英国伦敦大学伯贝克学院 Ben Worthy，香港资深律师许伟强、大律师黄继儿、律师赵之威，沈钧儒法学院赵文宗、王好、尹剑斌、曾威、孙伯龙、周渺、张弛、沈广明等参会讨论，自不同部门法视角探讨信息法/数据法的当下与未来。以下一组笔谈系根据研讨内容整理而成，作为研讨会的部分成果予以呈现。

意大利打击网络犯罪：在"被动"和"主动"进路之间

[意] 安德烈·弗朗西斯科·特里波迪[*]

武海妹　刘丹　译[**]

一、意大利刑法视角下的网络犯罪

如今，网络安全是公众热议的焦点。网络攻击所造成的损失，即便以最保守的方式估计，其数额也是令人震惊的。根据欧洲刑警组织下属的欧洲网络犯罪中心提供的数据，仅2017年一年，全球就有30万名用户遭受恶意软件的攻击，经济损失高达40亿美元。根据意大利信息安全协会作出的预测，意大利每

---

[*] 安德烈·弗朗西斯科·特里波迪（Andrea Francesco Tripodi），意大利马切拉塔大学法律系教授，主要研究方向：刑法。

[**] 武海妹、刘丹，杭州师范大学沈钧儒法学院硕士研究生，主要研究方向：国际法。

年遭受网络攻击造成的损失高达250亿欧元。

自刑法角度，在我们传统的概念框架下，将网络安全列入刑法保护范围是正确且值得的。网络安全在法律上是一项很有价值的资产，保障网络安全有利于保护各种各样的最终利益：信息技术的机密性、个人信息、数据处理和远程信息处理系统的完整性，以及公信力和经济资产。[1]

对保护网络安全的重视，也能解释网络犯罪概念内涵的扩大。在互联网上（更准确地说是赛博空间内）实施犯罪行为均属于网络犯罪。因此，计算机犯罪不仅包括诸如未经授权访问计算机系统或计算机欺诈、侵犯隐私等罪行，还包括涉及恐怖主义、洗钱和侵犯著作权等的犯罪行为。[2]

在意大利，鉴于我们适用欧盟法（条约、指令和规章）、基本的国内法和次级的国内法所构成的多层级规范体系，法律渊源框架发生剧烈变化就并非巧合。当前，最常见的执法依据并不是传统意义上的"消极被动"刑法，即为了应对非法行为（特指网络攻击行为）所造成的损害而制定的刑法条款；相反，在与网络犯罪作斗争时，更多依据最近出台的"积极主动"制裁规则。这些规则旨在通过施加合规义务（或设定权利条款）达到预防犯罪的目的。违反上述合规义务或者侵犯上述权利的行为一般会招致行政处罚，但在很多情形下，出于惩罚目的（根据欧洲人权法院的构想），[3]或者为实现刑法保障机能，它们也会被上升为刑事案件。

二、风险画像

从风险角度来看，商业环境的内、外部因素均会引起网络风险，作为义务承担者的集体性组织，无论是公共的还是私营的，必须里里外外地防范风险。一方面，为避免重大经济损失或保障所提供服务之安全，组织必须保护自己免受罪犯发起的网络攻击，无论罪犯是以营利为目的还是以非营利为目的造成损

---

[1] Antonio Gullo, "I reati informatici", Giorgio Lattanzi, Paola Severino, (eds), *Responsabilità da reato degli enti*, Giappichelli, Vol. 1, 2021, pp. 381-391.

[2] Lorenzo Picotti, "Diritto penale e tecnologie informatiche: una visione d'insieme", Alberto Cadoppi, Stefano Canestrari, Adelmo Manna & Michele Papa, (eds), *Cybercrime*, Utet Giuridica, 2019, Chapter 2.

[3] Francesco Mazzacuva, *Le pene nascoste*, Giappichelli, 2017.

害；另一方面，组织必须通过网络操作，或者更常见的是通过利用自身信息系统，在企业内部预防犯罪风险。换句话说，网络安全风险由法律制定者通过双重路径解决：保护免受外来威胁和防止组织内部的犯罪行为。

（一）外来风险

在外来风险语境下，意大利立法者已搭建起网络安全治理框架，部分原因是欧盟法律发展的推动（《欧盟2016年第1148号指令》呼吁采取措施"以确保欧盟内部网络和信息系统的高度安全"），意大利的主要监管规定包括《2018年第65号法令》（执行前述指令）、《2019年第105号法令》（确立国家网络安全边界）和近年出台的《2021年第82号法令》［成立新的国家网络安全局（The National Cybersecurity Agency），具有监督、检查和制裁的权力］。[4]

前两项法令对私营公司和由国家战略部门运营的公共行政部门施加了严格的合规义务，包括采取安全措施和报告对网络、信息系统和互联网技术服务造成影响的事件在内的很多规定（参见《2018年第65号法令》第12、14条和《2019年第105号法令》第1条第3项在2021年4月14日《第81号首相令》中的执行）。为确保安全义务适当履行，立法者采用了行政制裁制度，其中经济处罚趋于严厉，有时数额特别巨大（可以高达180万欧元），并将被制裁的行为限定为在与监管机关沟通时作出虚假陈述或欺诈性隐瞒的行为（如《2019年第105号法令》第1条第11项写明的违法行为，后文阐释引发组织责任的前置犯罪清单时还会提到它们）。

整体上，这一制度框架立足于促成组织体和政府当局在网络犯罪预防方面的成功合作，其目标为提高安全标准和确保所提供服务运营的持续性。该框架依据以合规为基础的打击犯罪新理念，创设了一种公共和私人的合作关系。[5]

（二）内部风险

关于组织内部犯罪风险，可参考的是《2001年第231号法令》规定的公司刑事责任。其突破了"团体不能犯罪"（Societas Delinquere Non Potest）的

---

[4] For an illustration of the regulatory evolution, Lorenzo Picotti, "Cybersecurity: quid novi?", *Dir. Internet*, Vol. 1, 2020, pp. 11-14.

[5] Tatiana Tropina, "Public-Private Collaboration: Cybercrime, Cybersecurity and National Security", Tatiana Tropina, Cormac Callana, (eds) *Self- and Co-regulation in Cybercrime, Cybersecurity and National Security*, Springer, 2015, pp. 1-42.

传统，规定当私营组织体成员为该组织的利益而犯罪时，该组织也应承担共同的责任。[6]具体而言，惩戒的对象为犯罪预防实施不力的机构，以促使公司内部实现犯罪风险预防合规。虽然法令并没有强制组织制定合规计划，但事实上组织只有在证明其于犯罪预防方面并无过错时才能免于刑事责任。在此，我们也能发现一种旨在促使刑事制裁和商业实践"对话"的预防性保护机制正在逐渐形成。

引起上述组织责任的前置犯罪行为常被称作行政违法，但鉴于其相关制裁惩罚之严厉（从高额罚款到永久性禁止商业活动），实际上应认定为刑事犯罪。且因其与网络安全有关，应被纳入网络犯罪的范畴。

要引发《2001年第231号法令》第24条之二所规定的公司刑事责任，前提是发生了与信息技术有关的行为：最主要的如，未经授权访问计算机或数据传输系统（《意大利刑法典》第615条之三），损坏信息、数据和计算机软件（《意大利刑法典》第635条之二和其后的规定），非法截获、妨碍或中断信息技术或数据传输（《意大利刑法典》第617条之四），伪造公共电子文件（《意大利刑法典》第491条之二），等等。此外，不应遗漏计算机欺诈罪（《意大利刑法典》第640条之三）。按照上述法令第24条，若欺诈性数据操纵行为对国家或其他公共组织体造成损害，应追究组织体的连带责任。

因为上述犯罪行为可以使组织体获益，在犯罪学上不难解释为何这些行为会与《2001年第231号法令》有关。通过研究判例，我们至少可以确定如下3个重要领域。[7]其一是未经授权获取竞争对手的敏感数据（例如客户名单），或为个人利益滥用收集通信流程。其二是欺诈性地操纵公司与公共行政部门之间互动所产生的信息（例如，对服务收取过高费用、改变参与招标程序的要求）。其三是损害信息技术或数据传输系统的行为，其既可以是对他者实施从而破坏或损害其他公司形象，也可以是为个人利益所实施（例如在公司监督程序中避免受到行政处罚）。

---

[6] On this legislation, see Giorgio Lattanzi, Paola Severino, (eds), *Responsabilità da reato degli enti*, Giappichelli, 2021.

[7] Antonio Gullo, "I reati informatici", Giorgio Lattanzi, Paola Severino, (eds), *Responsabilità da reato degli enti*, Giappichelli, 2021, pp. 381-391.

三、《2019 年第 105 号法令》第 1 条第 11 项所列罪行

值得注意的是，在《2019 年第 105 号法令》确立国家网络安全边界之前，不存在以保障履行网络安全义务为目的的罪名。根据《2019 年第 105 号法令》第 1 条第 11 项规定，上述在国家网络安全边界内的管辖领域实施的不作为和欺诈行为均应被刑事定罪，且该条款依据《2001 年第 231 号法令》第 24 条之二第 3 项确定了组织体责任。此条款通过涵摄技术设置了两种不同的入罪路径。第一种与主动虚假通信有关，即通信内容与事实不符。第二种则关注第一种罪行所涉及的通信数据泄露问题。这两种情况所涉及的规则又反过来要求二手资料来确定其含义和履行通信义务的条件。因此，有关制裁的规定只有在实施条例（例如，《2020 年第 131 号总统令》和《2021 年第 54 号总统令》）颁布后才能全面实施。

至于何时将犯罪归咎于组织，十分明确，即不作为或欺诈行为系为组织获得利益或好处（为隐匿组织的任何不合乎网络安全法规的行为）而实施的。这些违法行为的后果，包括由组织承担高达 400 股的金钱制裁（一股的金额从最低 258 欧元到最高 1549 欧元不等），以及受到剥夺资格处罚（包括禁止该实体与公共行政部门签订合同，将其排除在援助、贷款和捐款之外，禁止其为商品和服务做广告）。通过采用组织模式，或制定与风险流程相关的某些政策，尤其是向部门当局提供信息，可以有效防止此类犯罪的发生。

总之，我们可以看到，意大利立法似乎正寄希望于——可能是最大的希望——"积极主动"的刑法。"积极主动"的刑法有赖于上文所述的复杂监管制度，可能需要采用"胡萝卜加大棒"的激励方式，并完成一项高难度任务，即创建（或在某些情况下巩固）真正的网络安全文化，这是治理因网络技术不断发展而引起的风险所必需的。

数字领域犯罪风险的分类及刑事政策立场

张　弛[*]

在大数据环境下，数据的集中和数据量的增大给产业链中的数据安全保护

---

[*] 张弛，杭州师范大学沈钧儒法学院讲师，主要研究方向：刑法。

带来新的威胁，数据成为主要的攻击对象，网络向围绕着数据处理的数据网络转变，由此衍生出数字领域的各类犯罪风险。

如表1所示，根据数据的生态周期以及数字化产业的运作流程，我们可以将数字领域犯罪风险分为3种基本类型：

表1 数字风险的类型化

数字风险类型	对象载体	表现形式	风险属性
数字权利风险	个人隐私	侵犯公民个人信息的犯罪	静态、具体
	企业权利	侵犯大数据、知识产权的犯罪	静态、具体
数字秩序风险	数据安全	非法截获、控制、篡改、伪造计算机数据	静态、抽象
	系统安全	破坏、非法控制计算机信息系统	静态、抽象
数字创新风险	技术创新	机器学习、数据爬取等技术的合法性质疑	动态、抽象
	金融创新	互联网非法集资行为、金融衍生物的定位	动态、抽象

第一类为数字权利风险。数据的生产者对其生产的数据享有原生性权利，数据的开发者在搜集、利用这些数据的过程中，与数据的生产者形成了特定的权利义务关系，由此催生出数字领域的各种法律关系，数字产业和数字经济得以建构。申言之，数据权利是整个数字领域的基石；以数字权利为对象的犯罪活动，便构成数字领域的第一道刑事风险。数字权利风险，是指互联网空间中的企业、个人等数字活动参与者，因受犯罪侵害或权利未被确证而被迫面临的风险与威胁。数字权利风险表现为两个层面：一是已为法律所确证的权利因犯罪活动的频繁侵害而遭到破坏，数字领域公民个人信息与隐私的泄露问题即为典例；二是包含重大利益的特定权利因未获得法律的确证而陷入易受侵害的境地，"数据权利""大数据财产""虚拟财产"等新型财产形式，以及与数据处理、开发有关的商业秘密等均属此类。从性质上来说，数字权利风险是一种面向个体的微观风险，表现为对数字领域中个人或企业的具体侵害。

第二类风险可以被称为数字秩序风险。该类风险是以自然人、企业等单独个体为视角审视数字领域存在的风险。随着数字权利主体的增多，不同的权利主体之间产生了纷繁复杂的法律关系，数据的产生、收集、利用与创新必须依赖于一定的外部环境与稳定状态，由此产生了数字空间中不可或缺的重要法益——数字秩序。与传统的社会秩序所不同的是，基于互联网技术与数据形成的数字秩序包括两个层面：一是系统安全秩序，即支撑数据运作的计算机信息系统自身的安全与正常运行；二是数据安全秩序，也即在计算机信息系统和互联网中流动的数据不受非法截获、控制、篡改、伪造的合法状态。针对这些秩序的犯罪侵害形成数字秩序风险的主要内容。在互联网空间中，有些犯罪仅侵害了系统安全而未破坏数据秩序，典型的如非法侵入计算机信息系统；有些则破坏了数据秩序但未影响系统安全，如非法获取计算机信息系统数据；还有的犯罪兼具两种侵害属性，如制作、传播计算机病毒的行为。无论哪种类型均构成对数字安全的侵害，成为数字领域犯罪防治的重要对象。与数字权利风险相比，数字秩序风险更多地表现出宏观性、抽象性等特征。

数字创新风险是数字经济时代的第三类风险。风险社会理论认为，技术的变革与创新必然会带来各种不确定的治理风险，在数字领域，随着大数据、云计算、人工智能等技术在各个领域的运用，特别是金融活动与科技手段的深度融合，社会正面临着各类创新性风险，法律监管亦面临着前所未有的挑战。这类由数字创新所引发的风险主要包括两类：一是质疑技术创新行为本身的合法性，例如利用算法和机器学习生成的作品是否侵犯来源作品的著作权，利用网络爬虫技术获取大量计算机数据的行为是否构成犯罪，等等；二是数字技术与金融业态深度融合所带来的金融系统风险，近年来滋生的各种非法融资平台、"炒币挖矿"乱象均是数字创新风险在金融领域的具体体现。如果说数字权利风险和数字秩序风险是一种针对现有法益进行侵害的静态风险、确定风险，那么数字创新风险就是生产方式发展和技术变革过程中伴生的、具有不确定性的动态风险。如何在鼓励创新、促进发展的过程中，实现对数字创新风险的有效防控，成为刑法与刑事政策在当下和未来必须直面的问题。

对于数字领域的犯罪活动与相关风险，刑法应当如何应对，采取何种强度和类别的治理措施，取决于数据治理领域刑事政策的立场和态度。关于当前我国刑事政策的风向和趋势，传统上无外乎"从严""从宽""宽严相济"3种基本立场。我们认为，刑事政策导向是一个涉及发展创新、人权保障、犯罪治理等多方面内容的复杂议题，单纯地以"从宽""从严"概括特定历史时期下刑事政策的立场导向，会在一定程度上忽视治理问题的复杂性，导致刑法回应的片面化与简单化。在数字化时代，犯罪结构的变化呼唤刑法的精准治理，刑事政策的精细化转向显得尤为迫切。基于此，有必要打破传统上对刑事政策进行评价的"宽/严"二元立场，对刑事政策的立场态度更加立体。具体说来，在数字经济时代，刑事政策立场可以被归纳为4种价值取向，分别是：（1）扩张，主要表现为刑事立法以积极的态度介入某一领域犯罪风险治理，对于现行刑法没有规定的危害行为，以增设新罪的方式将之纳入刑事处罚范围，是扩张的刑事政策的主要表现。（2）从严，是指对于现行立法可以涵盖的危害行为，通过合法的扩张解释将之纳入犯罪圈，或者加大量刑力度的刑事政策态度。（3）从宽，是与从严相对应的刑事政策立场。从宽的刑事政策在对某一行为是否构成犯罪、构成轻罪还是构成重罪进行判断时，往往选择缩小犯罪圈的适用，追求定罪量刑的宽缓化；在一些刑民交叉案件中克制刑法的介入，并体现出对技术创新、个人自由与企业自主权的高度容忍。（4）保护，体现出刑事政策对某些主体和法益的关注与保障，保护的政策态度主要通过加大对侵害活动的惩治力度、明确权利归属、增加权利保护对象等方式实现。

如表2所示，对于数字权利风险，刑事政策的应对立场应当以确权保护为主：一方面，要实现信息法益向数据法益的转化，将刑法对互联网空间中个人保护的重点由信息法益延伸至数据法益；另一方面，也要推动企业新型数据权利之确证，尽快明确"大数据财产""虚拟财产"的概念内涵与权利归属。尤为重要的是，需要特别协调好数据开发与隐私保护的关系，减少作为数据生产者的个人与数据利用者的企业之间的矛盾冲突。对于存在数字秩序风险的犯罪活动，则应当从严治理，在刑事政策上体现出从严和扩张的态度，通过修改非法获取计算机信息系统数据罪、破坏计算机信息系统罪等现有罪名的构成要件适当降低入罪标准，与此同时在刑法中增设妨害数据管理、违反侵害数据信用的新型罪名，完善与此相关的刑事法网，实现对数字秩序风险的周密防范。最后，对于数字创新风险的刑事立场要做到宽严结合、宽严相济，对于存在系统性金融风险的互联网金融业态，如去中心化的数字货币、网络融资借贷模式等要从严监管，对于各类数字金融衍生物予以有限度的承认，认可其财物属性而否定其流通价值，但是对于有利于推动技术变革和社会生产的数字技术创新要适当鼓励，通过限缩"口袋罪"的适用来实现兼顾金融风险防范与数字技术创新的目标，由此实现对数字领域犯罪风险的有效应对。

表2　数字风险的刑事政策应对立场

数字风险类型		刑事政策立场
数字权利风险	个人隐私风险	保护
	企业权利风险	
数字秩序风险	数据安全风险	扩张
	系统安全风险	从严
数字创新风险	技术创新风险	从宽
	金融创新风险	从严

数字法治的创新性发展模式与路径——基于制度型开放的迭代升级
尹剑斌[*]

着眼于"数字法治"这一范畴，即世界将进入在数字上确认和宣告"法治"的时代，来探讨数字化代表的第四次工业革命这一背景下未来"数字法治"的创新性发展，这是一种"未来决定现在"的逻辑，极具憧憬也极具挑战。

一、数字法治的创新性

20世纪80年代初，傅伟勋在伽达默尔（Gadamer）的"开放性"思想基础上，提出了"创造的诠释学"的方法论。数字法治"基于开放性的创造性"[8]的创新性发展表现为数字化和法治化的"相互主体性"，即二者的辩证关系。

数字法治是跨越自然科学、社会科学认知，理解不同层面的制度体系的系统连接。数字法治建设运行的逻辑是"自制控权"，[9]数字法治最大的法律风险是数字和法治在发展水平上的"水位差"，其弊端本质上是自然科学进步带来的

---

[*] 尹剑斌，杭州师范大学沈钧儒法学院副教授，主要研究方向：行政法。
[8] 参见程志华：《基于开放性的创造性——傅伟勋"创造的诠释学"的价值》，载《哲学研究》2011年第6期，第48—54页。
[9] 参见朱新力、余军：《行政法视域下权力清单制度的重构》，载《中国社会科学》2018年第4期，第109—131页。王宝珠、王利云、冒佩华：《构建新型国际经济关系：理论与实践——兼析"制度型开放"》，载《上海对外经贸大学学报》2020年第6期，第80—90页。

"社会压制"[10]，表现为科学精神与人文精神的分裂和对立。

2018年，中央经济工作会议上首次提出"制度型开放"概念。党的二十大报告明确要求"稳步扩大规则、规制、管理、标准等制度型开放"[11]。对浙江省正在进行的数字化法治实践予以观察，当中经历了数字浙江、四张清单一张网、"最多跑一次"，到现在的数字化法治改革，表明数字法治与制度型开放理论的价值目的、功能作用、方法手段和实现形式都具有深度契合性。

数字法治从"功能要件"上可以拆解为制度规范、标准和开发工具三方面的综合创新。[12]除了规范、规则意义上的链接、配套、协同协调和体系化，作为数字法治的基础设施，标准是平台内部和平台之间能够核心交互的"通行证"，开发工具则是形成完整架构与应用系统的"技术基石"。譬如"浙江省数字法治系统框架"分为基础支撑体系、业务应用体系。前者是数字法治基础设施的底座，后者是数字法治的应用场景。其用户有两个群体，一是程序员，他们关心的是能否二次开发利用；二是社会公众、企业和政府，他们关心的是软件是否"管用""好用"。"数字法治系统"的重点应该是"开放"，是链接、互联互通、共建共享，这是大数据的本质。

二、数字法治创新性发展模式

数字法治是社会科学、人文科学向"技术致敬和靠拢"，[13]理论上有单一创新和协同创新两种模式。

单一创新模式又可分为政府主导型和平台创新型两类子模式。前者是指以政府或公共部门为主导，促进并实现法治文明发展。重点在数字化背景下随着环境、技术的改变对思维与规则进行调整，统筹政府、市场与社会之间

---

[10] 参见王雯姝：《哲学是时代精神的化身——有关现代西方哲学与时代精神的思考》，载《清华大学学报（哲学社会科学版）》1999年第2期，第72—77页。

[11] 《高举中国特色社会主义伟大旗帜 为全面建设社会主义现代化国家而团结奋斗——在中国共产党第二十次全国代表大会上的报告》，载求是网，http://www.qstheory.cn/yaowen/2022-10/25/c_1129079926.htm，最后访问日期：2023年12月19日。

[12] 参见尹剑斌：《公共资源交易平台功能拓展策略》，载《宏观经济管理》2021年第6期，第54—61页。

[13] 参见张福贵：《技术主义道路与传统文科的发展路向》，载《山东大学学报（哲学社会科学版）》2021年第5期，第149—156页。

的互动关系，推进依法行政，实现法治理念、机制、工具的适应性变化。后者是指数字法治发展以平台自治为基础，通过落实平台自律，以市场、社会和政府的需求、实际问题为导向，统筹内生因素与外部环境，有利于找准法治重点、焦点问题，提供及时、高效的解决方案。然而对数字技术的"重度依赖"，也容易出现恶性竞争或利益共谋、社会责任缺失或异化、对市场主体的不负责任行为和缺乏管理等市场失灵问题，同时，政府无法及时进入平台自由地进行监管。

协同创新模式能充分发挥数字场景下多元主体的协同治理作用，是数字法治的大势所趋及新模式。其一，顺应数字发展趋势。数字化、信息化、网络化和智能化是互联网时代的产物，是经济社会发展的新动力源，协同治理模式发挥了政府、行业组织、数字平台等不同主体的效用，建构了治理共同体，提高了法治效能。其二，能发挥协同治理主体效用。由互联网以及数字技术赋能的商务、公共服务和政府监管平台，特别是公共服务平台，连接多方利益相关者参与，为政府、社会公众、市场主体等的共同利益创造了价值，并提供协调治理机制。

三、数字法治创新性发展路径

（一）确定技术开源

数字化的"标准化""规范化"，其前提是数据资源的开放、共享使用和信息安全。"标准"虽然也是"技术"的范畴，但它为数据、法律规范提供了最初的准则，既奠定了法治的基石，也限定了数据、法律规范的"视域"。因此，这一标准虽然被称为"标准"，但应按立法程序制定，从而具备强制执行效力。

开源的意义在于真正构建并形成数字法治的"基础设施"。对比安卓、鸿蒙系统（OpenHarmony）这种由全球开发者共建的开源分布式操作系统，数字法治同样需要具备面向全场景、分布式等特点，在数字系统意义上也应当是一款"全（全领域）、新（新一代）、开（开源）、放（开放）"的操作系统。"开源"可以提高公正性，从而避免个人或团体免受"算法黑箱"中的"算法歧视"。

标准和平台互通息息相关。数字世界里，可靠的沟通模式和行为准则首先有赖于技术标准的统一、开放和协调程度。标准化和"互操作性"是欧洲数字议程的关键支柱。标准化也是美国创新战略的关键组成部分。多元的数字化技术拥有丰富且独特的技术路线，能够促进公平竞争和生产力的增长，但"整体智治"和共同利益都建立在通过应用共同的标准加以实现。

（二）规范数据开放

社会公众通常认为数字法治的公正性来源于其较少受到人工干预，然而从程序开发、软件编程到数据收集、清洗以及处理的"大数据陷阱"、"算法歧视"和"算法黑箱"会导致更普遍、更广泛的社会不公。数据开放的规范有两个方面：一方面是验证初始录入信息的真实性，确保数据不被篡改、不遗漏和可追溯；另一方面是数据中心应当保持技术中立和标准统一，不得以任何手段限制、歧视个人或团体，并且不得泄露依法应当保密的信息以损害公共利益等，或避免造成市场主体之间的信息不均衡。

（三）加强制度协同

本质上，这是数字法治的"制度体系化"。数字法治"制度协同"应当由三个层面构成。第一个层面是观念、价值意识和原则。数字法治共同体要保持科技、人文价值的连续性，将人本精神、平等观念、民主理念带入科学文化中，宣扬法治的温度和权威，以弥补"算法黑箱"的不足。加强"制度衔接"，不仅仅是要求权力之间的协同，还在于权力与权利的妥当安排，更重要的是强调责任问题。很显然，"权利本位"的伦理责任是最重要的。

第二个层面是在实践中积累共同的规范意识。从数字法治系统框架的基础支撑体系我们可以看到，电子卷宗、审判文书仅仅是数据资源的一部分。在应用工具的支撑之下，利用这些数据，改变"同案不同判"的现状，提升"法律业务知识服务能力"、加强"大数据人工智能的预判力"，让人工智能成为法官、检察官、律师的强力辅助工具，减少"不可描述的各种因素"，是数字法治创新发展的趋势。

第三个层面通过"规律"到"法律"的转换来唤醒沉睡的规则。在技术规范的创新发展、迭代升级中，不同的技术标准、行业规则和技术规范成为技术创新互动的活态载体，全时空参与到数字法治共同体的构建中。这需要社会科学与自然科学的合作，需要政府治理和科技开发的协同。数字法治不是单一的一个系统构成，而是由多个复杂系统彼此配合、协调，共同完成良性的运转。"规律"到"法律"的转换是重要的一环，将数字基础能力转化为数字法治基础设施，是法律权威的输出和保障。

论税务数据的权利属性及其合理使用的原则

孙伯龙*

进入数字经济时代之后，数据成为一项重要的生产要素，从而具备经济价值和产权保护的必要性。税务数据主要是以电子化形式记录的在税收征纳过程中产生的各种数值，包括纳税人涉税信息数据、会计统计数据、电子纳税数据、调查记录数据等。[14] 税务数据的属性问题不仅仅是要阐述它是什么，更要对其法律边界加以划清。从传统财产法的角度来看，并不是所有的税务数据都可以被纳入法律保护的范围之中。此外，从数据资产角度而言，对税务数据的收集是否要经过纳税人的知情同意？税务数据的使用范围应如何划定，该数据能否被商业化使用？这一系列问题都是在数字时代每一位纳税人将面临的现实难题。本文简要从税务数据的权利属性角度，对合理使用税务数据的基本原则加以分析讨论。

一、税务数据的权利属性及要素

在厘清税务数据的权利属性时，首先要区分涉税信息和税务数据。涉税信息是个十分模糊的概念，通常就是指纳税人的登记注册信息、身份信息、交易信息、资金支付结算信息等与国家税收密切相关的各类信息。从税收征管服务角度，除了纳税人，掌握涉税信息的义务主体还包括扣缴义务人、平台经营者、商业银行、金融机构、其他政府部门等。事实上，涉税信息提供和共享义务要求上述主体向税务行政部门共享其所获取的涉税信息，但是归根结底，这些涉税信息是纳税人的个人信息。因此，涉税信息往往体现为私有属性，纳税人具有基于自身意愿对其进行占有、使用、处分等先天优势。[15]

税务数据是在隐去个体纳税人的身份识别信息之后，以税务领域的各类信息为依托，而形成的复合型的纳税、征税数据信息。对于税务数据的权利归属，

---

* 孙伯龙，杭州师范大学沈钧儒法学院副教授、新时代财税法治研究院助理研究员，主要研究方向：经济法。
[14] 参见王桦宇、连宸弘：《税务数据资产的概念、定位及其法律完善》，载《税务研究》2020年第12期，第53—60页。
[15] 参见闫海、冯硕：《纳税人信息保护和涉税信息管理的冲突与协调——以〈个人信息保护法〉为视角》，载《税务研究》2022年第4期，第69—74页。

有人认为是全体纳税人，但也有人认为是政府（由税务行政主管机关代为行使该权利），但可以肯定的是，组成税务数据的涉税信息必定是来源于每一个纳税主体（包括所有自然人、法人和其他组织）。税务数据因其覆盖面广和复合强，主要应用于专业化分析税收、预测税收收入及控制税收风险、宏观经济政策决策、社会政策等领域，同时也为提升现代税收征管效能提供了有效可行的解决方案。应当注意的是，政府属于公共数据持有者，税务行政部门在收集、整理、分析和应用税务数据时，应当有法律的明确授权和规范，并且只能用于实现公共利益而不能用于商业目的。在没有法律授权的情况下，因涉及个人信息、商业秘密等，税务行政部门需要在获得纳税人的知情同意之后方能取得和使用税务数据，并遵守严格的保密义务。

但是之所以认为税务数据有权利属性，这是类比了以知识产权为代表的无形财产的权属特征。一般来说，产生税务数据的各模块之间是有内在逻辑关系的，例如房产税、土地增值税等税种必须先进行财产登记，才能进行申报、征收、统计，先后顺序不能颠倒，否则不合逻辑将无法进行操作。[16]因此，税务数据通常具有很强的公共属性，其开发利用基于国家财政的支持，基于鼓励数据流通、数据公共使用和数据再创造的需要，也可以参照知识产权的有关规则，在必要时、在一定条件下确立税务数据强制流通、强制使用和允许他人再创造的规则。税务数据的收集者通过对数据的混合、加工等，大大增加了税务数据资产化、价值化的可能性。政府的劳动附加了数据的价值，数据整理收集者应该享有产权，这也符合民法的添附理论。

客观而言，数据确权难、定价难、流通难、监管难，是数据本身具有的理论性质在经验现实中的下沉，[17]税务数据由税务机关收集整理，相比其他来源的数据拥有更高的真实性，税务数据在被加工之后具有非常大的经济应用潜力。由于数字市场秩序的形成和要素流动并不依赖于要素的明确确权，对数据/信息的使用不仅与商业模式有关，也与数据/信息本身的特性有关。[18]因此，对税务

---

[16] 参见李荣：《大数据时代电子税务数据分析与应用研究》，载《计算机光盘软件与应用》2013年第19期，第144—146页。

[17] 参见鲁泽霖、陈岩：《数据要素市场化的理论内涵、现实挑战和实践路径》，载《信息通信技术与政策》2022年第1期，第11—18页。

[18] 参见胡凌：《数据要素财产权的形成：从法律结构到市场结构》，载《东方法学》2022年第2期，第120—131页。

数据资产的相关研究更需要关注其使用模式。

二、税务数据"合理使用"的基本原则

第一，作为一种政务数据，其使用应遵循共享开放原则。税务部门以特定的格式将其在税收管理与服务活动中获取的原数据和数据产品，免费、无差别地或非营利、点对点地向社会公众和特定受众开放，任何个人、企业和社会组织无须授权即可访问、查询、获取、使用和分享，也可由相关人员、组织获得授权使用，以实现税务数据的增值利用与创新应用。这一原则的合理之处在于税务数据开放共享可创造巨大的公共价值，不但能帮助税务部门提高自身透明度并提升税收治理能力，还能有效促进大众创业、万众创新，推动经济升级转型和社会可持续发展，增强国家在税收生态方面的整体竞争力。经济合作与发展组织指出，政府开放相关政务数据信息的价值包括：（1）经济价值，推动经济发展和转型升级；（2）社会价值，改善公共服务和提高公民的生活质量；（3）政治价值，提高政府的透明度、开放性和可问责性，提高公民参与社会治理和民主政治的积极性。

税务数据共享开放中的隐忧在于"涉税信息共享是否安全可控"。也就是说，涉及纳税人的个人信息、商业秘密、国家安全等信息是否已经在税务数据中彻底被"完整地保护"。由于我国尚未建立专门的个人信息保护机构，各监管部门是在传统的监管职责中分头负责本行业、本部门的个人信息安全，其中，纳税人涉税信息的监管主要由税务机关独立完成。[19] 长期以来，我国缺乏个人信息权益保护机制，税务机关对涉税信息保护的重视程度明显不足。事实上，对税务数据的共享开放原则也应当保持在一定限度内，如何确保税务数据的"合理使用"就成为关键问题。特别是在大数据时代，政府收集处理数据的能力有限，就需要企业和第三方机构联合参与，如果对税务数据共享开放和纳税人涉税信息保护界定不清，势必会在一定程度上影响税务数据发展的广度和深度。

第二，税务数据的合理使用应当符合公平合法原则。税务数据能够得到利用离不开技术的发展，尽管技术本身是中性的，但是技术应用却是一个非中性问题，往往需要具体判断。税务数据涉及的主体范围更加广泛，所能产生的信

---

[19] 例如，根据国家税务总局发布的《纳税人涉税保密信息管理暂行办法》，各级税务机关承担着保护纳税人涉税信息的职责。

息价值也非常高，因此，税务数据的应用应当以公平合法为首要原则。具体而言，又包括遵循最小必要原则和安全原则。所谓最小必要原则，是指在使用税务数据的各个场景中，应当将数据公开限制在必要范围内，在实现应用场景目的的前提下，对税务数据的应用降到最低。所谓安全原则，是指在使用税务数据的过程中注重涉税信息保护。通过数据存储、传输、应用技术的创新，在技术层面为合理使用税务数据构筑防火墙。此外，还应当加强税务数据应用过程中的人员管理，进一步减少数据暴露的风险。

第三，税务数据因其特殊性应当以公益为主，以有限商业化为原则。这是对合理使用税务数据的范围进一步界定之后的一项原则。税务数据是由税务行政部门收集汇总后得到的，将税务数据的应用规定在公益领域和有限的商业领域是与税务数据的性质相符合的。理由是税务数据的应用应当遵循适度开放原则，这个原则从另一个角度来看是应用税务数据需要取得企业的同意，因为企业的同意便是对"适度"之度作出的界定。同时，在涉税数据的法律关系中，除了税务机关和纳税人掌握纳税人数据，第三方机构亦可能占有此类数据。第三方机构往往基于两种途径掌握纳税人数据：第一种途径是基于第三方机构与纳税人之间的交易活动，纳税人在交易过程中不可避免地需要披露其个人信息。第二种途径是基于第三方机构与税务机关之间的合作活动，税务机关可能因为行政部门之间的数据共享制度向第三方披露纳税人数据，也可能因为受部门预算和技术条件的约束而与私人部门合作以最大化挖掘海量纳税人数据中的隐藏价值。税务数据的应用依托科技投入、算法研发和软硬件信息系统一体化，同时也提高了税务系统征管和服务的绩效，提升了政府整体效能，有效支撑宏观决策和治理。因此，适度地允许税务数据的商业化应用，将技术对社会的冲击尽量降至最低，有利于推动税务数据应用的进一步探索。

大数据时代政府信息公开的转型与挑战

沈广明[*]

2015 年，国务院发布《促进大数据发展行动纲要》，提出修订政府信息公

---

[*] 沈广明，杭州师范大学沈钧儒法学院副教授，主要研究方向：行政法。

开条例，积极研究数据开放制度，促进政府数据在风险可控原则下最大程度开放。该纲要可以说是大数据时代下我国从政府信息公开迈向政府数据开放的里程碑式文件。随后，上海、浙江、山东等地开始探索政府数据开放制度的设计与实施，并出台了《上海市公共数据开放暂行办法》等相关地方立法，促进和规范政府数据开放和利用。在政府数据开放制度持续推进的大背景下，我国政府信息公开制度试图作出因时制宜的修正，但仍面临着新的挑战。

一、政府信息公开制度的新近修正

国务院于 2019 年对《政府信息公开条例》（以下简称《条例》）进行了施行 10 余年来的首次大修，以期弥补制度缺陷，因应形势变化。其修改内容主要包含两个方面：一方面，现行的政府信息公开基本原则与实施机制得以进一步完善。新修订的《条例》从规范上直接点明"以公开为常态、不公开为例外"的政府信息公开基本原则，扩大了政府信息主动公开的范围，明确了依申请公开的例外"清单"、程序、费用等，进一步保障行政相对人的知情权。另一方面，《条例》还尝试建立健全与政府数据开放制度衔接的机制。比如，政府数据开放得以有效落实的一个重要前提就是由政府主动公开尽可能多的信息或数据，而《条例》第 22 条就规定了"行政机关应当依照本条例……确定主动公开政府信息的具体内容，并按照上级行政机关的部署，不断增加主动公开的内容"。同时，其首创了依申请公开向主动公开的转化机制，第 44 条明确规定："多个申请人就相同政府信息向同一行政机关提出公开申请，且该政府信息属于可以公开的，行政机关可以纳入主动公开的范围。对行政机关依申请公开的政府信息，申请人认为涉及公众利益调整、需要公众广泛知晓或者需要公众参与决策的，可以建议行政机关将该信息纳入主动公开的范围。行政机关经审核认为属于主动公开范围的，应当及时主动公开。"此外，《条例》第 40 条还规定："行政机关依申请公开政府信息，应当根据申请人的要求及行政机关保存政府信息的实际情况，确定提供政府信息的具体形式；按照申请人要求的形式提供政府信息，可能危及政府信息载体安全或者公开成本过高的，可以通过电子数据以及其他适当形式提供，或者安排申请人查阅、抄录相关政府信息。"此条款所指的电子数据公开事实上就是政府数据开放的表现形式之一。

二、政府信息公开制度面临的挑战及其应对

尽管《条例》已做了诸多有益修改，但仍不能完全回应大数据时代下政府信息公开制度的转型需求。目前来看，政府信息公开制度还存在以下两个主要问题。

第一，实务部门对政府信息的理解过于狭窄，依申请公开的范围有待进一步扩大。《条例》第2条试图对政府信息的内涵作出清晰的界定，但实务中的分歧很大。行政机关、法院对政府信息这一概念的外延认识一般要比申请人认为的更窄。例如，在最高人民法院公报案例"孙长荣诉吉林省人民政府行政复议不予受理决定案"中，申请人向吉林省住建厅申请公开吉建房字〔1999〕27号文件是否已过时效的信息，行政机关及法院就认为其"并非申请公开'以一定形式记录、保存的'政府文件本身，在性质上属于咨询"。[20]换言之，实务部门有将政府"信息"限缩为政府"文件"的趋向。从专业的角度看，这种解释具备合法性。因为该类信息并未以一定形式记录或保存（在某一文件有效的情形下，行政机关通常不会专门出具该文件有效的书面凭证），不符合政府信息的形式要件；同时，这种做法能有效减轻行政机关的政府信息公开负担。实践中，行政机关需要面对大量类似的咨询类申请，如果将其纳入政府信息公开范畴，严格按照《条例》规定程序公开，行政机关将不堪重负。然而对于申请人来说，这种做法通常难以接受，欠缺合理性。因为申请人通常倾向于将政府信息理解为行政机关掌握或应当掌握的信息，而某一文件是否有效难道不是行政机关理所应当知晓的吗?!概言之，在政府数据开放的大背景下，政府信息这一概念的外延可能需要进一步扩张，不宜将其认定为狭义的政府文件，而需对"政府信息"一词做扩大解释，使其向"政府数据"靠拢，为大数据时代政府信息公开制度留下转型空间。

第二，政府信息公开与政府数据开放立法之间存在混同倾向，不利于两种制度的良性运作。需要明确的是，两者既有联系，又有区别。一方面，"政府数据开放与政府信息公开同为开放政府的组成部分，形式上二者均体现为政府将信息或数据公开给社会知悉、利用"[21]；另一方面，相对于侧重保障个人知情

---

[20] 参见孙长荣诉吉林省人民政府行政复议不予受理决定案，最高人民法院（2015）行提字第19号行政判决书，载《最高人民法院公报》2016年第12期。

[21] 王万华：《论政府数据开放与政府信息公开的关系》，载《财经法学》2020年第1期，第13页。

权的信息公开，数据开放更侧重社会对政府数据的利用，旨在充分挖掘政府数据的经济、社会价值以提升社会治理效能。例如，《上海市公共数据开放暂行办法》第1条设置的立法目的是"提升政府治理能力和公共服务水平，推动数字经济发展"。以上理论区分虽然较为明确，但现有立法并未有效体现两者的区别，政府信息公开与政府数据开放在规范上有混淆之处，主要包括：（1）信息和数据这一组概念很难做到非此即彼的区分，[22]当申请人向政府申请公开相关信息或数据时，其应当通过何种途径呢？由于政府信息公开制度已较为成熟，有行政复议、诉讼等权利保障途径，实务中申请人多倾向于诉诸政府信息公开制度，政府数据开放制度容易被闲置，大量数据开放需求涌向政府信息公开制度，致使其不堪重负。（2）实务中负责政府信息公开与政府数据开放的责任部门通常分别是政府信息公开机构和大数据发展管理机构，鉴于信息公开和数据开放工作极可能有重合之处（因为数据和信息之间存在模糊地带），部门之间也可能出现相互推诿的问题，不利于两种制度的良性运行。

总之，大数据时代政府信息公开制度的完善不仅依赖于该制度本身的优化，同时还受到政府数据开放制度发展状况的影响。政府数据开放制度有它产生和发展的现实基础与积极意义，但如果该制度规范不健全，独立性不强，会反过来阻碍政府信息公开制度的发展。目前，政府数据开放制度尚处于各地方探索阶段，其规范的完善空间还很大。政府信息公开制度与政府数据开放制度未来的发展应当各有侧重，前者需要在主观权利保障方面持续深入发力，以充分保障个体知情权；后者需要进一步凸显客观法律属性，以推动数字经济发展，促进公共服务及社会治理水平之提升。

消费者认知视角下的网络金融产品标记制度构建

曾　威*

在网络经济时代，消费者身处综合化的金融投资消费环境：金融与非金融、传统与新兴、自营与第三方，不同性质、业态、来源的商品服务混杂在一起涌

---

[22] 参见叶继元、陈铭、谢欢等：《数据与信息之间逻辑关系的探讨——兼及DIKW概念链模式》，载《中国图书馆学报》2017年第3期，第34—43页。

* 曾威，杭州师范大学沈钧儒法学院副教授、硕士生导师，主要研究方向：经济法。

向消费者。综合化的消费环境能够提高金融业的经济性，提升消费者的便捷度，但同时也容易导致消费者认知偏差，混淆自己所购买商品服务的属性。消费者认知偏差会导致其倾向作出不理智的金融投资消费决策。此外，在网购中，消费者一般不太能认识到实物商品消费救济制度（如网购后悔权和惩罚性赔偿）难以适用于金融消费，从而对自己所能获得的救济作了过于乐观的估计，以致常常作出大胆、轻率的购买决定。根据调查，综合化消费环境导致的消费者认知偏差会使得金融消费纠纷数量明显增加。

按照传统金融法理论，因消费者认知偏差所造成的相关损失应由消费者"买者自负"。然而，随着网络金融向纵深发展，消费者认识混淆情况的发生更具普遍性和一般性。加之网络金融消费的涉众性特征，很容易导致大量金融消费纠纷出现，不利于社会和谐稳定。从行为经济学角度来看，自然人心理等"非理性因素"在金融消费决策中影响巨大，金融法律应该进行回应性调整。为规制因综合化消费环境而产生的相关问题，可以考虑根据消费者心理认知特点建立网络金融产品标记制度。

网络金融产品标记制度旨在要求网络金融商品服务经营者对其发布的网络金融商品服务的主要性质予以标明，以帮助消费者克服认知偏差。传统金融信息披露制度和金融营销宣传监管制度要求信息披露专业、翔实、真实，但作为普通老百姓的消费者却一般不会认真对待，而是仍然依据常识和经验作出投资消费判断。网络金融产品标记制度可以给"粗心大意"的消费者一个清晰、明确且显著的善意提醒，从源头上减少网络金融消费纠纷。从与现行法律体制接轨的角度来看，网络金融商品服务经营者应该承担标记义务，并从属性、类型、来源等维度标明网络金融商品服务的主要特征，助力消费者高效识别。

学生个人信息权益的法律保护：亟待强化，但须有边界

王 好[*]

作为学生个人信息的处理者，我国各类教育机构须遵循《中华人民共和国个人信息保护法》（以下简称《个人信息保护法》）。若《个人信息保护法》得

---

[*] 王好，杭州师范大学沈钧儒法学院讲师，主要研究方向：民商法。

到严格落实，以往大量滥用学生个人信息的做法将有望得到遏制。

坚持加强学生个人信息法律保护的立场，不妨碍我们探索个人信息权益的边界。就此，域外的试错经验具有参考价值。早在 20 世纪 70 年代，美国制定了《家庭教育权利和隐私法》（Family Educational Rights and Privacy Act），原则上禁止教育机构在未经家长或成年学生同意的情况下披露学生"教育记录"（范围极广，涵盖由教育机构保管、与学生相关的大部分信息，如学业成绩、心理健康状况、处分记录等）中的个人信息。《家庭教育权利和隐私法》的出台，在强化学生个人信息与隐私权益的同时，也引起了立法者始料未及的新问题。

首先是《家庭教育权利和隐私法》是否干扰正常教学活动的疑虑。一个经典的案例是，学生互评作业这种教师惯用的教学方式，在《家庭教育权利和隐私法》出台后竟引发一路打到联邦最高法院的纠纷。该案中，一名教师要求学生互评作业并当堂向老师报告成绩，被一名家长指责违法。家长认为，虽然本案中，教师并不公开宣读分数，但学生的成绩至少被有限地披露（起码被负责批改作业的那名学生所知晓），因此违反《家庭教育权利和隐私法》规定的"知情同意原则"。[23]

认为法律禁止学生互评作业似乎是荒谬的，但家长的主张并非全无法律依据：尽管《家庭教育权利和隐私法》为满足教学需要，允许学校教职工（School Officials）不经同意即基于合法教育利益（Legitimate Educational Interests）获取学生个人信息，但鉴于学生很难构成"教职工"，"教职工合法教育利益例外"在本案难以适用。[24]

在上述案件中，联邦上诉法院最终得出了该案不适用《家庭教育权利和隐私法》的结论。其理由是法律明文规定该法仅适用于学校"保管"（Maintain）的"教育记录"，"保管"一语暗含正式记载在册、妥善存储之意；学生互评作业发生在教师记录成绩之前，不受《家庭教育权利和隐私法》约束。然而，问题的根本是否真在于"保管"的文义解释？从保护学生个人信息和隐私权益的立法目的看，似乎没有必要因成绩是否被正式记载而区别对待。正如联邦上诉法院在本案二审中所说的："如果国会禁止披露学生成绩单中的分数，就没有理

---

[23] *Owasso Independent School Dist. No.* I-011 v. *Falvo*, 534 U. S. 426（2002）.
[24] *Owasso Independent School Dist. No.* I-011 v. *Falvo*, 534 U. S. 426（2002）.

由在分数登记前的那一刻就允许披露。"问题的关键在于如何协调"合法教育利益"与"学生个人信息与隐私权益"。从美国联邦最高法院在判决中提到的"联邦权力无意主宰全国各个教室内的教学方式"这点看，裁判者的确考虑了合理的教学需要。只是在《家庭教育权利和隐私法》"教职工合法教育利益例外"规则不足以回应现实需求的情况下，也的确只能从"教育记录"的解释着手了。

此外，《家庭教育权利和隐私法》还曾被指阻碍校园安全保障工作。批评的声浪在弗吉尼亚理工大学枪击案后达到了高点。虽然这起"美国史上死亡人数最多的校园枪击案"早有预兆，但学校、教师、家长、警察部门、心理咨询机构等主体未充分交换所知信息，未能合力采取措施预防惨剧发生。这与法律法规不尽合理有关：尽管《家庭教育权利和隐私法》允许在紧急情况下突破"知情同意原则"，但美国教育部一度在《家庭教育权利和隐私法实施条例》等文件中对"紧急情况例外"的适用提出了极为严苛的标准，唯恐违反法律的教育机构因此噤若寒蝉，将"紧急情况例外"束之高阁。在弗吉尼亚理工大学枪击案后，美国教育部不得不修改《家庭教育权利和隐私法实施条例》，降低了"紧急情况例外"的适用门槛。

我国《个人信息保护法》与《家庭教育权利和隐私法》同样通过"知情同意原则""最小必要原则"强化信息主体对个人信息的控制。在当下，强化学生个人信息权益无疑是更为紧迫的，但自域外经验看，仍有必要评估个人信息保护制度对学校教学管理、校园安全保障所可能产生的影响，为教育机构在必要情形下披露学生个人信息提供更为明确的制度依据和可操作的实践指引，以免教育机构在有必要披露信息时选择三缄其口，最终还是戕害了学生的权益。

数据交易下权益边界的实践探索与调适

周　澎[*]

煤炭催生了工业革命，石油保障了电器时代，而数据则成为信息和智能时代的催生剂。随着算法技术的提升，我们无时无刻不在创造数据并因数据产品而享受便利，但数据因技术操纵成为限制人类自由和权利的工具。数据控制者与数据

---

[*] 周澎，杭州师范大学沈钧儒法学院讲师，主要研究方向：知识产权法。

生产者的权益边界正慢慢模糊，人类不再隐藏在互联网这张虚拟面具的背后，互联网通过数据将面具剥离，将人类透明地呈现在现实世界中。互联网商业巨头阿里巴巴公司曾在相关会议中披露，其公司本质在于获取零售和制造业的数据，这些数据是阿里巴巴最值钱的财富。[25] 数据作为区别于传统客体的新兴民事权利客体，依附数据交易而实现其特定价值，同时具有社会资源、人格利益和财产利益的法定属性。作为社会资源的数据，其外化为社会资源互动的基础，通过数据控制者与数据创造者的使用，而表彰其数据控制权、个人信息权、隐私权等法定权益。具备人格利益的数据，与个人基本身份数据、行为数据等区别于隐私权，是作为民事主体的自然人独有的人格利益。但在数据使用的实际状况下，仅区分具备人格利益的数据对数据权益的确定帮助不大。具有财产利益的数据，其本身具有经济驱动功能，但在数据静止状态下，其本身并不能增值从而实现利益。因此，数据经济的本质结构在于，数据经营者以数据资产化为中心，围绕数据收集、利用、开发甚至经营展开活动，由此形成复杂而动态的数据活动和利益关系。[26]

数据交易下，数据权益边界成为民事权利主体资格探讨的必备要素，关乎着数据主体资格、法律关系和私权制度价值。但解决这些纠纷的落脚点都应该是明确数据权益的主体。基于价值的产生，数据权益的归属尤为重要。数据控制者（企业）、数据主体（用户）以及新数据控制者（政府），都尽最大可能抢夺数据归属权益。基于此种争议，我们应当解决一些问题。首先，在数据革命中，数据主体是否应被赋予数据权益；其次，数据控制者在数据权益中的地位如何；最后，基于制度价值应如何划定数据权益边界。基于此，界定数据权益归属应当回归数据的社会资源属性，区分数据人格权益与财产权益，同时保证数据获取行为的合规性。首先，在保障数据主体人格权益的基础上，使数据财产权的私权衍生出类似于数据可携权的数据控制者权。其次，使数据控制者拥有用户数据产品的排他权，保证数据控制者的权益分配能在不同主体间实现。最后，在适应市场需求的基础上，已有数据控制者和新数据控制者可以默示许可制度以拓宽数据获取渠道，从而实现对数据权益的界定。

---

[25] 参见何渊等：《大数据战争：人工智能时代不能不说的事》，北京大学出版社2019年版，第70—71页。
[26] See Kang, Jerry, "Information Privacy in Cyberspace Transactions", *Stanford Law Review*, Vol. 50, 1997, pp. 1193-1294.

论网约车平台违反安全保障义务的"相应责任"

王音骅*

摘 要	网约车平台违反安全保障义务的责任认定，目前尚有较大争议。网约车平台属于网约车交易的组织者，需要承担与自身能力相匹配的职责，但过度的责任会阻碍网约车平台的发展，最终损害消费者福祉，应当结合具体案情认定平台责任。在绝大多数案件中，平台因过失未履行安全保障义务仅是造成损害的间接原因，平台应承担补充责任。但在平台主观心态从过失转变为重大过失甚至故意时，则需要与司机就扩大的损失部分承担连带责任。关于具体的认定路径，应当根据平台在预见侵权行为后，是否采取相关措施制止损害结果的发生，从而区分其应承担连带责任还是补充责任。
关键词	安全保障义务；补充责任；连带责任；按份责任

一、实践中网约车平台承担责任的情形

伴随着互联网经济的快速发展，网约车出行已经成为常态，但网约车蓬勃发展的背景下存在隐患，诸如"乐清女孩乘车遇害案""货拉拉女生跳车事件"的发生，使人们在享受网约车带来的便利的同时，也在思考网约车的安全性。乘客的人身安全不仅需要由司机保障，还需要由网约车平台保障。目前，我国司法实践中关于网约车平台违反安全保障义务的案件较多，案情较为相似，具体表现为：乘客通过网约车平台乘坐汽车出行，随后发生交通事故，造成本人或他人伤亡。虽然这些案件的案情较为相似，但不同法院的裁判结果存在差异，对平台应当承担的责任认定不同。

---

* 王音骅，杭州师范大学沈钧儒法学院硕士研究生，主要研究方向：民商法。

(一) 无需承担相应责任

一审原告王金勇之子王书峰通过网约车平台呼叫到司机程宝松的车辆出行，因程宝松逆向行驶，与他人车辆相撞，导致自己与乘客死亡。道路交通事故认定书认定此次事故乘客无责任，司机负主要责任。关于网约车平台在其中所负的责任，法院认为，网约车平台是合乘出行的信息平台。合乘出行是司机和乘客各方自愿的民事行为，不属于经营性客运活动，该信息平台的法律地位类似于"居间"，且平台对于交通事故的发生无过错，故对于王金勇要求网约车平台承担赔偿责任的请求，依法应不予支持。[1]

(二) 承担补充责任

田俊通过网约车平台预约到由杨彦辉（未取得出租汽车从业资格证，事故发生时驾龄不到3年，不满足驾驶出租车的条件）驾驶的汽车，但该平台的实际注册司机为蒋永乐，网约车平台在司机注册时已尽审核义务。后发生交通事故，造成田俊死亡。经查，范立新（交通事故中的另一名司机）对交通事故负主要责任。法院认为，首先，田俊是通过平台发送预约乘坐出租车的订单，再通过平台系统配置，由案涉出租车接受订单。乘客无权选择司机，司机亦无权选择乘客。其次，平台在提供服务的过程中存在一定过失。平台虽然对注册司机进行了审核，但对实际驾驶人未进行审核，未尽到充分的审查义务，在平台设计、管理、监督方面存在缺失，判令其承担补充责任。[2]

(三) 承担按份责任

陈惠生驾驶汽车接到张勇丰的快车订单，双方因上车定位问题发生口角，陈惠生行驶一段距离后，张勇丰要求下车，随后陈惠生手持一把弹簧刀，在双方发生肢体冲突时将张勇丰捅伤。法院认为，根据《网络预约出租汽车经营服务管理暂行办法》（以下简称《暂行办法》）等相关规定，平台公司应当保障乘客合法权益，但平台未提供任何证据证明其已履行上述义务，故网约车平台作为营运主体，没有对网约车驾驶员履行审查、培训等义务，应对本案事故的发

---

[1] 参见渤海财产保险股份有限公司德州中心支公司诉王金勇等机动车交通事故责任纠纷案，河北省沧州市中级人民法院（2020）冀09民终2669号民事判决书。
[2] 参见北京小桔科技有限公司等诉田乙宇等运输合同纠纷案，河南省高级人民法院（2021）豫民申6656号民事裁定书。

生承担次要责任。[3]

（四）承担连带责任

孙大伟通过网约车平台预约到由唐春驾驶的机动车，后发生交通事故，造成孙大伟受伤，道路交通事故认定书认定，唐春违反了《道路交通安全法》第22条的规定，负主要责任。法院认为，根据《消费者权益保护法》第44条以及《暂行办法》第16条的规定，在保险公司不能理赔的范围内，平台应当与唐春承担连带责任。[4]

由此观之，虽然案情较为相似，但在实践中法院对于处理该类案件并未形成统一的思路，主要从平台与司机之间的关系、平台的过错、有关法条的直接规定等多个角度来认定平台在事故中应当承担的相应责任。究其原因，主要在于现阶段网约车平台的法律定位不明、安全保障义务的内容不清、责任认定路径有待明确。对此，下文将分为以下3个部分进行阐述：第一部分探讨网约车平台的法律属性，第二部分探讨网约车平台安全保障义务的内容，在此基础上，第三部分从法律政策以及利益衡量角度，分析网约车平台违反安全保障义务所产生的"相应责任"的具体认定路径。

二、网约车平台的法律属性及其安全保障义务

民事主体的法律地位决定着民事责任的性质，法律义务决定着民事责任的内容，二者是认定民事责任时不可或缺的两个因素。[5]明确网约车平台安全保障义务的内容，不仅是指导平台进行经营和管理的依据，更是确定网约车平台的法律地位，并在此基础上确定相关责任的依据。因此，必须对网约车的安全保障义务作出更为具体明确的规定。实践中根据车辆和司机的来源，可分为"私家车+私家车主"模式、"租赁公司车辆+劳务派遣"模式、"平台自有车

---

[3] 参见张勇丰等诉北京小桔科技有限公司等生命权、健康权、身体权纠纷案，广东省惠州市中级人民法院（2019）粤13民终1168号民事判决书。

[4] 参见中国人民财产保险股份有限公司达州市通川支公司等诉孙大伟等机动车交通事故责任纠纷案，四川省南充市中级人民法院（2021）川13民终121号民事判决书。

[5] 参见杨立新：《电子商务平台经营者自营业务的民事责任》，载《求是学刊》2019年第1期。

辆+劳务派遣"模式。[6]笔者查阅较为知名的网约车平台，发现绝大多数网约车平台采取"私家车+私家车主"模式。[7]由于"私家车+私家车主"模式在实践中较为常见，且存在较大问题，故笔者对该种模式展开研究。

（一）网约车平台的法律属性

目前，对于网约车平台的法律地位，尚未形成统一的观点，其中赞成人数较多的观点如下。第一种观点将平台定位为信息服务提供者或者中间人。例如滴滴出行在《出租车用户协议》中明确规定，滴滴平台只是提供信息与技术支持的平台，不对出租车服务中产生的纠纷负责。[8]第二种观点认为，平台应当属于网约车交易的组织者。首先，《暂行办法》明确规定了平台的承运人责

---

[6] 参见侯登华：《共享经济下网络平台的法律地位——以网约车为研究对象》，载《政法论坛》2017年第1期。

[7] 笔者调查了滴滴出行、T3出行、曹操出行、首汽约车、享道出行、神州专车、美团打车共7个平台的相关业务，除享道出行、首汽约车、曹操出行之外，其余平台均由司机自行提供车辆。如，T3出行明确表示，所有车辆均为自营，并配有专为网约车开发的车联网安全系统。闲置私家车加盟模式既包括"私家车+私家车主"模式，也包括汽车租赁公司、驾驶员、劳务派遣公司以及用户通过网约车平台签订的"四方协议"模式。"四方协议"主要指：劳务派遣公司、汽车租赁公司与网约车平台签订合作协议，由劳务派遣公司提供司机，由汽车租赁公司提供车辆；或者，先将私家车挂靠在汽车租赁公司，然后由劳务派遣公司提供司机，私家车主、网约车平台、汽车租赁公司和劳务派遣公司共同签订合作协议。还包括车主直接向平台提供驾驶员和车辆的相关信息，申请加盟成为专车司机的方式。参见李雅男：《网约车平台法律地位再定位与责任承担》，载《河北法学》2018年第7期。

[8] 滴滴平台《出租车用户协议》第2条第2款规定："滴滴出租车信息平台提供的并不是出租车服务，而是为您和出租车服务供应商之间提供信息及技术支持，协助您与出租车服务供应商之间达成出租车客运服务协议的网络信息技术平台。滴滴出租车信息平台不对出租车服务过程中产生的纠纷或争议承担责任，也不对任何一方使用出租车服务过程中可能遭受的损失承担责任，双方应自行解决相关事宜。"参见《出租车用户协议》，载滴滴官方网站，https：//www.didiglobal.com/read? file =//img-ys011.didistatic.com/static/didi-global/do1_ 416kRLY8fV8Z2B5zWMWk&name = % E5% 87% BA% E7% A7% 9F% E8% BD% A6% E7% 94% A8% E6% 88% B7% E5% 8D% 8F% E8% AE% AE，最后访问日期：2022年3月25日。此外，曹操出行平台规定："曹操出行打通移动出行产业链上下游各个要素，将自身发展成为一个强大的供应链平台（S端），加盟商（B端）拥有并经营'车+司机'核心生产资料，曹操出行（S端）通过整合供应链、服务、管理、营销、传播等多种资源，集中向加盟商（B端）赋能，两者共同服务好（C端）移动出行用户。"参见曹操出行网站，https：//caocaokeji.cn/zhongyue，最后访问日期：2022年3月25日。

任。[9]其次，平台的经营行为仍属于提供运输行为，平台将乘客与司机的信息进行配对，然后直接向乘客收取费用，并将费用的一部分支付给司机，作为其将乘客送往目的地的对价，网约车平台在其中处于支配地位，是"机动车保有人"，也是承运人。[10]第三种观点认为，平台属于雇佣人。例如，在学界广泛讨论的"优步（Uber）案"中，加利福尼亚州劳工标准执法处认为司机应当为优步的雇员，随后该州《零工经济法》正式规定，司机应被当作正式雇员对待。[11]

笔者认为上述观点均存在问题。首先，在实际运行过程中，平台具有较大的掌控力，并非起着传统居间人的作用。在网约车服务开展之前，网约车平台通常需要与司机签订合同。一方面要求司机符合驾龄等规定，另一方面要求乘客接受平台的定价标准以及支付方式等条件。平台在整个交易过程中，对司机和乘客都具有监管和保障能力，[12]因此，平台不能被单纯认定为"居间人"。其次，虽然《暂行办法》第 16 条规定了平台承担承运人责任，但也在第 38 条规定了私人小客车合乘需按城市人民政府的规定执行，[13]因此，根据《暂行办法》的观点，平台并非在任何情形下都应承担承运人责任，还须结合地方政府有关政策综合分析。此外，若承认平台属于承运人，则意味着平台与司机之间形成雇佣关系，但实际上平台对司机的掌控力并未达到雇佣关系的高度。传统出租车模式中，由于乘客处于弱势一方，法律赋予承运人强制缔约义务，以实现合理配置。[14]但网约车司机在驾驶过程中具有充分的意思自治，可以选择接受或者忽略订单，甚至不接受平台提供的路线规划，也不使用出行导航、限行提示、

---

[9] 《网络预约出租汽车经营服务管理暂行办法》第 16 条规定："网约车平台公司承担承运人责任，应当保证运营安全，保障乘客合法权益。"
[10] 参见钱玉文：《论网约车交通事故中的民事责任配置》，载《政治与法律》2021 年第 12 期。
[11] 参见涂永前、王倩云：《零工经济崛起与零工劳动者权益保护——来自美国〈加州零工经济法〉的启示》，载《中国劳动关系学院学报》2020 年第 5 期。
[12] 参见唐清利：《"专车"类共享经济的规制路径》，载《中国法学》2015 年第 4 期。
[13] 《网络预约出租汽车经营服务管理暂行办法》第 38 条规定："私人小客车合乘，也称为拼车、顺风车，按城市人民政府有关规定执行。"
[14] 《民法典》第 810 条规定："从事公共运输的承运人不得拒绝旅客、托运人通常、合理的运输要求。"

交通路况查询等功能。[15]因此，司机在从事网约车服务过程中具有较大的自由性，而非雇佣关系中时刻受到雇主的制约，第二种和第三种观点也存在问题。

对此，笔者认为应将网约车平台视为网约车交易的组织者。首先，正如上文所述，平台的功能不只是向乘客和司机提供相关信息，也对二者进行监督和管理，但其监管强度不高，因此平台对司机和乘客的掌控介于居间与雇佣之间，称平台为组织者符合要求。其次，网约车行业并不是凭空产生的，而是以平台的技术手段为基础，例如相关 APP 的开发、司机与乘客需求匹配机制、交通地图、支付手段等，[16]若是没有网约车平台，就不会出现网约车行业，网约车交易也不会出现，因此，平台在其中扮演交易组织者角色。最后，网约车平台在前期需要招募、提供车辆和司机，在中期需要对乘客和司机进行匹配，并进行相应路线安排，运行过程中需要对司机进行监管，在后期需要对乘客的投诉进行处理，参与整个运输服务过程，因此属于网约车交易的组织者。[17]

平台是危险源的开启者。若是没有平台的存在，乘客只能自行寻找司机，此时危险源的开启者是乘客本人。但在平台通过相关技术手段将司机与乘客的信息进行匹配的情形下，乘客只能选择平台提供的司机，此时危险源的开启者成为平台，因此作为危险源开启者的平台应对乘客负有安全保障义务。[18]网约车平台作为一种大众出行最常见的方式，[19]每日需要处理海量的信息并进行匹配，可以被定性为群众活动的组织者，成为侵权法上安全保障义务的主体。[20]

---

[15] 参见《服务合作协议》，载滴滴官方网站，https://dpubstatic.udache.com/static/dpu-bimg/e918be1b-97a5-4405-8c55-46ac3257ac98.pdf，最后访问日期：2022 年 4 月 28 日。

[16] 参见张爱萍、林晓言、陈小君：《网约车颠覆性创新的理论与实证：以滴滴出行为例》，载《广东财经大学学报》2017 年第 2 期。

[17] 参见侯登华：《共享经济下网络平台的法律地位——以网约车为研究对象》，载《政法论坛》2017 年第 1 期。

[18] 参见张新宝：《顺风车网络平台的安全保障义务与侵权责任》，载《法律适用（司法案例）》2018 年第 12 期。

[19] 截至 2021 年 6 月，我国网约车用户规模达 3.97 亿，较 2020 年 12 月增长 3123 万，占网民整体的 39.2%。参见《第 48 次中国互联网络发展状况统计报告》，载中国互联网络信息中心网站，http://www.cnnic.cn/hlwfzyj/hlwxzbg/hlwtjbg/202109/t20210915_71543.htm，最后访问日期：2022 年 4 月 28 日。

[20] 参见万方：《公私法汇流的闸口 转介视角下的网络经营者安全保障义务》，载《中外法学》2020 年第 2 期。

（二）网约车平台应当承担的安全保障义务

1.《民法典》与《电子商务法》相关法条对比

安全保障义务产生的前提是加害人与受害人或者危险源之间存在近因关系。[21] 现阶段，关于网络平台安全保障义务的法律规定，主要集中于《民法典》第1198条、《电子商务法》第38条等，但对这些法条的理解以及法条相互之间的衔接仍是一大难题。《民法典》第1198条规定，公共场所管理者等需在公共场所范围内承担安全保障义务，正是由于其与危险源之间存在近因关系。在网络虚拟空间方面，《电子商务法》第38条的规定，使得平台的安全保障义务已明确成为法定义务，而不能通过约定排除。

此外有观点认为，《电子商务法》第38条规定的安全保障义务来自《侵权责任法》第37条规定，[22] 笔者认为，该观点存在错误，二者虽具有同一性，但也存在区别。相较《侵权责任法》，《民法典》第1198条对义务主体的范围有所扩大，但是并未对法条的适用范围进行改变。网络空间作为虚拟公共空间，较现实物理空间存在差异，能否将规制有形物理空间的相关规范扩张至网络空间，尚存争议。与此相对，《电子商务法》第38条不仅明确将平台的安全保障义务规定为法定义务，而且与《民法典》相比，其适用范围不再局限于物理场所。由此，《民法典》与《电子商务法》中义务主体的义务来源也不相同：物理空间中，义务主体基于现实的硬件以及软件设施而产生义务；网络空间中，义务主体基于掌握的商品或服务信息产生义务。[23] 因此，在认定平台经营者的安全保障义务时，必须参考《电子商务法》的有关规定，而不能简单套用《民法典》第1198条。

2. 安全保障义务的具体内容

随着平台经济的发展，平台经营者需要承担更多的安全保障义务已成为共识，其中网约车平台的特殊性决定了其需要承担特殊的义务。首先，虽然与其他网络平台的主要职责相似，网约车平台依托互联网技术，通过对信息的整合，

---

[21] 参见刘文杰：《从责任避风港到安全保障义务：网络服务提供者的中介人责任研究》，中国社会科学出版社2016年版，第188页。

[22] 参见王道发：《电子商务平台经营者安保责任研究》，载《中国法学》2019年第6期。

[23] 参见宋燕妮主编：《〈中华人民共和国电子商务法〉精释与适用》，中国民主法制出版社2018年版，第115页。

促进乘客与司机之间达成交易。但是网约车平台违反安全保障义务的情形大多为司机在载客途中发生交通事故，导致乘客的人身安全受到侵害，与其他网络平台不同，网约车平台违反安全保障义务的行为一般发生在线下，其难以控制侵害乘客人身安全的行为，除非平台进行异常严格的审查，否则部分危险是难以预防的。[24] 其次，由于网约车平台的侵权行为发生在线下，对于网约车平台的侵权责任，裁判者无法通过对平台中的相关数据和信息进行分析得出平台应当承担的具体责任。最后，与其他网络平台相比，网约车司机受到的约束力较小。网约车一般为司机的私家车，存在生活与工作混合的情形，若不分场合地进行审查，则可能对司机的生活造成影响。

在网约车平台具有特殊性的背景之下，关于网约车平台安全保障义务的具体内容并未形成统一意见。学界根据传统的分类方式，将平台的安全保障义务分为危险防范义务、危险排查义务、危险排除或警示义务、合理协助义务。[25] 张新宝教授结合《暂行办法》的相关规定以及理性人的注意义务标准，将平台的安全保障义务分为事前、事中、事后3个阶段。[26] 上述观点均从不同的角度对网约车平台的义务进行划定，但归根结底都认为应当承担与自己职能相匹配的安全保障义务。正如上文所述，网约车平台作为危险源的开启者，应当尽自己所能防止危险发生在乘客身上。因此需要在司机搭载乘客之前防范危险的发生，并对危险进行排查，例如检查车辆是否符合要求；在搭载过程中发现司机存在伤害乘客的行为时，及时排除危险或者警示乘客，例如及时通知司机改正，如果司机收到通知后仍不改正，则应及时通知乘客，必要时协助乘客报警；最后在发生不可逆的危险行为后，积极协助乘客维护自身的合法权益，防止乘客

---

[24] 例如，网络言论问题，相关平台可以在发现有不当言论之时删除相关评论并禁止该用户发言，在注册登记时对相关用户的资格进行审查也可以起到预防作用。关于网络购物问题，若发现有店铺销售危害人身健康的商品，平台应主动进行审查并注销该店铺，防止危害结果的发生。但是网约车平台进行审查也难以保证司机在驾驶途中不会实施违反相关义务的行为，例如司机酒驾，这是平台审查后也难以发现的，除非在司机每一次搭载乘客时，平台都对其进行酒精测试，但是该种审查方式并不具有可操作性。
[25] 参见齐爱民、陈琛：《论网络交易平台提供商之交易安全保障义务》，载《法律科学（西北政法大学学报）》2011年第5期。
[26] 参见张新宝：《顺风车网络平台的安全保障义务与侵权责任》，载《法律适用（司法案例）》2018年第12期。

的损害进一步扩大。

网约车平台应当为网约车在运行过程中对乘客造成人身伤害的潜在危险负责，其中监管作为一种重要手段，对将有关风险遏制在萌芽状态具有重要意义。在查询各地区的网约车相关实施细则时，笔者发现各地区的网约车相关实施细则中存在通过对网约车安装相关装置进行监管的措施。例如，北京市出台相关细则规定，通过在网约车上安装车载卫星定位装置和应急报警装置，向有关机关发送车辆的实时位置，并在乘客发生危险时立刻报警，在最短的时间内保护乘客的人身安全，并且防止损失进一步扩大。[27]2022年5月，交通运输部出台了《网络预约出租汽车监管信息交互平台运行管理办法》（以下简称《网约车管理办法》），该办法提出应由政府与网约车平台对网约车服务进行双重监管，[28]但是监管范围仅局限于数据传输、运行维护、数据质量测评等方面。[29]对此，笔者认为应当将地方的相关做法与《网约车管理办法》结合起来，一方面，继续坚持设置车载卫星定位装置和应急报警装置的做法，甚至可以设置车内视频监控装置；另一方面将相关装置获得的信息传输至省级平台，[30]从而实现政府与网约车平台的双重监管，并通过政府的压力迫使网约车司机能够认真积极地完成载客任务，降低乘客受到人身伤害的可能性。

三、网约车平台违反安全保障义务所生"相应责任"的认定

乘客属于消费者，无论乘客是如同"货拉拉女生跳车事件"中的受害者那

---

[27] 参见《北京市网络预约出租汽车经营服务管理实施细则》第9条。
[28] 《网络预约出租汽车监管信息交互平台运行管理办法》第4条规定："各省、自治区交通运输主管部门负责省级平台运行管理，并指导和监督本行政区域内的城市平台运行管理工作。直辖市、设区的市级交通运输主管部门（简称城市交通运输主管部门）负责本城市平台的使用、运行和维护管理工作。各网约车平台公司（包括依托互联网技术提供信息服务，与网约车平台公司共同提供网络预约出租汽车服务的平台）按照相关规定，负责规范本平台的运行管理和数据传输工作。"
[29] 《网络预约出租汽车监管信息交互平台运行管理办法》第3条规定："网约车监管信息交互平台数据传输、运行维护、数据质量测评等工作，适用本办法。"
[30] 相关做法可以借鉴《网络预约出租汽车监管信息交互平台运行管理办法》第8条规定："网约车平台公司数据传输至行业平台后，由行业平台将数据实时转发至相关省级平台及城市平台，各地交通运输主管部门不得要求网约车平台公司向省级平台或城市平台重复传输相同数据。"

样因跳车而受伤，还是因一般的交通事故而受伤，只要平台未曾履行安全保障义务，就构成对消费者权益的侵害。这决定了平台必然要承担一定的侵权责任，问题仅在于责任范围不同。[31]网络交易的复杂性与重要性，决定了在认定平台责任时，还应当从网约车平台的自身特点和功能展开价值考量。[32]

（一）避免责任过苛的必要性

关于平台违反安全保障义务的责任，特别是对《电子商务法》中"相应的责任"的理解，学界尚未有统一认识，存在一元论与多元论两种观点。一元论认为，平台违反安全保障义务的责任承担形式是唯一的，但是对于唯一的责任形式存在不同的理解；[33]多元论则认为责任承担形式有两种及以上。[34]笔者赞成多元论观点，理由如下。

正如上文所述，网约车平台相较普通的安全保障义务人需要承担更多的安全保障义务，但是这并不意味着当平台违反安全保障义务时，不需要考虑其他因素。若一味地加重网约车平台的责任，不仅不能进一步保障消费者的安全，甚至可能会导致道德风险。[35]

首先，虽然平台在网约车运行过程中居于主动地位，与司机、乘客相比，处于强势地位，但是经济上较强以及运行过程中居于主动地位并不是认定侵权

---

[31] 参见丁宇翔：《跨越责任鸿沟——共享经营模式下平台侵权责任的体系化展开》，载《清华法学》2019年第4期。

[32] 参见刘权：《网络平台的公共性及其实现——以电商平台的法律规制为视角》，载《法学研究》2020年第2期。

[33] 电子商务平台经营者违反安全保障义务承担的是连带责任，平台经营者是平台服务和交易规则的制定者，制定了商品和服务质量保障、消费者权益保护等方面的规则，维护消费者生命健康安全是平台的社会责任，平台经营者应当承担更多的责任。参见郭锋等编著：《中华人民共和国电子商务法法律适用与案例指引》，人民法院出版社2018年版，第433—434页。平台内经营者的行为才是造成消费者损害的直接原因，而平台仅为侵权行为的发生提供了条件，是一种间接侵权，要求平台经营者承担相应的补充责任更为合适。参见周樨平：《电子商务平台的安全保障义务及其法律责任》，载《学术研究》2019年第6期。

[34] 平台经营者应承担连带责任还是补充责任，要依据平台提供安全保障的具体情况及其主观过错来确定。参见齐晓丹、刘栋：《网络平台为代驾司机提供返程拼车服务中的损害责任承担》，载《人民司法（案例）》2018年第29期。

[35] 参见张素华、孙畅：《民法典视野下网约车平台侵权的法律适用》，载《河北法学》2020年第8期。

责任的主要因素。[36]其次，虽然网约车不是近几年的产物，但是其仍保持着向前发展的趋势，并且从整体上看，为大家的生活带来了便利。在这种情况下，应当给予网约车平台一定的试错空间，对于其创新发展，在一定范围内应当宽容对待，而不是一味地严格追究其责任，阻碍其发展。[37]

综上所述，虽然平台需要承担更多的安全保障义务，但这并不意味着平台必须承担更重的责任，因此需要结合平台自身的行为以及具体情形综合判断。一元论虽然限制了法官的自由裁量权，更有利于保护消费者的利益，但是却不能适应复杂多变的案件，因此应当采用多元论。[38]

（二）责任认定的具体路径

在《电子商务法》的出台过程中，关于第38条的争议主要集中在违反安全保障义务究竟应承担补充责任还是连带责任，最后立法者采用"相应的责任"将认定方式交给司法者。笔者认为，"相应的责任"在不同情形下分别为补充责任和连带责任。

1. 补充责任与连带责任的辨析

补充责任和连带责任的主要区别在于，当权利人向多个责任人请求承担责任时，是否存在相应的顺位关系。连带责任中权利人可以要求任何一个责任人承担责任，而补充责任中权利人只有在直接责任人无法清偿的情况下才能向补充责任人请求。[39]

支持补充责任的观点认为，平台经营者的主要任务是维护平台运行，而非保障消费者的人身及财产安全，无论平台经营者对损害发生所持的态度是故意还是过失，平台违反安全保障义务的行为都只是导致损害发生的间接原因，在该种情形下存在责任大小，认定侵权人承担补充责任更具有合理性。[40]笔者也认同该观点，在大多数案件中，平台只是起间接作用，在该类案件中对平台适

---

[36] 参见丁宇翔：《跨越责任鸿沟——共享经营模式下平台侵权责任的体系化展开》，载《清华法学》2019年第4期。

[37] 参见周樨平：《电子商务平台的安全保障义务及其法律责任》，载《学术研究》2019年第6期。

[38] 参见王道发：《电子商务平台经营者安保责任研究》，载《中国法学》2019年第6期。

[39] 参见王竹：《侵权责任分担论——侵权损害赔偿责任数人分担的一般理论》，中国人民大学出版社2009年版，第185、186页。

[40] 参见王道发：《电子商务平台经营者安保责任研究》，载《中国法学》2019年第6期。

用连带责任会加重平台的管理责任，打击平台的积极性，不利于平台发展。[41]因此，在绝大多数案件中，平台违反安全保障义务应当承担补充责任。

关于连带责任问题，支持连带责任的观点认为，"若是安保义务人对损害的发生超越'没有积极原因力'而构成客观上的直接结合时，需要承担连带责任"[42]。因此，认定平台在侵权行为中所起的作用是区分补充责任和连带责任的关键。对此，学界主要通过对平台主观责任的认定进行判断。理论上，主要存在以下几种主观心态：平台明知平台内经营者存在侵害他人权益的行为；平台很可能知道或者推定知道平台内经营者存在侵害他人权益的行为；平台违反注意义务，存在过失；等等。[43]反对连带责任的观点认为，第一种情形下，平台承担连带责任毫无疑问，但该种情形在实务中发生的概率较低。第二种情形下，认定为连带责任是对风险的再分配，这就可能导致平台需要对与自己无因果关系的损害或者超过自己贡献度的损害负责，只有在平台与平台内经营者构成共同故意时，这种情形才能成立。[44]第三种情形下，即使承认共同过失构成共同侵权的观点，由于平台每日需要处理大量的信息，采取积极的预防措施也只能降低侵权事件发生的概率而不能杜绝该类事件发生，未采取预防措施并不完全等同于"应当预见侵权行为而没预见的过失"。[45]

笔者认同上述观点，但是上述观点并不全面，这些观点都从静态角度对平台责任进行分析。针对第二种情形，实务中可能存在着安全保障义务人主观心态的转变，换言之，安全保障义务人的主观心态可能从过失向重大过失甚至故意转变，在该情形下，网络平台不积极采取措施防止损害进一步扩大，主观态度恶劣，应当对侵权行为承担连带责任。[46]例如，在乐清女孩乘车遇害案之前，

---

[41] 参见刘文学：《电商立法：迎着问题和争议而上》，载《中国人大》2018年第20期。
[42] 姚海放：《网络平台经营者民事责任配置研究——以连带责任法理为基础》，载《中国人民大学学报》2019年第6期。
[43] 参见冯术杰：《论网络服务提供者间接侵权责任的过错形态》，载《中国法学》2016年第4期。
[44] 参见王竹：《论教唆行为与帮助行为的侵权责任》，载《法学论坛》2011年第5期。
[45] 参见周樨平：《电子商务平台的安全保障义务及其法律责任》，载《学术研究》2019年第6期。
[46] 参见姚海放：《网络平台经营者民事责任配置研究——以连带责任法理为基础》，载《中国人民大学学报》2019年第6期。

已有其他乘客就类似情况向平台投诉，在该案案发过程中，受害者家属与民警多次联系滴滴平台未果。[47]在这种情况下，滴滴平台不仅是没有采取积极的预防措施，还存在应当预见侵权行为发生而放任不管的情形，其与平台内经营者构成共同侵权从而承担连带责任。

2. 按份责任的不适用

大多数学者认为平台违反安全保障义务不应当承担按份责任，理由如下：首先，按份责任要求侵权人积极实施侵权行为，而平台承担责任的原因是其不作为违反了安全保障义务。[48]其次，若要成立按份责任，在大多数案件中，则需要将平台内经营者的故意或过失与平台的过失进行比较，但是故意与过失属于两种不同的主观心态，在实务中难以对比，只有在共同过失的情形下才具有操作的可能性。在大多数案件中，若只是平台单纯违反安全保障义务，一般不会造成损害，因此，按份责任只具有理论上的讨论意义。[49]最后，若是平台承担按份责任，就意味着故意侵害消费者权益的平台内经营者只需要承担部分责任，与补充责任相比，减轻了平台内经营者应当承担的责任，这不仅不利于保护消费者的合法权益，还违背了公平公正原理。[50]

支持按份责任的学者主张，在消费者也存在过错的情形下，应适当减轻平台的责任，由平台和消费者承担按份责任。[51]不可否认实际生活中确实存在该种情形，关于如何处理消费者与其他侵权人之间的责任承担问题可以采取该观点。但是该观点存在偷换概念的问题，其讨论的是平台与消费者之间的责任认定问题，却避开了最需要讨论的平台与平台内经营者之间的关系。换言之，对

---

[47] 参见《温州乐清滴滴顺风车命案始末》，载央视网，http://news.cctv.com/2018/08/27/ARTIEaZFiuAlvJCGWfEymxJ9180827.shtml，最后访问日期：2022年3月25日。该案中，警方表示曾3次向滴滴客服索要嫌疑人及车辆信息，两度被拒，提供警官证后滴滴方才提供相关线索，共耗时92分钟。此外，案发之前，另一乘客林女士就司机的行为曾向滴滴平台投诉。

[48] 参见梁慧星：《共同危险行为与原因竞合——〈侵权责任法〉第10条、第12条解读》，载《法学论坛》2010年第2期。

[49] 参见魏昀天：《电子商务平台安全保障义务的实证考察与理论进路》，载《法律适用》2021年第3期。

[50] 参见马更新：《平台经营者"相应的责任"认定标准及具体化——对电子商务法第38条第2款的分析》，载《东方法学》2021年第2期。

[51] 参见王道发：《电子商务平台经营者安保责任研究》，载《中国法学》2019年第6期。

于平台与平台内经营者之间应当如何分配责任并不明确。因此，笔者认为，不论在何种情形下，平台与平台内经营者不应当承担按份责任。

（三）平台违反安全保障义务的责任认定路径探索

认定平台违反安全保障义务的根本目的是保持消费者权益和平台经济可持续发展间的平衡。因此，对于侵权责任的认定，应在平衡二者冲突价值背景下进行。一方面，不能放弃对消费者权益的保护；另一方面，在鼓励平台积极健康发展的同时，做好相应的规范措施，敦促平台承担相关社会责任。

综上，笔者认为，以网约车为代表的平台的认定路径应当遵循如下规则。

首先，根据上文的论述，在消费者自身存在过错的情形下，排除按份责任的适用。其次，在区分补充责任与连带责任的过程中，应当根据平台的行为来认定其主观心态。有学者提出，应当将"平台履行相关义务后损害是否会发生"作为区分适用补充责任或连带责任的标准。[52]对此，笔者并不完全认同，以上文的乐清女孩乘车遇害案为例，若平台在接到消息的第一时间采取行动，但仍未能阻止损害结果发生，[53]此时要求平台承担连带责任未免过于严苛。笔者认为，应当根据平台在预见侵权行为时是否采取相关措施制止损害结果的发生来选择适用责任承担方式。若平台及时采取措施，则应当承担补充责任，否则应当承担连带责任。

网络交易的多样化特征决定了应当根据案件事实、平台自身特点等认定网约车平台违反安全保障义务的侵权责任。针对不同的案件，应当从平台是否采取相关措施制止损害结果发生的角度分析平台的主观心态，在平衡消费者权益与促进平台健康发展的基础上，综合认定平台应当承担的具体责任。

四、总　结

网约车服务与人身密切相关，因此为网约车平台设定安全保障义务十分必

---

[52] 如果平台经营者履行职责就不会发生损害，那么由其承担连带责任；如果平台经营者尽到义务也会发生损害，则由其在未尽义务范围内承担相应的补充责任。参见马更新：《平台经营者"相应的责任"认定标准及具体化——对电子商务法第38条第2款的分析》，载《东方法学》2021年第2期。

[53] 该案中，司机实施杀人行为的时间为8月24日14时50分，而受害者的朋友向滴滴平台反映的时间为同日15时42分，因此，即便平台在接到反映的第一时间采取措施，也可能挽救不了受害者的生命。

要。对于网约车平台违反安全保障义务应当承担何种责任，学界存在一元论与多元论等观点，实务界对于该问题也未形成统一的处理方式。

从网约车平台的法律地位来看，其属于交易组织者；从其安全保障义务的内容来看，网络交易突破了传统的物理场所限制。因此，网约车平台需要承担与自身能力相匹配的职责。

但过度的责任会阻碍网约车平台的发展，最终损害消费者福祉，应当结合具体案情认定平台责任。在绝大多数案件中，平台未履行安全保障义务是造成损害的间接原因，在此情形下，平台需要承担补充责任。在平台主观心态发生转变的案件中，平台需要就放任导致的损害进一步扩大的部分，与司机承担连带责任。关于主观心态转变的认定路径，应当根据平台在预见侵权行为后，是否采取相关措施制止损害结果的发生来进行区分。

合理规定网约车平台的义务及责任，有利于网约车平台充分利用自身掌握的技术和信息保障消费者权益，实现平台、司机与乘客三方共赢的局面。

唐朝户籍制度的社会管理功能研究

卢宏勋*

摘　要	和他国的情况相似，我国户籍制度的产生也是以大量的战争和缴纳赋税对人力资源的需求为背景的：统治者要想更好地管理国家，必须更好地把握本国的经济情况和民力情况。我国从夏朝开始就对本领域内的人口和土地进行登记。户籍制度出现于西周时期，到了封建法律制度空前发达的唐朝趋于成熟。在我国古代户籍制度的众多功能中，社会管理是最基本的功能，是其他功能的基础与前提。本文以唐朝户籍制度的具体内容为主线，依次论述唐朝户籍制度的基层治理功能、社会管理功能及其历史影响，并阐述唐朝户籍制度对当代户籍制度的影响。
关键词	户籍制度；户籍功能；社会管理；邻保制度

一、唐朝户籍制度的基层治理功能

唐朝的户籍制度首先具有基层治理功能，具体体现在如下制度中。

（一）邻保制度

邻保指居民编制单位，唐制在里之下以四家为邻，三家为保。与秦朝的什伍制度不同，唐制的邻与保不设长，且唐朝治安监督之任，在农村寄诸村正，在城中寄诸坊正，故邻保纯为编户计数上的名称，邻与保之别亦仅数量上有奇偶之差，以便计数。[1] 接下来，笔者从两方面论述邻保制度的主要作用。

---

* 卢宏勋，杭州师范大学沈钧儒法学院硕士研究生，主要研究方向：法制史。
[1] 参见张晋藩：《中国古代乡村基层组织建设的史鉴管窥》，载《行政管理改革》2021年第4期，第98—100页。

1. 邻保制度的警政治安功能

最开始建立邻保制度的目的是警政治安。在唐朝，人们居住得相对固定，并且集中程度高，信息传播速度快，因此邻保组织对区域内违法的人可以作出快速反应。《唐西州天山县申西州户曹状为张无疡请往北庭事》[2]这一文书就详述了邻保制度的作用。该文书第9行论述的是"天山县官吏的署判，然该县县令停务，县丞出使"。唐朝政府为了防止户民减少，严格禁止强买贫民女子为奴婢，规定要想外出的时候带有奴婢，必须有5个人担保，即"五人同保一事"。对用于作战的物品和牲畜也进行严格的管理。该文书第6行所提及的"保头"指的是"保长"，保头是基层组织的代表，与保内的保人职责基本相同，略有区别的是保头要在文书中写下他的姓名。《养老令·户令》就指出："凡户皆五家相保……如有远客来过止宿及保内之人有所行诣，并语同保知。"意思是，保内的人有事想要出远门，一定要告诉保内的人，他的另外一个任务就是向上级汇报信息，由此统治者就能掌握区域内人口的具体情况。在其他的一些文书中也有类似的描述，比如《染勿等保石染典往伊州市易辩辞》提道："石染典人肆，……请往伊州市易，责保。"[3]《染勿等保石染典往伊州市易辩辞》的记述者不是本族人民，但接受了汉文契约，严格遵守唐朝的律法。[4]上述文书皆提到了"保人"，那么保人担保的具体事项有哪些？首先，如前所述，需要保证外出的人所携带的奴婢和物品为正规途径所得，而不是抢来的或者偷来的；其次，如《染勿等保石染典往伊州市易辩辞》提到的，对于外出的人，若他们要服徭役，也需要有人担保；最后，需要保证所记载的事情都为真实的，如果有虚假之处，应受重罚。

在保内若有人想要逃亡，邻保有责任对逃亡的居民进行追查与抓捕。《武周天授二年西州仓曹下天山县追送唐建进妻儿邻保牒》[5]就简述了具体事件：唐建进揭发高元祯把逃户的土地作为自己的土地进行耕种，并且把一些逃户的土地进行出租，以此赚取钱财，都督府受理该案件后，下令"追建进妻儿及建进

---

[2] 参见〔唐〕杜佑撰：《通典》卷3，中华书局1988年标点本，第63页。
[3] 唐长孺主编：《吐鲁番出土文书》（肆），文物出版社1996年版，第275页。
[4] 参见杨际平：《4—13世纪汉文、吐蕃文、西夏文买卖、博换牛马驼驴契比较研究》，载《敦煌学辑刊》2019年第1期，第109—112页。
[5] 参见唐长孺主编：《吐鲁番出土文书》（肆），文物出版社1996年版，第70页。

邻保赴州"。由此可知，唐建进即保人有抓捕逃亡居民、维护治安的职责。上述资料说明，唐朝实施了邻保制度，在邻保制度之下，保内人民相互监督。

2. 邻保制度的协助司法功能

邻保还有一个职责是协助司法，其常常被司法机关询问。官员在审查案件时，应当告知当事人对其了解的情况进行说明，并询问保人和证人，以此来确定当事人的陈述是否真实。《武周西州交河县前仓督高欢贞牒为租田事》提道："余召亲邻、伍见物。"[6]由此可知，亲邻伍保作为与当事人关系最好的人，在当事人打官司时要被召集，证明当事人所说的话是真还是假。这是唐朝司法程序不可缺少的环节，也是邻保所特有的职责。

除此之外，还可以从《唐麟德二年（665）张玄逸辩辞为失盗事》中推导出邻保组织所要承担的义务。该文书的主要内容为张玄逸在官府审查询问时的辩词。根据《唐麟德二年（665）畦海员辩辞》，官府在收集证据后，指出知是可能翻越墙壁偷盗东西，询问他盗窃的财物在哪里。知是争辩道：他长期卧病在床，不可能翻墙偷盗，邻里可以证明。于是该县官员将知是的四邻喊来询问。在四邻的证明下，官员最终作出重新审理此案的决定。由此可见，邻保组织的证言证词在官府审理案件中的重要性。

除了以上职能，《唐西州高昌县下太平乡符为检兵孙海藏患状事》[7]中也提及邻保的职能。此文书主要叙述的是西州高昌县孙海藏生病与身体残疾的情况，公元679年下半年，孙海藏身患重病，但要服兵役。因为病情严重，服兵役时生病许多次，于是政府不得不让其取消服兵役。官员记录孙海藏的情况时，对于其是否属于残疾人的范畴，要询问他服兵役时的主管人，除此之外还要询问他的保人、里正和给他诊治的大夫，以证明孙海藏患病以及病情的严重程度。这里指的保人就是孙海藏户籍所在地的邻保。

（二）职役制

唐中期，基层管理制度从乡官制转变为职役制，里正虽然是国家承认的官员，但事实上其已经成为普通百姓，也须服劳役。"至唐睿宗时，观监察御史韩

---

[6] 唐长孺主编：《吐鲁番出土文书》（肆），文物出版社1996年版，第150页。
[7] 参见李兴祥：《论唐代前期军队与地方的关系——以患兵处理为视角》，载《西域研究》2010年第3期，第42—43页。

琬之疏，然后知乡职之不愿为，故有避免之人……唐宣宗时，观大中九年之诏，然后知乡职之不易为，故有轮差之举。自是以后，所谓乡亭之职，至困至贱，贪官污吏非理征求。"[8]据此，我们可以得知，基层管理者原先享受的各种福利政策已被取消，工作难度加大。具体体现在以下四个方面：首先，基层管理者的任务繁多。其次，安史之乱后，社会不稳定，对户籍难以进行有序管理。《旧唐书·杨炎传》就提道："天下兵起，始以兵役，因之饥疠，征求运输，百役并作，人户凋耗，版图空虚。"同时，大量流民的出现使得户籍管理的难度加大，也增加了政府管理人民户籍的成本。如果官员办理事情不妥当，就会遭受责骂，有的时候还可能会坐牢。再次，基层官员沦为上级官员的工具，上级可以对其进行处罚。每当官府作出错误决定时，就会让基层官员"背锅"。最后，国家税收增多，也为唐朝基层管理模式的转变奠定了经济基础。

唐初，主要以里正为基层管理人员，村正为辅佐人员。[9]乡所具有的功能被弱化，有些地方甚至空有职位而没有实际的官员，《通典·职官典》就记述，唐太宗"贞观九年每乡置长一人，佐二人，在十五年省"[10]。到这个时期，乡制就已经是一个"空壳"，在安史之乱以后，完全没有存在的价值。但是，里与村的作用开始凸显，尤其是村。在唐朝，真正意义上的基层管理机构正式成立，当时的政府通过一系列方式在全国范围内推行村制。《旧唐书》等许多史料对此有详细记载，在唐朝时期，中央通过颁布法律明确规定："百户为里，五里为乡。两京及州县之郭内，分为坊，郊外为村。里及坊村皆有正，以司督察。四家为邻，五邻为保。保有长，以相禁约。"[11]其中，村具体指有田地且偏僻、人口数量不多，人们聚居在一起的地方。根据史料，我们可以得知，村正官员的数量是根据村落的规模设置的，具体分为以下几种情况：第一种情况是"满十家而不满百家置村正一人"，即村里面的住户要是超过十户而没有满一百户，那么只设置一个村正；第二种情况是"其村居如不满十家，隶入大村，不得别置村正"，即村里的住户要是不满十户，就不需要专门设置村正，而是归入邻近的

---

[8]《文献通考》卷13《职役考二》，第381—382页，转引自吴树国：《马端临"职役"概念及其意义》，载《历史研究》2023年第2期。

[9] 参见白钢：《中国农民问题研究》，人民出版社1993年版，第137页。

[10]〔唐〕杜佑撰：《通典·职官典》，时代文艺出版社2008年版，第236页。

[11]〔后晋〕刘昫等撰：《旧唐书》，远方出版社2006年版，第135页。

村,由邻近的村正一同管理;第三种情况是"其村满百家增置一人",即若是村里的住户超过一百户,就需要增设一名村正。唐朝对于村正的职责作出了具体的规定,即掌管坊门的钥匙和监督违法之人,也就是有权力帮助官府抓捕逃犯,对犯罪的民户进行状告,还可以处罚民间的偷盗行为。这些具体的职责为维护中央集权所服务,目的是让村正管理的区域秩序稳定、经济平稳发展、赋税得以被征缴。村正的候选人是由县司选取"勋官六品以下白丁清平强干者充","并免其课役"。免除课役,从侧面可以看出官员的福利待遇。

唐朝初期里正管理的事务多且杂,他们要管理整个区域,不管事情大小,都包括在内,"掌按比户口,课植农桑,检察非违,催驱赋役",逐渐成为乡实际的掌权人,但是在唐朝后期,这种实际掌权人发生改变。唐宣宗时期,"诏以州县差役不均,自今每县据人贫富及役轻重作差科簿,送刺史检署讫,锁于令厅,第有役事,委令据簿轮差"[12]。据此我们可以看出,里正的权力在乡里不再是最大的,其成为被别人操纵的工具。

唐朝在之前的基础上对基层管理机制进行完善,并在全国范围内推行,取得很大成效。主要是将偏僻的村落与附近的村落进行整合,将名称统一改为"村",并且颁布律令对村进行详细规定,尤其是对村里官员的职责作出具体说明。村制度的实施在历史上具有重大意义,是魏晋南北朝之后,对偏远村落的一次全面管理,也是国家将统治范围扩展到基层领域的一项重大举措。

二、唐朝户籍制度社会管理功能:人口管理

中国历史上,户籍制度是国家管理人口的一种方式。殷时期的甲骨文就对户籍制度有记载,商朝时期就已经进行了户籍登记,西周时期就有专门管理户籍的官员。正式的户籍制度在战国时就已经出现。《管子·禁藏》中有"户籍田结"[13]的记载。在此之后的统治者沿袭并且发扬了这一制度,使之成为我国古代特有的人口管理制度。这种户籍制度是国家进行人口管理的基础。唐朝也同样利用户籍制度,对人口进行严格管理。

---

[12] 〔宋〕司马光:《资治通鉴》,中华书局2007年标点本,第453页。
[13] 〔春秋〕管仲:《管子》,张小燕评译,北京联合出版社2019年版,第74页。

（一）在籍人口管理

1. 手实貌阅调查户籍

对人口实施管理，首先要进行人口登记。唐朝承接了隋朝的制度，注重户籍登记，对于不同的人，依照不同的时间进行登记。一般民户在每年年底进行登记，编制为乡帐和计帐，隔3年再根据计帐重新对户籍进行登记。对人口的变动情况，要随时报告。对于奴隶，在每年的一月进行登记；对于宗教人员，登记时间不固定，国外的留学者要是在唐朝居住超过9年的，也需要登记。唐朝对户籍的调查和登记以"手实"和"貌阅"为主，接下来笔者就从这两个方面来详述唐朝户籍制度对人口管理的功能。

手实，是指民户在基层官员的监督下，填写家中人口、田地和赋税等的情况。池田温就曾说过："以民户的填写为基础的户籍制度在唐初时完成。"[14]在唐朝，户籍登记主要是根据手实来完成的。《新唐书·食货志》就记载："凡里有手实，岁终具民之年及地之阔狭，为乡帐……又有计帐，具来岁课役以报度支。"[15]可见，手实由里负责编制。手实的内容"具民之年与地之阔狭"，也就是手实的内容包括民户的年龄和其拥有土地的具体情况。

考察唐朝手实的史料，我们大致可以了解其具体内容。《周载初元年（公元690年）一月西州高昌县张思别、王隆海、宁和才手实》开篇介绍了民户家庭的基本情况："户主宁和才14岁，他的母亲赵年52岁，他的妹妹宁和忍13岁。"紧接着，对户籍的变动情况进行详细报告："何贞和罗胜年分别在22岁和15岁时身亡。"接下来是对家中所拥有的田地情况进行报告："二亩地在城北，一亩地在城西七里沙，三亩地在城西五里马堆，还有一亩地在城西五里胡麻井渠。"其中的二亩指的是部田，一亩地、三亩地指的是常田。手实最后的内容为户主的保证词，户主要保证前面所说的事情都是真实的。在手实的最后写着："如后有人告隐漏一口，求受违敕之罪，谨牒。"最后的"牒"，有学者考证，在唐朝具有重要地位，它可以让官员之间的信息进行流通，也可以成为官员判案的证据。[16]

---

[14] [日]池田温：《中国古代籍帐研究》龚泽铣译，中华书局1984年版，第15页。

[15] 《新唐书》卷41，中华书局1975年版，第1343页。

[16] 参见卢向前：《牒式及其处理程式的探讨——唐公式文研究》，载北京大学中国中古史研究中心编：《敦煌吐鲁番文献研究论集》（第3辑），北京大学出版社1986年版，第335—393页。

貌阅可以追溯到东汉时期。东汉末年，社会动荡不安，如若按照之前的"案比"制度对人口进行调查，显然是不合理的，因为"案比"是要挨家挨户进行具体调查。户籍制度在这期间以"土断"为主，即不管是原来就居住在本地还是因为各种原因来到本地，在编制户籍时都只登记居住地，并在该地缴纳赋税。到了隋朝，人口统计政策逐渐恢复正常，即"高祖令州县大索貌阅，户口不实者，正长远配，而又开相纠之科。大功已下，兼令析籍，各为户头，以防容隐"[17]。我们由此可以看出，从隋朝开始，对于户籍的统计方式便称为"貌阅"。隋朝为什么要恢复"貌阅"，其主要是为了增加税收和增强军队力量，而其中"兼令析籍，各为户头"的办法，与秦朝所施行的"分户令"大同小异。"貌阅"在古代还有一个别称是"团貌"，《隋书·食货志》中就有讲述。唐朝继承隋朝的制度施行"貌阅"相关的法令。《唐会要·团貌》中详细记述了唐朝"貌阅"的实施情形："天下诸州，每岁一团貌，既以转年为定，复有籍书可凭。……自今以后，每年小团宜停，待至三年定户日，一时团貌。"[18]据此我们可以得知，唐朝对户籍进行登记和调查都是有规律的。《唐六典·户部郎中》记载："每一岁一造计帐，三年一造户籍……凡天下之户，量其资产，定为九等。"也就是说，国家每隔三年就要编一次户籍，每隔一年就要造一次计帐。

唐朝对户籍编制的要求非常严格，律令中明确规定"貌定"后不得"更貌"，即不可以随意更改户籍信息。更改户籍信息要经过严格的程序，民户的出生和死亡分述为"貌加"和"貌减"。更改民户的伤残状况也要根据民户具体的身体状况。唐朝在天宝年以前，每年都是按照"貌阅"制度对民户信息进行严格调查，但是安史之乱以后，国家动荡，不利于这一制度的施行。五代之后，"貌阅"便彻底消亡。

2. 户籍编制

在中央，户部是对全国人口进行统一管理的最高机构，其中的官员包括尚书和侍郎，他们的职责是"掌天下户口井田之政令"[19]。人口管理政策的制定部门是户部司。在各州府，设有户曹参军、司户参军，对本地户籍进行管理。

---

[17] 《隋书·食货制》卷24，中华书局1999年标点本，第1889页。
[18] 《唐会要》卷85《团貌》，中华书局1975年标点本，第1558页。
[19] 《唐六典》卷3《尚书户部》，中华书局1995年标点本，第63—64页。

在各县设有司户佐、司史、帐史来管理本县户籍。除此之外，各个区域还有"籍坊"。《长安志》中就记载，长安永宁坊"东南隅，京兆府籍坊"[20]。该文中的"籍坊"就是指户籍管理机构，它的主要功能是记载和保管户籍。[21]后来，又将"籍坊"改为"籍库"，但其所管理的事项没有很大差异。这样就形成了一套自上而下的户籍管理机构。

户籍是国家对居民进行管理的重要制度，官府对辖区内的人口情况进行登记、申报，并且按照标准进行分类。唐朝户籍的文书种类多，法令详细，对其他国家都有巨大影响。[22]唐朝的户籍编制开始于武德年间，《唐会要》记载，武德六年三月，令"每岁一造帐，三年一造籍"[23]。当时有些地方虽然处于唐朝的管辖范围内，但在户籍管理方面还是存在差别。贞观年间，户籍的统计范围很大，包括陇山以西和南方五岭以南的地区。[24]这种大范围的统计，得益于户籍政策的完善。在唐睿宗时期，户籍政策的发展进入新的阶段，内容更加完善，对户籍编制的格式、程序、具体时间以及对户籍的审查等都有具体规定。

唐朝每户户籍分为三份，州和县各保留一份，户部保留一份。到天宝三年的时候，户籍一式四份，多出来的那一份需要呈交给尚书户部。唐朝的户籍每三年进行一次编造，具体时间为"定户以仲年，造籍以季年"[25]。唐朝户籍的格式，根据前文所述的手实情况我们可以得知，其基本内容包括：户主及近亲的姓名、年龄、职业等；所拥有土地的数量、位置、质量等；户主的保证词。到了开元年间，户籍的格式更加完善：其一是有官员的注释；其二是增加了户的等级；其三是有关于所盖之章的规定；其四是有关于数字的书写方式；其五是对所受之田进行登记。在此期间，唐朝对户籍的编制有了更加严格的审查程序，《唐六典》载："自今已后，应造籍，宜令州县长官及录事参军审加勘覆。"[26]这足以说明唐朝户籍制度有着严格的审查程序。在民户的分级方面，唐朝按照每户所

---

[20]《长安志》卷8《唐京城二》，中华书局1990年标点本，第238页。
[21] 参见朱雷：《唐"籍坊"考》，载《武汉大学学报（社会科学版）》1983年第5期，第118页。
[22] 参见孙宁：《唐代户籍编造史稿》，中国社会科学出版社2017年版，第175页。
[23]《唐会要》卷85《籍帐》，中华书局1975年标点本，第764页。
[24] 参见冻国栋：《中国人口史》，复旦大学出版社2002年版，第23页。
[25]《唐六典》卷3《尚书户部》，中华书局2012年版，第74页。
[26]《唐会要》卷85《籍帐》，中华书局1975年标点本，第1848—1849页。

拥有的财产进行分级。武德六年，天下户"量其资产"，初定三等；贞观九年，"天下户依为九等"。《通典》载，龙朔三年，"卫士八等以下"[27]。陈寅恪先生认为，此"八等"即指户籍的等级。开元十八年又敕，"天下户等第未平，升降须实"[28]，即国家严禁通过非法手段降低户的等级。另外，唐朝对于非法别籍也作出严格规定。《唐律疏议·户婚》规定："诸祖父母、父母在而子孙别籍异财者，徒三年。"[29]唐玄宗在改元诏中述："如闻百姓之内……父母见在，乃别籍异居，宜令州县勘会。"[30]三载又制："其有父母见在，别籍异居……亲殁之后，亦不得分析。"[31]对于脱籍，唐朝也作出具体规定，唐律中载有"诸脱户者，家长徒三年"[32]。但因为中央的赋税徭役比较重，导致许多民户不堪重负，脱籍的状况持续出现。正如李剑农所说："农民逃亡之潮流，在贞观中已开启。及入高宗历武后、中宗、睿宗至开元初，赋役与逃亡相逐之潮流，遂益汹涌不可遏止。"[33]

综上所述，虽然唐朝在户籍的编制与管理中有不完善的地方，但其优点很多：户籍编制的范围大，包括国家大部分地区；形成了一套自上而下的户籍管理机构；对于别籍和脱籍也作出了具体的处罚规定，利于政府对民众的统一管理。

(二) 流民管理

唐朝商业发展迅速，农民手中的土地被兼收。从发掘的唐朝户籍史料中可以看出，民户拥有的土地数量在减少，但是赋税徭役却不断加重。虽然唐律中有述民户逃税有惩戒，但还是出现了一些民户向外流动的情况。作为应对，唐朝对一系列人口流动作出具体规定。

1. 检括逃户

民户逃亡会使政府的税收降低，不利于社会发展，可能危害统治。唐朝政

---

[27] 《唐会要》卷85《籍帐》，中华书局1975年标点本，第1848—1849页。
[28] 《唐会要》卷85《籍帐》，中华书局1975年标点本，第1848—1849页。
[29] 《唐律疏议》卷12《户婚》，中华书局1996年标点本，第236页。
[30] 《册府元龟》卷59《帝王部·兴教化》，中华书局1989年版，第662页。
[31] 《册府元龟》卷59《帝王部·兴教化》，中华书局1989年版，第612页。
[32] 《唐律疏议》卷12《户婚》，中华书局1996年标点本，第231—234页。
[33] 李剑农：《魏晋南北朝隋唐经济史稿》，三联书店1959年版，第251页。

府为了解决这一问题，采取了一系列方法，其中之一就是"括户"。括户就是通过对每家民户的户籍进行审查，把隐瞒没有上报的逃户找出来，送其回故乡，或者编入当地户籍。唐朝建立以后，几乎每个时期都有组织括户，其中有三次规模较大。武则天统治时期，赋税徭役加重，出现了"天下户口，亡逃过半"的情形，于是，武则天不得不开展括户。唐玄宗时期，逃户现象更加严重，其中部分逃户逃到城中谋生路，还有部分隐居深林开辟荒地，绝大部分则被地主雇用。接下来，笔者将通过唐朝的几次括户行动，来论述唐朝户籍制度在人口流动管理方面的功能。

武则天统治时期，社会上出现了大量的逃户，李峤建议统治者进行括户，于是武则天进行了一次规模巨大的括户行动。根据《长安三年（703年）停逃户文书》我们可以得知，为了解决沙洲逃户问题，政府设置了两个职位，其一是"括户使"，其二是"括逃使"。从文书内容来看，解决民户逃亡这一问题，不仅要依靠地方政府，还要依靠中央的干涉，其中就包括御史。具体操作步骤是，县政府向括户使报告具体的逃户数量，然后还要向括逃使反映具体情况。在该时期，设置专职人员解决逃户问题，我们就可得知，逃户问题在当时的严重程度。

第二次括户是在唐朝出现了"避公税，依强豪作佃家"这一人群之后。人民把该人群称作"浮客"。唐长孺认为，"浮客"是指居住在某一区域，但是户籍并不在该地区的人。这些"浮客"依附于当地权势较大的人，"有佃耕也有佣耕"。该群体逃亡，让中央政府很难管理。基于此，出现了"监察御史宇文融请急察色役伪滥，并逃户及籍田"[34]，宇文融借此开展括户行动。

唐玄宗时期，逃户数量很多，中央政府深感此问题的严重性。宇文融作为等级较低的官员，上奏请求括户。为了稳定社会秩序，唐玄宗任用官员宇文融，在公元721年的元月，让宇文融作为兼侍御史进行括户。宇文融不负使命，在逃户问题上抓住关键，使情况得到很大改善，总共括户数十万，为查清的逃户重新编籍，并于年终征税多达数百万。但是，总体来说，宇文融的这一次括户行动并没有根本解决逃户问题。因为括户进度并不快，且在查明逃户之后也没有对其以后的生活进行很好的安排与规划，对待逃户的政策仍过于严苛，因此

---

[34]〔后晋〕刘昫等撰：《旧唐书》卷105《宇文融传》，中华书局1975年标点本，第2543页。

逃户还是存在抵抗心理。此番括户的主要目的是增加国家的税收来源，没有从根本上解决问题。

唐朝的几次括户行动都有着不同的政策支撑。唐朝初年，政府严格限制人口流动，设置专门的官吏检括逃户。当时的法律规定，若出现逃户，即为违法，一旦在括户行动中被查出，不仅要受罚，还要被遣送回原籍地，所以逃户对括户极为抗拒，甚至躲避调查。因此，唐初的括户行动并未取得很大进展。在此之后，增加了附籍当地、减少赋税徭役这些举措，逃户因此看到了希望，也不再极力抗拒，括户行动取得了很大进展。

从措施的转换我们不难看出，唐朝实际上逐渐趋于否定人口流动的违法性。直至两税法施行，逃户已经完全合法化，这样来看，我们就可以得出，唐德宗时期之后就再也没有出现过大规模的括户行动。因为人口流动合法之后，括户的效率反而会越来越低。综上所述，笔者认为，唐朝政府在人口流动方面，通过括户，一定程度上稳定了社会秩序、增加了税收，但主要功能是促进了人口流动的合法化，对民户和中央政府都有益处。

2. 附籍当地

在一系列政策施行后，虽然括户行动取得了一定成效，但根本问题并没有解决，流民现象还是较为严重。于是，唐朝政府只能另寻他法来解决这一问题。附籍政策便应运而生。该政策也发生了两次变化，即由原来的附原籍到附当地籍。产生这一变化的原因是什么，要从唐朝对逃户的种种规定谈起。当时，唐朝政府对于被遣返回原籍的逃户有一些惠民政策，但是逃户还是不愿回到原籍地。自《唐垂拱三年（687）西州高昌县杨大智租田契》中的内容我们可以得知，逃户和隆子在被查出时，政府没有收回其土地，"垂拱三年九月六日，宁戎乡杨大智交，小麦肆斛，于前里正史玄政边租取逃……"[35]里正玄策把和隆子的土地出租给杨大智，但如果把和隆子遣返回原籍地，在土地的使用上就会有争议：要是杨大智把土地归还给和隆子，杨大智便会遭受损失；要是杨大智拒绝归还土地，和隆子也不会认可。由此可以得出，即使有惠民政策，遣返原籍地也会出现一系列新的问题，逃户回去的意愿也不太大，并不是解决逃户问题的长远之计。其实，逃户到了新的地方仍会以耕种为谋生之计，所以即使当时

---

[35] 唐长孺主编：《吐鲁番出土文书》（肆），文物出版社1996年版，第493页。

有大量的逃户，但在总体上对税收的影响并不大，对一些逃户流入的地区反倒有好处。在唐朝，一些地区的土地与人口比例严重失调，逃户的出现反而一定程度上缓解了这种情况。如果唐朝政府采用强制措施把逃户遣返回原籍地，不仅会使逃户产生抗拒心理，也违背了社会经济的现实。由此可知，强行遣返逃户的效果并不好。于是，李峤提出"施权衡以御之"，有"听于所在隶名，即编为户"[36]，但是该建议未被武则天采纳。直到开元九年，宇文融括户时期，"人逃役者，多浮寄于闾里，县收其名，谓之客户"，"其新附客户，则免其六年赋调，但轻税入官"。[37]逃户六年后就可以编入当地户籍，在当地的居住与生活也变得合法。虽然，当时还是以遣返原籍为主，但允许附籍当地也在一定程度上改变了唐朝政府对人口流动的严格管控。

安史之乱之前，逃户被遣返后还有机会重拾旧业，但是安史之乱以后，若想回原籍地复业，就会难上加难，自此以后，附籍当地成为通行惯例。如宝应二年："客户若住经一年已上，自贴买得田地，有农桑者，无问于庄荫家住及自造屋舍，勒一切编附为百姓差科，比居人例量减一半。"[38]流亡他乡的民户如果想要在居住地编户，就必须要住满一定期限。建中以后，完全废止了遣返逃户回原籍地这一措施。综上所述，笔者认为，唐朝户籍制度在流民管理上的功能为，附籍当地让逃户不再被遣返回乡，对于逃户来说，避免了回乡时的旧问题和新出现的土地争议等问题，对于国家来说，则有利于调节土地和人口比例失调的问题。

三、唐朝户籍制度的社会管理功能：赋税管理

"税"字可分为两部分，左半部分为禾，即指农作物，右半部分为兑，即兑现，它原始的含义是指民众向统治者缴纳农作物。在古代，赋税制度是统治者对国家经济进行管理的主要方法，是统治者为了维护国家机构正常运行向民户征收钱物的一种制度。在我国封建社会时期，赋税制度所涵盖的范围较广，主要有以下几种类型：第一种是丁税，它是以人口数量为基础对百姓进行征税；第

---

[36] 《唐会要》卷85《籍帐》，中华书局1975年标点本，第848页。
[37] 〔后晋〕刘昫等撰：《旧唐书》卷105《宇文融传》，中华书局1975年标点本，第3128页。
[38] 《唐会要》卷85《籍帐》，中华书局1975年标点本，第848页。

二种是田税，它是以每户所拥有的土地数量为基础对百姓进行征税；其他一些杂税包括官员向统治者进贡，以及统治者向官员征收军队的必需品。

（一）租庸调折纳灵活变通

唐朝前期，以租庸调农业税为主要税种，其依照人丁来征税。在均田制开始瓦解时，租庸调的征收量降低，唐朝政府的税收结构发生改变，由原先的以税人为主，转化为以税土地、税财产为主。这种税收结构的改变，为唐后期两税法的施行打下了坚实基础。接下来，笔者通过唐前期租庸调农业税来探讨户籍制度在赋税管理方面所具有的功能。

1. 折纳制源流

赋税可以用其他物品折纳这一形式并不是产生于唐朝。翻查史料，我们可以得出，在汉朝的时候就出现了折纳的例子，如《汉书·昭帝纪》记载："其令以菽粟当今年赋。"[39]意思是，在该时期，可以用粮食来折纳赋税。到南北朝时期，齐武帝诏"扬、南徐二州今年户租，三分二取见布，一分取钱"，即把布匹用来折纳赋税。所以笔者认为，折纳是从汉朝开始的。

唐朝时期，《通典》卷六提到的"岭南诸州税米"是对折纳的最早记录。对于岭南折纳米的性质，学界有不同的看法，李锦绣在《唐代财政史稿》中认为，岭南各州缴纳的税米是一种折纳，笔者认同这种观点。虽然仅在边远地区适用，但是折纳对于唐朝政府有一定的积极作用，可以大范围实行。贞观年间，戴胄上书"每至秋熟，准其苗以理劝课，尽令出粟"[40]，由此我们可以看出，在地税中也存在折纳。唐高宗时期，租庸调折纳粮食就已经存在了，《吐鲁番出土文书》中就有记载："诸州庸调，折纳米粟者……先以庸物支留，然后折米粟。"[41]

从上文的论述中我们可以得知，虽然在唐朝前期有折纳的存在，但是直到玄宗时期才真正通过律令在全国推行折纳制度。《通典》卷六载："（开元）二十五年定令……调麻，每年支料有余，折一斤输粟一斗，与租同受。"[42]我们以此可以得知，中央政府扩大了折纳制度的范围，使之不仅适用于之前的偏远地

---

[39]〔汉〕班固撰：《汉书》，〔唐〕颜师古注，中华书局1962年版。
[40]《唐会要》，中华书局1960年版，第1673页。
[41]〔日〕大津透：《唐律令国家的预算——仪凤三年度支奏抄·四年全金部旨符试释》，苏哲译，载《敦煌研究》1997年第2期。
[42]《通典》卷6《食货·赋税下》，中华书局1984年版，第33页。

区，也适用于一些关中地区。同时，折纳的形式也有了新的发展。虽然唐后期租庸调制度被取代，但是折纳作为国家征税的重要组成部分却一直存在。

2. 租庸调农业税及其折纳形式

唐朝建立后仍然施行前朝的均田制，赋予农民部分土地，让其耕种以缴纳赋税。与此同时，结合户籍制度，"每一岁一造计帐，三年一造户籍。县以籍成于州，州成于省，户部总而领焉"[43]，政府通过这一系列方法为百姓建档。中央通过运用这些措施，稳定了小农经济，调节了贫富差距，维护了社会秩序。租庸调制度是在唐朝的土地制度上建立起来的，它对于应纳赋税有具体的数量规定，具体为："每丁岁入租粟二石。调则随乡土所产，绫、绢、絁各二丈，布加五分之一。输绫、绢、絁者，兼调绵三两；输布者，麻三斤。"[44]但是租庸调制度又不完全依托于唐朝的土地制度，它是以每户有成年男丁为前提来征收赋税的。要是百姓家中有成年的男性，那么租庸调就按照百姓户中的成年男性数量来征收，这与均田制的按田征收不同。以此为标准来征收赋税，说明唐朝还是沿袭了前朝的方式，通过把部分土地分配给农民，对农民进行压迫与剥削。租庸调制度以人口数量为征收单位，并参考每个民户拥有的土地数量，导致税收出现了两极分化的局面。当时就有人说："租庸调制百姓供公上，计丁定庸调及租，其税户虽兼出王公以下，比之二三十分唯一耳。"[45]

租庸调在执行过程中不是一成不变的，而是根据每个区域的地理条件等具体情况而变化的，可以折纳。江南地区可以用布匹、米等来折纳赋税；中部一些交通不便的地区可以把赋税折纳为豆子、米；那些地理条件不适合养蚕、种棉的地域，若不能折纳布匹，可以折纳粮食；其他一些地方可折纳制作衣物的布料、财物宝器。在唐朝前期，盐业允许私人经营，一些地区也可以将盐折纳赋税，《新唐书·食货志》载："负海州岁免租为盐二万斛以输司农。青、楚、海、沧、棣、杭、苏等州，以盐价市轻货，亦输司农。"[46]在唐朝前期，除了盐业可以私营，矿业也可以私营，即"凡州界内有出铜铁处官未采者听百姓私采"。但是为了对造币业进行垄断，私营矿厂所产出的铜等用来造钱的原料必须

---

[43]《唐六典》卷3《尚书户部》，中华书局2012年版，第65页。
[44]《汉书》卷48《食货志上》，中华书局2017年版，第2088—2089页。
[45]〔唐〕杜佑撰：《通典》卷7《食货七丁中》，中华书局1988年版，第175页。
[46]《新唐书》卷54《食货四》，中华书局1975年版，第1377页。

由唐朝政府购买，不能私下进行交易。唐朝政府还向私营矿厂征收矿税，矿税与盐税虽然种类不同，但从本质来说都是为了折纳赋税。在唐玄宗时期，政府通过颁布法律对征收盐税、矿税作出具体规定，使其越来越规范。到了唐肃宗时期，盐税的法制化进一步加深，该时期由矿税征收制度转变为禁榷专卖制度。这种折纳形式，在一定程度上具有较强的变通性，在现实中并没有减少税收，反而使税收种类多样化。

（二）两税法扩大纳税主体

唐后期实行两税制。为何称为"两税"，有四种不同的看法。第一种看法是两税主要以户税为主，其他的一些税收为辅。第二种看法是两税以田亩之税为主，而不单指户税。[47]第三种看法是分两次征收的税收，即第一次在夏天（不可以晚于六月），第二次在秋天（不可以晚于十一月），因为征收的次数为两次，而由此得名。第四种看法是户税与地税的整合，本质就是通过整合户税和地税，以形成一种新的税收方式。尽管有不同之处，但这四种看法都有相同要素，就是户税和田亩之税。在唐朝，土地的地位异常重要。综上所述，对两税较为合理的解释应该为以户税和地税为主，其他税收为辅，分别在两个不同的季节即夏季和秋季进行征收的一种税种。

1. 两税法纳税主体

唐后期两税法的实行反映了两方面的积极改变。其一，国家之前征税以均田制为基础，根据人丁来征收赋税，实行两税法以后，不再根据人丁征收赋税，而是依据土地的多寡来征收，其中两税中的地税就是重要体现。两税中的另一个税种户税，虽然其征收依据是民户的资产，但是土地资产也占比很高，所以其主要也是根据土地来征税。产生这种变化的主要原因是，在这一时期，均田制遭到了破坏，民户占地面积的差距越来越明显，国家为了解决这一问题，舍人税地应运而生。舍人税地指国家改变征税的依据，由原来的以人为依据改为以土地的拥有量为依据，舍人税地体现出国家对民户的管理与控制有所放松。其二，国家之前采取租庸调制，不论是普通民户、地主富绅或其他等级的主体，他们所拥有的资产明显不同，但是向政府上缴的赋税却一模一样。这种情况是极其不合理的，在唐朝实行两税法之后，对于那些自身没有土地，通过租借他

---

[47] 参见韩国磐：《隋唐五代史纲》，人民出版社1977年版，第315—316页。

人土地而耕种的人,他们只需要缴纳户税,地税是不需要缴纳的,这样更符合实际情况,有利于调节贫富差距。对于那些流民,在实行租庸调时期,税收以均田制为基础,流民在流入地没有土地,也没有编籍入户,所以是不需要缴纳赋税的。两税法改变了这一局面,不管是何主体,只要自身拥有资产,就必须缴纳赋税,它的征税对象由原来的主户变成主户和客户,并且对商人重新规定了新的税率。基于此,唐朝两税法扩大了纳税主体范围,贵族、商人、官员等都需要纳税,在这种情况下,即使中央不提升赋税征收的额度,也会增加税收。

2. 稳定税收

唐宪宗时期,官员奏报,"从国家设置两税法以来,天下财政限制为三品,一是供应,二是留下来,三是留在州。量出为入都用,定额以提供资助"[48]。上交中央还是留在州县,以及上交多少,这需要中央派专员与当地的官员协议,根据"以支定收"的原则仔细盘查每个州所要上缴的数额。但在实际中央与地方税收的分配上,上缴数量的多寡与中央和地方力量强弱有关。若中央的实力较强,地方的实力较弱,那么中央分得的税就越多;若地方的实力强,中央的实力较弱,那么中央分得的税就较少,有时候地方会拒绝上供。[49]陈明光认为,由于各个区域的两税总额已经被提前确定下来的,根据"每年留州留使数额",只有多出来的税额才能作为每个州县两税的分配额。[50]

地方把税收按比例上交给中央后,中央会入库,入库后的税收其主要用途是承担军队和官员的费用。中央财政主要用于军队的食物、官兵的衣物以及赏赐。两税法实施之后,方镇的权势在逐渐增加,对国家的统治产生威胁,于是唐德宗开始增加军力,扩大禁军的规模。在那个时期,禁军的规模已经超过15万人,禁军的花销也逐渐增加,另外一部分开支则来源于边疆的军人,虽然边疆军人的经费比禁军低,但其人数众多,也是一大笔开支。还有一部分支出用于战争。官员的费用也是一大笔支出,在唐朝,官员的数量增加,官员费用也有所增加。这样,全国就形成了不同层级的预算管理体制,国库的税收由中央统一管理,地方政府对存留的税款具有自主权,这种管理体制体现出唐朝户籍制

[48] 〔唐〕元稹:《元稹集》卷36《中书省议赋税及铸钱等状》,中华书局2015年版,第112页。
[49] 参见张泽咸:《唐五代赋役史草》,中华书局1986年版,第177页。
[50] 参见陈明光:《唐朝两税三分制的财政内涵试析》,载《中国社会经济史研究》1988年第4期,第36页。

度在税收方面的社会管理功能，即稳定国库的税收，巩固当朝者的统治。

四、唐朝户籍制度的历史影响

一个王朝想要走得长远，最终依靠的是政治、经济等条件的相互配合，而这些条件又由各种管理制度支撑。对于一个国家来说，户籍制度可谓是最基础的一项国家制度，唐朝亦然。唐朝的户籍制度在社会管理方面，有其优秀的地方为后世所效仿，也有其不足之处。接下来，笔者从两个方面分析唐朝户籍制度的历史影响。

（一）人口管理措施对后世的影响

宋朝沿袭了唐朝的制度，依然按照"三年一造籍"执行。公元993年，"三年一造籍"被改为"六年一造籍"。但六年的时间间隔较长，于是在真宗年间又恢复了"三年一造籍"。这一时期，宋朝把区域内民户数量的变化作为官吏考核的一项重要指标。到了明朝，则是把流亡民户的数量作为本地官吏考核的指标。

关于流动人口，宋朝把唐朝里正不觉脱漏增减、司妄脱漏增减、州县不觉脱漏增减、脱漏户口增减年状这四个具体的罪名，合并为一个罪。虽然罪名合并，但是在对其解释时，仍然列举这四个罪，惩罚的程度也没有改变。由此，我们可以得知宋朝沿袭了唐制。

到了明朝，依然存在脱漏户籍这一罪名，稍有区别的是在惩罚上，明朝在唐朝和宋朝的基础上增加了"附（入）籍差"。在唐后期，根据人口征收赋税开始改为根据资产征收赋税，户籍对于征收赋税的作用越来越不明显，所以国家对于脱漏户籍罪的处罚也没有那么严苛。清朝和明朝的规定基本类似。

除了以上影响，在对流动人口的救济方面，唐朝对后世也有影响。宋朝延续了唐朝的悲田坊，起名为福田院，北宋初年，在城市设置福田院。在宋哲宗时期，设置居养院，对社会上的弱势群体进行统一安排。南宋为没有固定居住地的流浪汉设置了养济院。清朝时期，中央在出现灾害、生活困难的地区，采取蠲免、赈济、安辑、抚恤等措施。"蠲免"，指中央对受灾的民户免除或者减少征税。"赈济"，就是通过地方政府把财物分发给难民，救济他们。"安辑"，指政府出资，把受灾的百姓送回原先居住的地方。"抚恤"是指，若受灾群众死亡或者财物毁损，中央拨款进行救助。

（二）农商并重的观念开始形成

唐中期以前，士农工商不仅是职业划分，也是不同人等级之间的划分。士与商之间的差别尤为显著。唐中期以后，士农工商之间的差距逐渐缩小，每个职业之间的关系也日益密切。同时，在租庸调制度下，国家允许发展私营盐业和铁业，这让许多农民开始转向经商这一道路，还有一部分农民一边经商一边耕种，这种非商人的经营模式也逐渐流行起来。商人的政治地位，随着商人和士之间的联系日益密切而逐渐提升，商人想要改变自己地位低的问题，开始关注政治领域，尝试进入官场。同时，唐朝经济繁荣，一些官员也羡慕商人富足的生活，他们将政府规定的"食禄之人不得夺天下人之利"置之不理，官员从事商业活动的现象频发。唐中后期，该条文的提醒作用甚低，到了唐穆宗时期，干脆允诺士人可以经商，令其合法化。随着商人地位的提高，重农抑商的思想也开始出现变化，因此，商业经营主体的规模不断扩大，除了商人，还有一些农民、官员。到了宋朝，士农工商"同为一等齐民"，产生农商并重的思想，于是越来越多的人开始从事工商业。

宋朝时期，工商业繁荣发展，曾经的重农抑商政策受到抨击，工商业者和一些坊内的民户一样拥有编户齐民的权利。宋朝初年，商人的穿着与唐朝时并无不同。到太宗时期，商人的穿着和以往不同。随着宋朝工商业者的数量不断增加，他们开始有所求，希望提高在社会中的政治地位，获取政治权利。《宋史·选举志》中就论述到工商业者的子孙后代可以通过正规途径当官。到明朝与清朝时期，管理者意识到工商业者对国家赋税的重要性，所以对抑制工商业者的政策作出改变，实行"扶商以富国"的商人管理制度，扩大了工商业者的活动范围，降低对工商业者的压制。除此之外还制定了一系列帮助工商业发展的举措，比如在乾隆年间，吴启贤捐地"并约建亭"[51]。建立的亭子给商人带来便利，使商人在经营时免受风吹日晒，商人可以在固定场所营业，有利于形成规模效应，便于商业的发展。与此同时，传统的商人地位低的观念也开始改变，百姓开始从事商业。这一时期，从事农业的部分百姓，放弃土地耕种，在全国各地投身于工商业中，还有一部分在当地改行，从事商业活动。综上所述，笔者认为从唐朝开始，商人的地位发生了一定改变，国家重农抑商的政策也有一定程

---

[51]〔清〕李文烜修：《咸丰琼山县志》卷5《建置·六市》，海南出版社2004年版，第132页。

度的动摇，农商并重的观念在这一时期开始形成。

五、结　论

　　虽然唐朝很繁荣富饶，但也存在部分问题，比如边疆地区有战争，一些地区会出现饥荒。同时，一些官员贪污使得国库亏空，民户负担加重，一些百姓难以承受沉重的赋税徭役，于是逃离家乡，去往异地另谋出路，这样便出现了许多社会秩序问题。于是，唐朝政府出台了一系列户籍制度来稳定社会秩序，并且取得了良好效果。但是因为当时信息闭塞，交通不便，还伴随着政策本身存在的问题，在本质上，这些问题并没有得到解决。但总体来说，在当时来看，这些社会管理举措对社会的发展意义重大，它让唐朝社会秩序更加稳定，增加了税收，缓解了财政危机，尤其是在经济繁荣的江南，唐统治者顺应这种趋势，允许附籍当地，促进江南地区人口和赋税的增加。基于此，唐朝的户籍制度也为后世提供了有益的启示和借鉴：第一，户籍制度的改革要与社会发展相适应，户籍制度应该促进国家的发展与进步，使资源配置越来越合理。第二，户籍制度的改革要着重关注底层人民，促进社会的公平与正义，户籍制度实行的一部分意义就是能让更多的人从中获益。第三，户籍制度的改革不可能一蹴而就，要循序渐进。第四，户籍制度的改革应该克服当前国家制度与国家结构的限制。总体来说，应该借鉴唐朝户籍制度的优点，总结其缺点，这对当今户籍改革意义深远。

非破产下股东出资义务加速到期制度之再构成
——基于2016—2021年相关民事裁判文书的实证研究

罗青青*

摘　要	认缴制下股东与债权人间的利益平衡问题由来已久。由于缺乏明确的法律依据，当前司法实务秉持谨慎支持出资义务加速到期的态度，但应该注意到的是，破产程序不应是出资义务加速到期的唯一路径，债权人利益与股东利益间也无绝对的先后顺位之分，对相关法律条文不宜过度扩大解释。债权人风险自担理论有其合理性，但适用时缺乏完备的公司信息公示系统。出资义务加速到期制度的建立需要兼顾债权人与股东间利益的平衡，该制度的适用条件为：客观上不能清偿到期债务；将"恶意"理解为利用认缴制中的意思自治原则和对期限利益的保护机制，积极地逃避股东的责任和义务。这一制度适用的法律后果是股东承担补充责任，按照出资违约的股东、出资期限未届满的股东之顺序进行担责。
关键词	资本认缴制；出资义务加速到期；股东期限利益；债权人利益

一、问题与背景

《中华人民共和国公司法》（以下简称《公司法》）中的资本制度，经历了从1993年的"法定资本制"到2005年的适度宽松化改革[1]，再到2013年的

---

* 罗青青，杭州师范大学沈钧儒法学院硕士研究生，主要研究方向：民商法。
[1] 2005年的资本制度改革主要表现为：1. 公司设立门槛大大降低，有限责任公司的注册资本一律降至3万元，股份有限公司则降至500万元；2. 股东设立公司的初始负担减轻，允许股东部分出资分期缴纳。

"全面认缴制"[2]，公司市场准入条件逐步放宽。但这样"单兵突进"式的改革以及相关的配套制度设计，也衍生出一些亟待解决的难题。比如，资本认缴制下公司债权人权利的实现问题，正因为顶层制度设计的倾斜而进退两难[3]：认缴制下，股东可能"认"而不"缴"，从而使公司债权人在股东出资期限尚未到期且该公司未进入破产程序和清算程序时就面临利益如何实现的问题。由此，便有了股东出资义务能否加速到期的问题。

股东出资义务加速到期是指，当公司无力清偿到期债务时，债权人可以突破公司章程所规定的出资期限限制，使股东丧失期限利益[4]，从而请求尚未缴足出资的股东在认缴范围内承担补充赔偿责任。关于股东出资义务加速到期，目前相关的法律规定有三。一是《中华人民共和国企业破产法》（以下简称《企业破产法》）第35条规定破产程序中股东出资义务的履行，可突破股东期限利益的限制。二是《全国法院民商事审判工作会议纪要》（以下简称《会议纪要》）规定了两种适用出资义务加速到期的例外情形，即公司被采取执行措施后已无财产可供执行和债务产生后以决议或其他方式规避公司债务。三是《最高人民法院关于适用〈中华人民共和国公司法〉若干问题的规定（三）》（以下简称《公司法司法解释三》）第13条第2款规定，债权人可以在公司不能清偿债务的情况下，要求未出资或者未全面出资的股东承担补充赔偿责任。而《公司法》本身未对债权人能否直接请求股东履行出资义务作出规定，仅规定未如期出资的股东对其他股东以及公司应承担的责任。2021年12月底公布的《中华人民共和国公司法（修订草案）》[以下简称《公司法（修订草案）》]第48条增加了有限责任公司股东认缴出资的加速到期制度，规定当公司无力清偿到期债务且明显缺乏清偿能力时，公司或债权人有权要求认缴股东提前履行出资义务。但是，出资义务加速到期制度的具体判断标准与适用条件仍未明

---

[2] 《公司法》（2013）第23条规定："设立有限责任公司，应当具备下列条件：（一）股东符合法定人数；（二）有符合公司章程规定的全体股东认缴的出资额；（三）股东共同制定公司章程；（四）有公司名称，建立符合有限责任公司要求的组织机构；（五）有公司住所。"该规定将我国的资本制度改为认缴制，后为2018年《公司法》所沿用。
[3] 参见黄耀文：《认缴资本制度下的债权人利益保护》，载《政法论坛》2015年第1期。
[4] 期限利益是在期限到来之前当事人享受的利益。参见[日]山本敬三：《民法讲义Ⅰ》，解亘译，北京大学出版社2012年版，第272页。

晰，有待进一步研究。

基于上述规定，不难看出我国法律充分尊重股东在出资期限设置上的意思自治，且充分保护股东基于内部合意形成的出资期限利益。但实践中不断涌现的"皮包公司""百年出资期限"[5]案例因缺乏明确的法律依据而谨慎适用加速到期制度，[6]一定程度上使得债权人的利益保护机制缺失。那么，基于内部合意的意思自治究竟能否向外对抗公司债权人的请求权呢？债权人利益与股东出资期限利益的平衡点该如何设置？出资义务加速到期的法律依据和理论依据何在？新的公司法修订草案也充分关注到这些现实问题，但关于出资义务加速到期制度的具体构建仍然有待进一步探索。有鉴于此，笔者将分别沿着股东出资义务加速到期的法理依据和司法选择两条支线，在梳理法律规范和解读学术观点的基础上，结合司法实务中的具体判例，提出我国构建出资义务加速到期制度的设想，以期能构建出规范股东出资责任、平衡各方利益的新模式。

二、股东出资义务加速到期之理论争议

（一）股东出资义务加速到期争议产生的动因

资本认缴制与2005年的"不完全认缴资本制"[7]相比，取消了最低出资限额和验资程序的限制，成立公司只需在公司章程中明确出资安排即可。但公司章程是基于股东的合意而形成的，这也就意味着股东出资期限完全取决于当事人的意思自治。由此，在股东出资期限届满之前，作为独立法人的公司本身可能不具有出资协议所约定的资产，且股东实缴完毕期限的不确定性也将大幅提升，进而可能发生公司经营困难、公司债权人到期债权实现不能等问题。原因主要有如下3个方面：

---

[5] 蒋大兴：《"合同法"的局限：资本认缴制下的责任约束——股东私人出资承诺之公开履行》，载《现代法学》2015年第5期。

[6] 如广东省深圳市罗湖区人民法院曾提出股东在章程中约定"股东的注册资本缴足年限为自注册登记之日起99年内缴足"。即便该案已进入执行阶段，法院也未判决未届出资期限的股东对公司债务承担责任。参见深圳市汇金坊珠宝有限公司与王俊娅、孙亚非等买卖合同纠纷执行案，广东省深圳市罗湖区人民法院（2018）粤0303执异126号执行裁定书。

[7] 根据赵旭东教授的观点，2005年《公司法》对资本认缴的几项法定限制使得这一认缴制具有不完全的特征，故将其称为"不完全认缴资本制"。参见赵旭东：《资本制度变革下的资本法律责任——公司法修改的理性解读》，载《法学研究》2014年第5期。

第一，立法对股东出资期限利益的倾斜保护，[8]致使债权人利益保护陷入窘境。我国公司资本制度的变革基于激励投资、活跃市场的初衷，在制度上允许公司自身和股东弹性地使用公司资金，充分尊重股东在出资期限设置上的意思自治，且充分保护股东基于公司章程所具有的期限利益。但实际上这种对于资金的灵活使用权，极有可能被股东所利用，例如通过公司章程规定较长的出资期限，甚至恶意地以修改章程、减资、延长出资期限等手段逃避出资义务，进一步影响债权人利益之实现。[9]

第二，股东内部意思自治缺乏有效制约，对外缺乏与认缴制相配套的制度。一方面，《公司法》基于意思自治原则，充分尊重股东的期限利益，但与域外国家为债权人提供广泛的救济手段相比，我国债权人因股东违反出资义务从而请求介入公司内部治理缺少相应的制度保障。[10]另一方面，中国的资本制度改革缺乏与之相适配的法律制度，并且与《民法典》《企业破产法》等的关系也仍待协调。

第三，信息公示机制有待完善，债权人风险自担原则加重债权人义务。公司章程中关于股东出资期限、认缴金额等信息的对外公示，是打破股东与债权人之间信息壁垒的重要方式，但不论是从信息公示制度本身存在的制度缺陷来说，还是从债权人的交易成本来说，过度地将交易风险施加到债权人身上会使债权人在交易中处于劣势地位。[11]公司公示信息是债权人在与公司交易时进行理性判断的重要基础，[12]而实践中将"出资期限经公示具有公信力，债权人要自担风险"[13]作为否定出资加速到期之理由，[14]不免有加重债权人义务之嫌，是否

---

[8] 在公司资本制度上，立法者在公平和效率、债权人利益和股东利益之间都偏向了后者。参见胡改蓉：《"资本显著不足"情形下公司法人格否认制度的适用》，载《法学评论》2015年第3期。

[9] 参见济南邦容经贸有限公司与文斌等买卖合同纠纷案，山东省济南市中级人民法院(2017)鲁01民申183号民事裁定书。

[10] 参见冯果：《公司法》（第3版），武汉大学出版社2017年版，第167页。

[11] 参见沈贵明：《论公司资本登记制改革的配套措施跟进》，载《法学》2014年第4期。

[12] 参见胡田野：《公司资本制度变革后的债权人保护路径》，载《法律适用》2014年第7期。

[13] 公司章程经备案登记后对外公示，债权人有义务进行一定了解，明知出资认缴期限的，负有尊重股东期限利益的消极义务。参见李霖：《非破产情形下有限公司股东出资义务不应加速到期》，载《人民法院报》2016年12月22日，第6版。

[14] 持这种观点的案例，参见姜国超诉杨长钟申请执行人执行异议案，北京市第一中级人民法院(2017)京01民初253号民事判决书；徐希毛诉邓祥、湖北天飑电器有限公司等民间借贷纠纷案，湖北省云梦县人民法院(2016)鄂0923民初1233号民事判决书。

能由公司或者其他主体来向债权人履行告知义务值得商榷。

（二）股东出资义务加速到期之法理争议

目前，关于股东出资义务能否加速到期的问题，我国学术界存在着很大争议，主要有3种不同的观点，分别是肯定说、否定说和折中说。现阶段肯定说占主流地位。

1. 肯定说——出资义务加速到期具有正当性

支持该学说的学者认为，当公司经营困难、资不抵债之时，为平衡认缴制下股东与债权人的权利，可突破公司章程对股东出资期限的限制，要求股东承担补充赔偿责任。[15] 目前，学术界支持肯定说的理由主要有"内部约定不可对抗第三人说"[16]"资本维持原则说""公司存续目的说"[17]"公司法人人格否认说"[18] 等。以"资本维持原则说"为例，其认为资本维持原则要求公司的注册资本在一定期限内保持相对稳定的状态，当公司不能清偿到期债务时，资本维持原则能对债权人利益保护起到积极作用，且亦需适用于公司股东出资期限未届满。[19]

---

[15] 参见李建伟：《认缴制下股东出资责任加速到期研究》，载《人民司法》2015年第9期；周珺：《论公司债权人对未履行出资义务股东的直接请求权》，载《政治与法律》2016年第5期；梁上上：《未出资股东对公司债权人的补充赔偿责任》，载《中外法学》2015年第3期。

[16] "内部约定不可对抗第三人说"认为股东出资协议属于内部约定，不得向外对抗作为第三人的债权人。参见李志刚：《公司资本制度的三维视角及其法律意义——注册资本制的修改与股东的出资责任》，载《法律适用》2014年第7期。

[17] "公司存续目的说"认为在公司非破产情形下，让出资期限未届的股东对公司债务承担责任可使公司免于破产，节约了司法资源且符合成本效益原则。参见石冠彬：《论认缴登记制下股东的出资自由与限制——一个解释论视角的透视》，载《西南民族大学学报（人文社科版）》2016年第4期；章恒筑等：《认缴资本制度下的债权人诉讼救济》，载《人民司法（应用）》2016年第16期。

[18] "公司法人人格否认说"认为畸长的出资期限或多或少地证明公司存在不合理的资本安排，恶意利用意思自治原则延长股东出资期限，可视为存在逃避法律责任的故意，构成对公司独立法人人格的滥用。参见赵旭东：《资本制度变革下的资本法律责任——公司法修改的理性解读》，载《法学研究》2014年第5期；郭富青：《资本认缴登记制下出资缴纳约束机制研究》，载《法律科学（西北政法大学学报）》2017年第6期。

[19] 参见冯果、南玉梅：《论股东补充赔偿责任及发起人的资本充实责任——以公司法司法解释（三）第13条的解释和适用为中心》，载《人民司法（应用）》2016年第4期。

2. 否定说——股东享有期限利益，不承担补充赔偿责任

支持该学说的学者认为，股东出资期限利益受保护，故债权人不得请求股东承担补充赔偿责任，而使股东丧失期限利益的唯一路径是向法院申请债务人公司破产。[20] 目前，学术界支持否定说的理由主要有 4 种，即"缺乏法律依据说"[21]"风险自担原则说""严格解释法律说"[22]"其他途径救济说"[23]。以"风险自担原则说"为例，其认为公司信息公示系统已经将公司的信用状况、出资状况和资产状况进行了公示，基于公示公信原则，债权人应在交易之时谨慎评估，自行承担债权不能实现的风险。[24]

3. 折中说——出资加速与否应视具体情况而定

支持该学说的学者认为，出资加速与否要视不同条件而定，目前主要存在"经营困难说"和"债权人区分说"[25] 两种理由。折中说实质上更倾向于肯定说，但关于具体情形下的适用标准尚未具体化，可操作性不强。

纵观上述学说，不论是肯定说还是否定说，本身都承认出资义务加速到期的可能性，问题的关键在于何时或何种情形下可以加速到期，分歧源于在衡量加速到期规则的利弊之时，作出的价值判断不同[26]：肯定说基于保障债权人利益的立场，认为股东出资义务加速到期制度能切实维护债权人的合法利益，同时也节约了司法成本和经济成本；否定说站在维护立法初衷的立场上，认为目前的法律制度虽然无法同时兼顾股东和债权人的利益，但是通过对相关配套制度的完善足以达到平衡双方利益之目的。

---

[20] 参见林晓镍、韩天岚、何伟：《公司资本制度改革下股东出资义务的司法认定》，载《法律适用》2014 年第 12 期。

[21] "缺乏法律依据说"认为出资加速在现行法律体系中，不存在明确的法律规定。参见夏正芳等：《破解审判难题 统一司法尺度》，载《人民法院报》2016 年 7 月 7 日，第 8 版。

[22] 田小娟：《认缴制下股东出资加速到期问题研究》，载《时代法学》2019 年第 6 期。

[23] "其他途径救济说"存在多种可行的救济途径，如根据《民法典》合同编由债权人行使撤销权，再如扩大公司法人人格否认制度的适用范围，抑或根据《企业破产法》由债权人申请公司破产。

[24] 参见胡田野：《公司资本制度变革后的债权人保护路径》，载《法律适用》2014 年第 7 期；彭运朋：《公司资本制度改革的制度配套：以信息公示为视角》，载《法律适用》2016 年第 10 期。

[25] 参见岳卫峰：《公司非自愿债权人的法律保护》，载《法律适用》2012 年第 6 期。

[26] 参见钱玉林：《股东出资加速到期的理论证成》，载《法学研究》2020 年第 6 期。

笔者更倾向于肯定说。否定说中，"缺乏法律依据说"仅以法律尚无明确规定来否认出资义务加速到期制度的适用不具有说服力，立法本身具有滞后性，实践的发展对法律有完善作用，该理由不免有规避问题本质之嫌。"风险自担原则说"忽视了债权是民法上的一种请求权，具有相对性，不具有排他性，[27]而要求债权人尊重股东意思自治下的公司章程所规定的出资期限，理论支撑不足。"严格解释法律说"主张的严格解释之逻辑，在2013年《公司法》修正案对有关出资期限、验资程序的条文进行实质性修改后能否继续适用，有待研究。[28]"其他途径救济说"所主张的其他替代救济途径未从根本上解决问题，"打补丁"式的完善力有未逮。

支持肯定说主要有3个理由。首先，股东的期限利益是股东与其他股东以及公司之间的约定利益，这种利益自然受认缴制束缚，但是同时在非破产情况下，股东除了履行相应的约定义务，还应以其认缴的出资额为限承担对公司出资的法定义务。在公司难以履行债务时，股东应当以这种法定义务为依据加速出资。[29]其次，从公司资本稳定角度来看，认缴的资本只需在一定期限内缴付，公司实际用以维持运营的资本通常少于注册资本，此时债权人的债权之实现依赖于股东作出的出资承诺，性质上类似于一种债权实现的担保。最后，从利益平衡角度出发，对于股东期限利益的倾斜保护，已经使得债权人承担了更多的交易风险，出资加速能使二者之间的利益接近一个平衡状态。诚然，肯定说仍具有一定的缺陷，如"公司法人人格否认说"并不具有说服力，其过于扩大了"股东滥用公司法人独立地位与股东有限责任"的内涵，反而不利于保障公司法人人格之独立。关于股东出资义务是否需要加速到期的问题，肯定说与否定说仍争论不休，这两个学说本身都存在部分难以忽视的缺陷，仍需完善相关理论。司法实践经验或许能为理论困境的解决带来新的思路。

三、股东出资义务加速到期之司法选择

不同于学术界关于"股东出资义务能否加速到期"问题的探讨有着较大的

---

[27] 参见王泽鉴：《债法原理》，北京大学出版社2013年版，第60页。
[28] 参见李建伟：《认缴制下股东出资责任加速到期研究》，载《人民司法》2015年第9期。
[29] 参见钱玉林：《股东出资加速到期的理论证成》，载《法学研究》2020年第6期。

理论创新空间，司法实践因缺少相关权威性法律文件指导，更多地依赖于经验法则，在一定程度上造成了实务中类案不同判的现象。

（一）数据分析——以 2016—2021 年相关民事裁判文书为依据

在"中国裁判文书网"上，以"股东出资义务加速到期"为关键词，以"2016—2021 年"为限定时间进行检索，共有 843 个相关案例，通过筛除重复案例以及不符合要求的案例，最终有 577 个案例成为本次数据的来源。现对相关数据进行可视化分析：

1. 案件分布概况

2016—2021 年，涉股东出资义务是否需要加速到期问题的案件数量基本呈上升趋势，从 2016 年的 8 件上升到 2021 年的 152 件，而案件审级主要集中在基层人民法院和中级人民法院，案件的数量也与该省的经济水平呈正相关。

2. 法院是否支持股东出资义务加速到期

法院在处理该问题时采取了审慎支持股东出资义务加速到期的态度，大概只有 19.2% 的判决支持了加速到期，不支持率则达到 80.8%，并且在近两成的支持案件中，有部分是执行案件，即本质上是适用破产制度倒逼出资义务加速到期，但从形式上看是支持出资义务加速到期的案件。就民事案件来说，在非破产清算程序中，出资义务加速到期的适用率偏低，并且更倾向在执行阶段才判决股东提前履行出资义务，责任顺位是先公司后股东。

3. 法院裁判理由

（1）否定加速到期的判决理由

从整理的判决理由来看，法院否定股东出资义务加速到期的理由主要有：股东出资义务尚未届期；无相关法律依据；宜适用破产程序；有其他救济途径；能否清偿债务需先经执行程序；债权人风险自担；违反公司法人人格独立制度；等等（图 1）。其中，占比较高的是"股东出资义务尚未届期"和"无相关法律依据"[30]，分别达到 34.1% 和 17%，且两个理由通常情形下同时适

---

[30] 持此观点的案例如：江苏博恩大宗商品交易有限公司诉陈仪等买卖合同纠纷案，江苏省张家港市人民法院（2016）苏 0582 执 3875 号执行裁定书；中国农业发展银行安岳县支行诉安岳县绿牧农业科技发展有限公司等金融借款合同纠纷案，四川省安岳县人民法院（2020）川 2021 执异 3 号执行裁定书；淮安市华强木业有限公司诉杨加能等股东出资纠纷案，江苏省淮安市中级人民法院（2016）苏 08 民终 2897 号二审民事判决书。

用，其本质上都是找不到与之相关法律的依据。此外，"宜适用破产程序"[31]、"债权人风险自担"[32]、"能否清偿债务需先经执行程序"[33]及"有其他救济途径"[34]等理由也在不同程度上被适用，占比大都在10%左右。

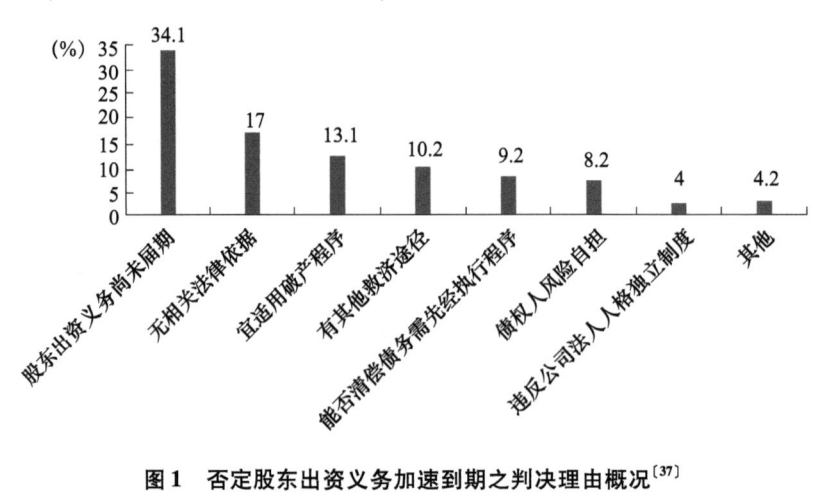

```
(%) 35 ┐ 34.1
     30 ┤
     25 ┤
     20 ┤      17
     15 ┤          13.1
     10 ┤              10.2  9.2
                                  8.2
      5 ┤                              4    4.2
      0 ┴──────────────────────────────────────
        股东  无相  宜适  有其  能否  债权  违反  其他
        出资  关法  用破  他救  清偿  人风  公司
        义务  律依  产程  济途  债务  险自  法人
        尚未  据    序    径    需先  担    人格
        届期                      经执        独立
                                  行程        制度
                                  序
```

图 1 否定股东出资义务加速到期之判决理由概况[37]

---

[31] 启动破产程序能平等保护所有债权人的合法利益，避免对债权人的个别清偿。持此观点的案例如：郭丁维等诉深圳前海华盛财富管理有限公司合同纠纷案，四川省成都市中级人民法院（2016）川01民终9848号二审民事判决书；成都东港饲料有限公司诉成都力博输送机械设备有限公司等房屋租赁合同纠纷案，成都市龙泉驿区人民法院（2017）川0112民初4482号民事判决书；常州市海盈五金科技有限公司诉谢雪等股东损害公司债权人利益责任纠纷案，江苏省常州市中级人民法院（2021）苏04民终60号二审民事判决书。

[32] 持此观点的案例如：郭振诉周德慧等房屋买卖合同纠纷案，河北省承德市中级人民法院（2021）冀08民终593号二审民事判决书；马振国诉承德蜗牛房地产经纪有限公司房屋买卖合同纠纷案，河北省承德市中级人民法院（2021）冀08民终654号二审民事判决书。

[33] 法院认为"公司不能清偿到期债务，并且资产不足以清偿全部债务或者明显缺乏清偿能力，债权人可根据《企业破产法》相关规定再行主张债权"，即债务能否清偿需要先经执行程序方能判断，但不意味着不能清偿就必须适用出资义务加速到期规则。参见魏健诉深圳市蓝天使美容有限公司等合同纠纷案，深圳市中级人民法院（2017）粤03民终15284号民事判决书。

[34] 参见张燕诉英德市红灯笼装饰设计有限公司等劳务合同纠纷案，广东省清远市中级人民法院（2021）粤18民终1514号二审民事判决书。

[35] 关于占比的说明：一份判决书中关于是否适用"加速到期"规则的理由可能不止一个，且实务中普遍存在列举多个理由进行说明的情况，故本文在统计数据时，对案件中提及的多个肯定或否定理由都进行了计数。将否定加速到期的全部判决理由视为分母1，将具体判决理由的提及频率视为分子，折合比例进行计算，进而得出某一判决理由在所有理由中的占比情况。

(2) 肯定加速到期的判决理由

整理案例可以发现，法院肯定股东出资义务加速到期的理由主要有：《会议纪要》规定的两种例外情形；扩大解释《公司法司法解释三》第 13 条第 2 款；内部约定不可对抗第三人；股东故意规避债务；《破产法》相关规定；平衡债权人利益和股东利益；可避免企业破产；权利和义务的对等性要求；其他（图 2）。其中，占比较高的是"扩大解释《公司法司法解释三》第 13 条第 2 款"[36]、"《会议纪要》规定的两种例外情形"和"内部约定不可对抗第三人"[37]。此外，"股东故意规避债务""平衡债权人利益和股东利益"[38]也在不同程度上被适用，占比分别为 12.8%、9.5%。

图中数据：
- 《会议纪要》规定的两种例外情形：18.2
- 扩大解释《公司法司法解释三》第13条第2款：16.98
- 内部约定不可对抗第三人：16.2
- 股东故意规避债务：12.8
- 《破产法》相关规定：11.39
- 平衡债权人利益和股东利益：9.5
- 可避免企业破产：7.19
- 权利和义务的对等性要求：6.69
- 其他：1.05

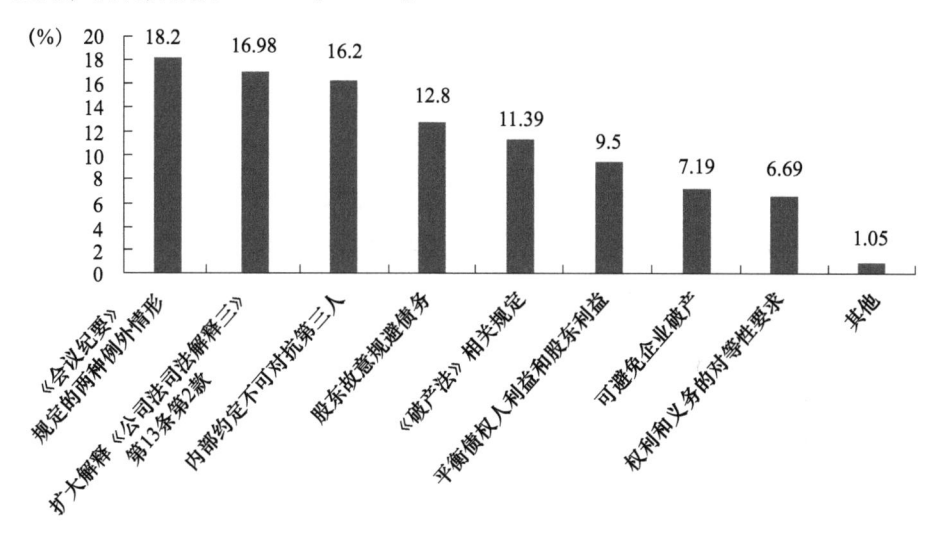

图 2　肯定股东出资义务加速到期之判决理由概况

---

[36] 持此观点的案例如：安徽省红业医药有限公司诉河北浩大医药有限公司等买卖合同纠纷案，安徽省合肥市中级人民法院（2017）皖 01 民终 6212 号二审民事判决书；童彬诉李长淼等股东出资纠纷案，浙江省温岭市人民法院（2019）浙 1081 民初 7177 号民事判决书。

[37] 持此观点的案例如：西双版纳南博有限责任公司勐腊分公司诉毛峰等仓储合同纠纷案，昆明铁路运输中级法院（2021）云 71 民终 33 号二审民事判决书；刘益平诉广州智地信息科技有限公司执行异议之诉案，广东省广州市中级人民法院（2021）粤 01 民终 5115 号二审民事判决书。

[38] 持此观点的案例如：宜兴市胜达炉料有限公司等诉陈驰公路货物运输合同纠纷案，江苏省泰州市中级人民法院（2017）苏 12 民终 1789 号二审民事判决书；宁波市北仑精诚设备安装有限公司诉沈成忠等与公司有关的纠纷案，浙江省象山县人民法院（2016）浙 0225 民初 3156 号民事判决书。

（二）困境剖析——缺乏法律依据，出资义务原则上不加速到期

1. 审慎支持出资义务加速到期

如前文所述，从统计结果来看，法院支持适用出资义务加速到期规则的仅占19.2%。就民事案件来说，在非破产清算程序中，出资义务加速到期的适用率偏低，并且更倾向在执行阶段才判决要求股东提前履行出资义务。[39]

2. 原则上否定出资义务加速到期

前文已经细数了法院不适用出资义务加速到期的理由，总体来说，司法实务中原则上否定出资义务加速到期规则的适用，并且严格限制《公司法司法解释三》第13条第2款之适用。[40]

（三）裁判理由核心争议点辨析

通过前文对裁判理由的梳理，关于股东出资义务能否加速到期问题的核心争议点有四，具体阐述如下：

1. 债权人利益与股东期限利益：两者间无先后顺位之分

资本制度的变革不免会涉及债权人和股东间利益平衡的博弈，虽然资本认缴制在一定程度上倾向于保护股东期限利益，但这是基于鼓励创业的立法本意，并不意味着对股东期限利益的保护优先于对债权人利益的保护，股东利用制度优势、法律漏洞损害债权人的合法利益、恶意逃债等现象应当警惕。法院因缺乏法律依据而审慎适用出资义务加速到期规则无可指摘，但这种常态下的裁判倾向，有传达股东期限利益优先于债权人利益的价值取向之嫌。例如，（2020）川知民终565号民事判决书、（2021）川15民终2355号民事判决书中提及：《公司法司法解释三》第13条第2款的适用前提是实缴资本制下公司不能清偿到期债务且股东未履行或者未全面履行出资义务，不适用于认缴资本制下未届出资期限的股东。实缴制和认缴制最大的差异就在于股东的期限利益，实缴制

---

[39] 仅在诉讼阶段法院就支持股东出资义务加速到期的案件有：陈文诉詹逸梓等股东损害公司债权人利益责任纠纷案，广东省深圳前海合作区人民法院（2018）粤0391民初1059号民事判决书；钟永强诉谢剑彪等装饰装修合同纠纷案，广东省珠海市中级人民法院（2016）粤04民终2599号二审民事判决书。

[40] 例如广州炜盛机电设备工程有限公司诉钱凤英合同纠纷案中，原告在申请再审时提出原审法院在适用《公司法司法解释三》第13条第2款上存在错误，广东省高级人民法院认定为该理由不成立。

下的债权人可以要求股东承担补充赔偿责任，而认缴制则不能。笔者认为，债权人利益和股东期限利益并无先后顺位之分，要正确认识出资义务的法定性和约定性，并且在公司资本制度的设计中应当将安全与效率置于同等地位，[41]在立法上效仿宽松资本制度的同时，也需建立与之配套的出资管理机制。[42]例如，美国《特拉华州普通公司法》规定董事会可随时要求未实缴的股东支付一定数额，用以支撑公司运营。[43]又如英国公司法具体规定了催缴的条件，[44]且有权在任何时候就未付出资部分进行催缴。[45]也有学者提出建立公司出资管理委员会来代替董事会进行催缴，[46]这或许不失为一种解决途径。

2.《公司法司法解释三》第13条第2款不宜过度扩大解释

笔者认为，由于资本认缴制本身具有根本性变革特质，[47]使之前对于该款适用情形的严格解释有些与现实脱轨，故要结合文义解释、目的解释等方法力求找出合理的解释路径。从文义解释角度来看，将"未履行或者未全面履行出资义务"理解为"出资期限届满，股东未完全出资"和"出资期限未届，股东未完全出资"这两种情形并无不妥，但是有违目的解释方法，可能加重股东责任。司法实践中也赞同出资期限未届，股东未完全出资的不属于"未履行或者

---

[41] 参见胡改蓉：《"资本显著不足"情形下公司法人格否认制度的适用》，载《法学评论》2015年第3期。
[42] 参见卢宁：《公司资本缴纳制度评析——兼议认缴制下股东出资义务加速到期的困境与出路》，载《中国政法大学学报》2017年第6期。
[43] 参见《特拉华州普通公司法》（最新全译本），徐文彬等译，中国法制出版社2010年版，第132页。
[44] 催缴的条件有三：一是出资义务届期；二是公司出现合同中约定的应当催缴的事由；三是董事会认为必要时以决议方式向未实缴出资的股东发出催缴通知。参见罗培新：《论资本制度变革背景下股东出资法律制度之完善》，载《法学评论》2016年第4期。
[45] See Paul L. Davies & Sarah Worthington, *Gower's Principles of Modern Company Law* (Tenth Edition), Thomson Reuters, 2016, p.260；葛伟军：《英国公司法要义》，法律出版社2014年版，第92页。
[46] 参见房国宾、周代顺：《认缴制下股东出资义务加速到期机制研究——基于公司资本制度改革视角的分析》，载《时代法学》2019年第5期。
[47] 讨论前需明确的背景前提：《公司法司法解释三》颁布时2013年新的《公司法》尚未实施，而2005年《公司法》依旧有两年或五年的最长缴资时限，此时把公司章程规定的出资期限是否届至作为判断"未履行或者未全面履行出资义务"的先决条件并不会产生任何债权人利益保护的难题，故此时采取的是严格解释方法。

未全面履行出资义务"的观点。[48]恶意利用股东意思自治来设置畸长的出资期限无疑会严重侵害债权人的合法利益，但对该种行为的规制不能仅通过扩大解释相关法律条文，更应通过特殊方法予以规制，否则可能面临法律解释与法律适用内部逻辑不能自洽的困境。

3. 债权人风险自担理论的适用缺乏完备的公司信息公示系统

债权人风险自担理论有其法理依据：公司资本信息在公示后具有公信力，债权人明知这一信息仍与之进行交易，需要承担由此可能带来的交易风险，但前提是具备完善的公司信息公示系统。不完善的公司信息公示系统可能会过度地将交易风险施加到债权人身上，增加债权人的交易成本。在司法裁判中，"债权人风险自担"理论更存在滥用的迹象，债权人所承担的交易风险畸重。

4. 破产程序不应为加速到期的唯一路径

实务中多将公司进入破产程序视为股东出资义务加速到期的法定前提，并由此排除非破产情形下加速到期规则的适用。[49]其裁判路径是，首先将破产与否设为前置条件，考虑案件是否满足破产条件或清算条件：若符合，则直接适用破产程序，不适用加速到期规则；若不符合破产条件，再进一步考虑是否存在《会议纪要》中所明定的两种例外情形，以及能否扩大解释以适用《公司法司法解释三》第13条第2款。若是，则适用加速到期规则；若否，则结合案情和债权人风险自担、内部约定不可对抗第三人等原则决定出资是否加速到期。

而此种做法的最大缺陷在于迫使债权人等待公司由一般状态进入破产状态后，方能有救济手段来维护自身利益。实际上，公司的一般状态都为非破产状态，仅在破产程序中适用加速到期规则，其范围过于狭窄。且就债权人利益而言，《企业破产法》的核心是对所有债权人利益进行平等保护，本质上是迫使债权人让渡部分权利从而得到部分清偿，基于此，多数债权人不会主动向法院申

---

[48] 持此观点的案例如：刘宝新诉林海执行异议之诉案，天津市第二中级人民法院（2021）津02民终7107号二审民事判决书；田玉旭诉曾博等执行异议之诉案，四川省德阳市中级人民法院（2021）川06民终648号二审民事判决书。

[49] 持此观点的案例如：王某甲等诉贾某某等房屋租赁合同纠纷案，山东省济南市中级人民法院（2021）鲁01民终7297号二审民事判决书；张三山等诉文志强等买卖合同纠纷案，湖南省长沙市中级人民法院（2021）湘01民终1194号二审民事判决书。

请破产从而实现债权。[50] 更重要的是，债权人也不具备相应的证明公司已具备破产条件的举证能力。因此，有必要采取"分而治之"的策略，在一些特殊的非破产情形下允许适用加速到期规则，用以平衡债权人与股东间的利益。

四、股东出资义务加速到期制度之再构成

现阶段，非破产情形下股东出资义务加速到期规则的适用多为"打补丁"式的个案适用，多数案件都要经过前文所述的流程，除司法资源浪费和诉讼效益低之外，最根源的问题在于支撑裁判的理由杂乱。如何准确地判断出资义务能否加速是当前最需要明晰的问题。

（一）客观要件：不能清偿到期债务

"不能清偿到期债务"的认定标准应当是：债权人的到期债权在法院强制执行后，仍未完全得到实现。加速到期规则的关键在于保护债权人的合法权益，公司本身的资产负债情况不属于该制度的讨论范围。具体来说，主要有以下要点：其一，公司法人人格独立，能够以其独立资产对外承担责任，股东承担责任的情形只发生在少数人格混同的情形下。即便公司已陷入"资不抵债"的困境，只要有能力清偿债务，就无须加速股东的出资期限从而向股东追责。其二，法院的强制执行程序是居间平衡债权人利益与股东利益的调节器，不论是债权人债权的真实性还是公司实际的偿债能力，都需要一个居中裁判的"中间人"，法院承担这一角色相对来说会减少双方的争议。

（二）主观判断：关于"恶意"之理解

有观点主张对未出资股东适用严格责任，即不考虑股东是否存在主观恶意，只要其在客观上存在认缴后未出资的情形，就可以适用股东出资义务加速到期规则。笔者不赞同这一观点，严格责任原则未免过于加重股东的出资义务，股东期限利益属于法律规定的合法利益，且期限利益能极大地激发资本在市场中的灵活性，应该受到保护。至于股东在出资上的"恶意"，应当理解为利用认缴制中的意思自治原则和对期限利益的保护机制，积极地逃避股东的责任和义务。具体需要结合公司章程中规定的出资期限长短、公司存续时间、股东实际出资

---

[50] 参见冯辉：《加速出资的法律构造——以公司恶意延长股东出资期限为视角》，载《现代法学》2021年第6期。

与待缴出资的比例、债权人债权的成立时间等多种因素，综合判断股东是否存在"恶意"。"恶意"与否与客观要件（不能清偿到期债务）的成就时间存在密切联系。

根据产生债务和不能清偿到期债务的两个时间节点，通过决议延长出资期限可分为以下3种情形：其一，债务产生之前。此时延长出资期限的决议并无不妥，但实务中基于公示程序和交易的时间效益考量，应强化公司在交易时的出资期限延长的告知说明义务。工商注册登记信息的变更需要一定时间，且债权人获取此类信息相对滞后，此时倘若在交易中故意隐瞒出资延期，则可以被认定为"恶意"。其二，债务产生但仍可以清偿到期债务。此时要综合考虑延期出资金额和负债金额两者间的比例，当延期出资金额大于或等于负债金额时属于"恶意"。[51]其三，不能清偿到期债务。此时，延长出资的决议当然属于"恶意"范畴。

（三）法律后果：股东承担补充责任

关于股东补充责任性质的研究，目前主要有4种学说，[52]分别为债权人代位权说、担保责任说、债权侵权说和法定责任说。笔者倾向于债权侵权说。股东出资义务的未完全履行使公司产生了债务无法清偿的可能性，而这种可能性在公司实际面临清偿困境时，转化为危害债权人债权实现的现实侵害。[53]司法实践中，一些法院依据《民法典》规定认为，出资不实的股东需要在其责任范围内对公司不能清偿的债务承担连带责任。[54]域外侵权法中也有类似的实务观点，例如在1969年美国的埃霍恩诉维斯特蒙（*Eihorn v. Westmount*）案中，对A公司有实际控制权的股东将公司最具有价值的资产转移到其控制的B公司名下，使得A公司无法清偿到期债务，最后法院认定该股东需要承担侵害债权的侵权责任。[55]当股东侵害债权人合法利益之实现时，股东需要承担在其出资范围内

---

[51] 参见冯辉：《加速出资的法律构造——以公司恶意延长股东出资期限为视角》，载《现代法学》2021年第6期。

[52] 参见李建伟：《认缴制下股东出资责任加速到期研究》，载《人民司法》2015年第9期。

[53] 参见郭富青：《股东违反出资义务时的公司债权人求偿路径》，载《财经法学》2016年第3期。

[54] 参见刘永光、许先丛主编：《公司法案例精解》，厦门大学出版社2003年版，第15页。

[55] See K. W. Wedderlurn, "Torts Out of Contracts", *Modern L. Rev.*, Vol. 33, 1970, p. 309.

的、公司不能清偿部分的责任，即补充责任。

(四) 出资义务加速到期股东的顺位

1. 第一顺位：出资违约的股东

承担加速到期责任的第一顺位人应当是出资违约的股东。股东基于内部合意规定一定的出资期限，协议已对股东产生约束力，一旦股东逾期仍未缴纳出资，至少可以认为出资违约的股东具有过错，应缴纳出资本金及利息，此时其他股东享有抗辩权。出资违约的股东因违反了出资协议，必然要对公司承担违约责任，但对债权人不需要担责，因为公司才是债权人主张债权的对象。

2. 第二顺位：出资期限未届的股东

若出资违约的股东补缴出资和利息后，债权人的到期债权仍不能实现，那么出资期限未届的股东就需要对公司债权人承担连带责任。若存在多个出资期限未届的股东，股东彼此之间承担连带责任。若股东因此受到损失，可以要求公司或其他股东协商解决。

(五) 股权转让后的担责主体

关于股权转让后的担责主体顺序问题，实务中有的观点认为，法律既然未限制尚未出资的股东在出资期限届满前转让股权，那么根据法无禁止即可为的原则，该转让行为合法成立，且出资义务由受让人继受。[56]但也有观点认为，此种情形下的股权转让问题具有明显的"溢出效应"，将会动摇公司资本充实性从而得不到法律支持，故股东在出资期限未届满前的股权转让需基于善意，并应尽到合理审慎的义务。[57]《公司法（修订草案）》也提及了这一问题，第89条规定，有限责任公司的股东转让已认缴但出资期限未届股权的，出资的义务由

---

[56] 参见青岛井生电力设备有限公司诉北京广源润科科技有限公司等申请执行人执行异议案，北京市第三中级人民法院（2021）京03民初64号民事判决书。

[57] 法院认为，当事人对其认缴的出资依法享有期限利益，拥有转让股权的自由，但股权转让的交易自由不得动摇公司资本充实性，不得损害公司债权人的合法利益。认缴出资的股权转让不仅涉及股权交易双方内部的权利分配和义务负担，还具有显著的外部溢出效应，关系到公司资本充实原则的落实，影响公司债权人债权的实现。股东认缴出资既有协商确定的合同意思自治属性，又因公司法对股东出资义务的明确规定和公司登记公示制度而具有法定属性，故公司股东因股权转让发生变动，不能当然推定认缴股东的法定出资义务随之发生转移。参见西双版纳南博有限责任公司勐腊分公司诉毛峰等仓储合同纠纷案，昆明铁路运输中级法院（2021）云71民终33号二审民事判决书。

受让人承担。笔者认为，出资期限未届的股东有权转让股权，且应根据善意与否来确定担责主体，而善意与否的证明责任将由转让股权的股东承担。理由如下：其一，股权转让基于转让方和受让方的合意而达成，是意思自治原则的贯彻落实，条件达成意味着股权可以被转让，这一点并无疑问。其二，股权转让时不能完全排除受让方和转让方合谋侵害债权人利益的情形，故转让方不能完全不承担责任。在非善意情形下，转让方仍需承担一定的责任。其三，由于股权转让时并不会给债权人发表意见的机会，股权受让方想要了解交易对手的财务情况也非易事，从证明能力和诉讼效率的角度来看，由转让股权的股东承担善意与否的举证证明责任更具合理性。

五、结　语

认缴制下股东与债权人间的利益平衡问题由来已久，"宽进严出"的资本制度设计在促进资本流通和激活市场的同时，或多或少地使得两者间的利益天平向股东方向倾斜，不利于债权人利益之保护。长远来看，公司资本制度问题牵一发而动全身，适用股东出资义务加速到期制度也无法立刻解决，其中会牵扯诸多利益主体，需要一个全面、完备的解决方案。

在设计股东出资义务加速到期制度时，要考虑到该制度并不是仅仅为了维护债权人的利益，更多的是为了平衡债权人与股东间的利益天平，达到同时维护公司利益、债权人利益和股东利益的目的。股东、公司和债权人这三者间的利益平衡点应设置在何处，值得更进一步的研究和探索。在股东出资义务加速到期制度的具体设计上，笔者认为该制度的适用条件有二：一是在客观上不能清偿到期债务，二是在主观上存在"恶意"。"恶意"应当解释为股东利用认缴制中的意思自治原则和对期限利益的保护机制，积极地逃避股东的责任和义务。这一制度适用的法律后果是股东承担补充责任，按照出资违约的股东、出资期限未届的股东之顺序进行担责。以此种模式来处理股东、公司和债权人的三方利益，或许能厘清股东自治、公司自治和债权人利益保护等多要素交织下的股东出资加速问题，从而建立起一个相对完善的股东出资义务加速到期制度。

农村妇女土地权益的依法保障研究
——基于浙江省的司法实践考察

杨 岚[*]

摘 要	我国是传统农业大国，土地问题自古以来就是受到重点关注的问题。受"从夫居"的传统习惯影响，农村妇女的土地权益在婚姻变动中被屡次侵害。虽然国家为保护女性土地权益出台了一系列法律法规，但仍不能有效解决农村妇女的土地权益保障问题。基于此，本文从司法实践出发，通过对浙江省农村妇女土地权益纠纷的司法裁判进行整理研究，发现农村妇女土地权益受侵害的原因主要是相关制度缺失，以及制度实施不到位。因此，要切实保障农村妇女土地权益必须从多个方面共同推进，包括加强法律实施，明确集体经济组织成员资格，提高村民自治水平，以及完善司法救济，等等。
关键词	农村妇女；土地权益；集体经济组织；村规民约

一、农村妇女土地权益保障沿革与现状

（一）农村妇女土地权益概念界定

新中国成立以来，我国一直采用城市和农村户口二元化管理方式，将户口分为农业户口和非农业户口。后来我国进行了户籍制度改革，取消"农业""非农业"户口性质区分，统一登记为居民户口，分为农村居民户口和城镇居民户口。《宪法》规定妇女享有同男子平等的权利，《最高人民法院关于审理拐卖妇女儿童犯罪案件具体应用法律若干问题的解释》将妇女的年龄解释为已满14周岁。因此，本文所讨论的农村妇女为年满14周岁的拥有农村居民户口的女性。

---

[*] 杨岚，杭州师范大学沈钧儒法学院硕士研究生，主要研究方向：民商法。

另外，关于农村妇女中的"外嫁女"，学界没有统一定义。本文所称的"外嫁女"是指，嫁出本村但未迁户口的女性，包括"农嫁农"女性和"农嫁非"女性，但不包括男方落户到女方家的女性，本文称之为"招婿女"。

在我国，土地权利主要包括土地所有权、土地承包经营权以及集体建设用地使用权，其中，集体建设用地又包括宅基地、公益性建设用地和经营性用地。农村土地除由法律规定属于国家所有的以外，依法属于农民集体所有，农户依法可以取得农村土地的承包权、使用权、经营权，主要指土地承包经营权和宅基地使用权。权益包括"权利"和"利益"，土地权益应包括土地权利和土地派生出的利益。土地派生出的利益不仅包括一般传统耕种产生的收益，还包括城镇化建设中国家对农村土地征收征用的补偿收益。因此，本文所指的土地权益既包括土地承包经营权、宅基地使用权这类土地权利，又包括耕种产生的经济收益、征地补偿款等土地派生利益。

农村妇女土地权益是指法律赋予农村妇女同男子平等享有的土地权利及其衍生利益的总称。基于这个概念，农村妇女享有的土地权益应该同农村男子完全相同，包括土地承包经营的权利，享受耕种带来的收益以及流转经营权带来的收益；包括使用宅基地的权利，妇女可以同男子一样作为户主申请宅基地，享有宅基地使用权；包括集体分红和征地补偿款的平等分配权，妇女能够获得同其他成员一样的待遇。

（二）浙江省农村妇女土地权益司法裁判现状分析

笔者在中国裁判文书网，以"农村妇女土地"为关键词，将地域限定为"浙江省"，不限裁判日期，截至2022年3月共检索到30篇裁判文书，其中重复1篇，不涉及妇女土地权益的1篇，最终符合要求的裁判文书共28篇。有关浙江省农村妇女土地权益的案件，中国裁判文书网自2013年才开始有记录，2013年、2015年分别有3篇，2016年、2017年分别有4篇，2018年有3篇，2019年有6篇，2020年有4篇，2021年仅有1篇。

根据妇女主体类型划分，所有裁判文书中，涉及未婚女性的共3篇，涉及"外嫁女"的共14篇，涉及"招婿女"的共1篇，涉及离婚妇女的共7篇，剩余3篇无法判断当事人妇女的类型。由此可见，"外嫁女"的土地权益保障十分值得关注。

根据案件争议内容划分，检索到的裁判文书中，涉及集体建设用地使用权的有 1 篇，涉及土地承包经营权的有 2 篇，涉及安置地和安置房的有 7 篇，涉及集体资产分配的有 8 篇，涉及集体土地征收征用补偿款的有 7 篇，涉及集体成员资格认定的有 5 篇，涉及分红、股权分配的有 2 篇。部分裁判文书有重合，个别案件中有多项争议内容。梳理可知，因土地权利发生争议的较少，仅有 3 篇；因土地权利派生出来的利益发生争议的较多。

根据被告主体类型划分，裁判文书中，被告为家庭成员的有 2 篇，被告为人民政府的有 5 篇，被告为村民小组、村委会以及经济合作社的有 21 篇。农村妇女与村民小组、村委会、经济合作社发生争议的最多，远远超出其他类型的被告。

根据案件类型划分，行政案件裁判文书有 6 篇，民事案件裁判文书有 22 篇。行政案件中一审裁判文书有 4 篇，二审裁判文书有 2 篇；民事案件中一审裁判文书有 7 篇，二审裁判文书有 15 篇。由此可知，有关农村妇女土地权益的案件既可能是行政案件，又可能是民事案件，且以民事案件居多。

在农村妇女土地权益受侵害的方式上，有 20 个案例涉及村民自治的村规民约、村民会议通过分配方案以及其他决议的方式限制或剥夺农村妇女土地权益；有 2 个案例属于户内侵害，即家庭内部成员侵害农村妇女土地权益；有 2 个案例是以不平等的政府文件侵害农村妇女土地权益，妇女在同等条件下却不能享有与男人同等的土地权益。涉及户内侵害的案例仅有 2 例，占 7%，涉及户外侵害的案例占 93%，远远大于户内侵害的比例，是农村妇女土地权益受侵害的主要来源。

在法院的裁判结果中，有 8 篇裁判文书以超出诉讼范围和超过诉讼时效为由不予受理或驳回起诉，有 13 篇判决文书不予支持妇女的诉讼请求，有 7 篇判决文书支持了妇女的诉讼请求。在不支持妇女诉讼请求的判决文书中，有 9 篇认为该妇女的争议内容属于村民自治范围，经村民代表会议表决通过，程序合法，决议有效；有 1 篇判决文书认为该妇女无法证明其具有涉案集体经济组织成员资格，对其诉讼请求不予支持。

二、农村妇女土地权益受侵害的类型化分析

（一）土地权益受侵害的妇女类型分析

对浙江省有关农村妇女的土地案件进行统计，发现农村妇女土地权益案件

原告类型可以分为未婚女性、"外嫁女"、"招婿女"及离婚妇女。

1. 未婚女性土地权益受侵害

虽然现行法律明文规定男女都平等地享有各种土地权益，但受封建观念影响较深，仍有一些地方存在"重男轻女"思想，导致这些地方的女性无法享有应得的土地权益。另外，在"土地承包三十年不变"政策和"大稳定、小调整"的原则下，有些村庄便以减少调整为由，在土地分配中采取"测婚测嫁"和"预测人口"的办法，对未婚男女差别对待。[1] 未婚女性达到结婚年龄就以出嫁为由预先剥夺土地权益，未婚男性达到结婚年龄则以要结婚生子为由预先取得"未来媳妇"和"未来孩子"的土地权益，有些村庄甚至明确规定已满18周岁的妇女不再享有土地权益。未满18周岁的女性为限制民事行为能力人，其土地权益实际由其法定代理人代为管理，满18周岁后土地被集体经济组织收回，导致未婚女性从始至终并未真正拥有过土地权益。

例如，许校生等诉杭州市萧山区人民政府新湾街道办事处房屋拆迁管理一案[2]中，村民许校生、应杏花育有一儿一女，因城市示范村改造项目签订《拆迁补偿安置协议》，约定甲方补偿乙方安置面积280平方米。安置政策规定：28周岁（含）以上、60周岁（不含）以下大龄未婚青年（男性或符合入赘条件的女性）按两人计算安置人口。因此，许校生、应杏花要求对已满28周岁的女儿许应册按两人计算安置人口。该安置政策规定28—60周岁的大龄未婚男性就可以按两人计算安置人口，但28—60周岁的大龄未婚女性要想按两人计算安置人口，则需要在男性条件的基础上再加上"符合入赘"的条件。同样的情形下，女性想获得同男性一样的土地权益，就比男性多一个条件。《民法典》第1050条规定："登记结婚后，按照男女双方约定，女方可以成为男方家庭的成员，男方可以成为女方家庭的成员。"由此可知，男女双方结婚后既可以选择去女方家生活，也可以选择去男方家生活，现有法律并无"入赘"的说法。但该政策默认男女结婚，女方应当去男方家生活，仅对满足年龄的男性"预测人口"，这种差别对待违反男女平等原则。

---

[1] 参见张笑寒：《中国农村妇女土地权益流失探析》，南京大学出版社2019年版，第85页。
[2] 参见许校生等诉杭州市萧山区人民政府新湾街道办事处房屋拆迁管理案，浙江省杭州市中级人民法院（2020）浙01行终793号行政判决书。

又例如，蒋玲玲诉温岭市城西街道王府基村经济合作社等侵害集体经济组织成员权益纠纷一案。[3]蒋玲玲为原温岭市太平镇王府基村1队居民，从王府基村经济合作社处承包土地，要求王府基村村委会支付收益分配或股权分红13600元。王府基村村委会辩称，王府基村村民代表会议通过《城西街道王府基村村民福利享受办法》，载明："本村女性嫁入男方户口应迁未迁的（以结婚登记为准）、未婚生育、已办过酒席的本人及子女，……不享受王府基村村民的相关福利。"经调查，蒋玲玲未婚生育一女，户口一直在王府基村至今。蒋玲玲未登记结婚，便生有一女，在法律上也应属于未婚妇女，王府基村经济合作社以事实婚姻为由收回蒋玲玲的土地权益，实则是在利用"测婚测嫁"剥夺未婚女性的土地权益。

2. "外嫁女"土地权益受侵害

"外嫁女"是指已结婚出嫁的妇女，包括嫁给本村、嫁给外村以及嫁给城镇居民三类情形，其中嫁给本村的妇女不涉及户口迁移及土地流动，土地权益极少被侵害，嫁出本村的"外嫁女"因涉及户口迁移、土地流动等问题，更易面临土地权益被侵害的困境。对浙江省农村妇女土地权益案件进行统计，发现28篇有关农村妇女土地权益的裁判文书中有14篇涉及"外嫁女"的土地权益，占总数的一半。另外，根据丈夫的户口类型，"外嫁女"可分为"农嫁农"妇女和"农嫁非"妇女。

（1）"农嫁农"妇女

"外嫁女"是最易受到侵害的主体之一，造成失地的原因主要有以下两个方面。一是在"增人不增地，减人不减地"的政策下，农村的"外嫁女"结婚后离开承包地，造成了人与地分离的情况。"外嫁女"所有的土地权益不在其支配控制下，久而久之就会被他人侵占。二是现行农村土地的分配制度，大多实行村民自治，由于各地区的风俗文化不同，各集体经济组织制定的土地分配和流转方案不同，村与村之间的规定不能有效衔接。这导致"外嫁女"在婚姻关系或居住地发生变更后，其名下的土地会被集体经济组织强制收回或被家庭成员侵占，然而新居住地的集体经济组织又以当地村规民约为限制，不给新加入的

---

[3] 参见蒋玲玲诉温岭市城西街道王府基村经济合作社等侵害集体经济组织成员权益纠纷案，浙江省台州市中级人民法院（2019）浙10民终832号民事判决书。

妇女分配土地。有的村明确规定："凡户口可以迁出的村民，必须迁出，不迁出者一律不得分配和承包责任地，已出嫁妇女无论户口是否迁出，都不再享有集体土地的承包经营权和使用权，不能享受土地的安置补偿费。"[4]

例如，金小琴诉山嘴头经济合作社侵害集体经济组织成员权益纠纷一案。[5]金小琴是山嘴头经济合作社社员和该合作社区域居民，后与永康市舟山镇石塘徐村村民徐俊某登记结婚，婚后金小琴并未迁移户口，也未享受丈夫所在村集体经济组织的成员待遇。山嘴头经济合作社向社员分配"四破"土地款和分红，但未向金小琴支付。山嘴头经济合作社认为金小琴不具有该合作社成员资格，不应分配，因金小琴婚后不在本村生活，与其无实际生产生活联系，同时征地补偿款如何分配亦属于村民民主自治内容，通过村民代表会议讨论决定合法有效。山嘴头经济合作社以金小琴不在本村生活为由，不承认其成员资格，拒绝向其支付"四破"土地款和分红。

（2）"农嫁非"妇女

随着城乡一体化进程加快，农村人口流失非常严重，越来越多的农村女性选择在城市安家、结婚生子。因"农转非"手续烦琐以及土地增值等原因，个别"农嫁非"妇女没有选择在城市落户，而是将户口继续留在农村。村集体以"妇女婚后户口应迁至夫家"为由，强行收回土地，剥夺成员资格，造成了"农嫁非"妇女在农村没有土地，在城市没有户口，无法享受村民待遇，也不能享受城市福利的尴尬局面，使"农嫁非"妇女成了"农村与城镇的边缘人"。[6]与母亲户口落在一起的子女，因母亲村民资格未被确认，孩子自出生也不能享受村民待遇。

例如，水欣苗诉宁海县跃龙街道坑龙王经济合作社侵害集体经济组织成员权益纠纷一案。[7]水欣苗系坑龙王村村民，母亲系"农嫁非"妇女，其随母亲

---

[4] 吴治平主编：《中国流动妇女土地权益状况调查》，社会科学文献出版社2010年版，第26页。

[5] 参见金小琴诉山嘴头经济合作社侵害集体经济组织成员权益纠纷案，浙江省金华市婺城区人民法院（2019）浙0702民初9788号民事判决书。

[6] 参见赵志国：《保护农村妇女土地权益问题的法律探析》，载《衡水学院学报》2005年第4期。

[7] 参见水欣苗诉宁海县跃龙街道坑龙王经济合作社侵害集体经济组织成员权益纠纷案，浙江省宁海县人民法院（2016）浙0226民初1712号民事裁定书。

户口落在坑龙王村。水欣苗自幼在坑龙王村生活成长,自出生以来一直享有各项村民待遇,包括医疗待遇、选举权和被选举权等,多次分配到土地征用款项。水欣苗认为其虽系"农嫁非"子女,但其天然具有坑龙王村集体经济组织成员资格,理应和其他社员一样享有同等股权待遇即分配股权100股。宁海县跃龙街道坑龙王经济合作社股份合作制改革实施方案规定,"农嫁非"妇女的子女不得享受股权待遇,由此剥夺了水欣苗的村民待遇,不向其分配股权。

3. "招婿女"土地权益受侵害

随着男女平等思想和观念的深入人心,无论是女方加入男方家庭生活,还是男方加入女方家庭生活都受法律保护。因此,越来越多经济发达地方的已婚女性选择将户口留在原地,并将男方的户口迁至本村。但受封建残余思想严重影响,仍有一些农村针对男方加入女方家庭生活的情形制定了诸多限制。例如,许校生等诉杭州市萧山区人民政府新湾街道办事处房屋拆迁管理案中,就规定"符合入赘条件的女性"是指独生女或多女家庭,为了保障女方父母养老问题,才允许男方加入女方家庭。此外,还以家庭为单位,一个家庭只允许一名男性入户。另外,在分配利益上,入户的男性不能同本村的其他村民享有同等的待遇。这种对入户男性的区别对待,实则是对农村妇女权益的一种变相侵害。

例如,在范正宏诉安吉县昌硕街道余墩社区下凉亭组承包地征收补偿费用分配纠纷一案[8]中,范正宏与下凉亭组村民竺月云结婚入赘至竺周康户,户籍登记在余墩社区6组2下凉亭组,在该村享有股权份额,属于安吉县昌硕街道余墩社区下凉亭组集体经济组织成员,享有本集体经济组织成员的权利,也当然享有下凉亭组集体经济组织收益分配请求权。后下凉亭组将安吉县人民政府留给下凉亭组的留地安置地块转让给金星,对于该笔土地转让款,下凉亭组在本组村民之间进行分配,但下凉亭组通过会议决议取消范正宏的分配资格。

4. 离婚妇女土地权益受侵害

离婚是妇女失去土地权益的重要原因之一,在浙江省农村妇女土地权益案件中的数量仅次于"外嫁女"的数量。尽管《妇女权益保障法》规定任何人不得以离婚为由侵害妇女的土地权益,但在实践中因离婚导致土地权益被侵害的

---

[8] 参见范正宏诉安吉县昌硕街道余墩社区下凉亭组承包地征收补偿费用分配纠纷案,浙江省安吉县人民法院(2018)浙0523民初3943号民事裁定书。

妇女仍不在少数。现实中，离婚丧偶妇女不仅受到原夫家排斥，被夫家集体经济组织要求返回一半土地或者强行收回所有土地，还受到娘家集体经济组织的限制，以制定了"出嫁妇女离婚或丧偶后，将户口迁回本村，不予分配"的分配方案为由，拒绝向离婚丧偶妇女分配土地权益。

例如，戴仙引诉瑞安市塘下镇鲍二村股份经济合作社、瑞安市塘下镇鲍二村村民委员会侵害集体经济组织成员权益纠纷一案。[9]戴仙引原系鲍二村村民，结婚后将户口迁至凰湾村，获得凰湾村的二轮承包土地。离婚后，其将户口迁回鲍二村，并登记在母亲吕碎奶户内，至今一直居住在鲍二村。鲍二村对下垟田返回款制定了《鲍二村下垟田返回款分配方案》，其中规定"出嫁妇女离婚或丧偶后，户口回迁在本村，其本人及其子女一律不予分配"等内容。鲍二村称戴仙引因结婚嫁至其他村，在凰湾村享有承包土地，属于凰湾村的经济组织成员，虽然其因离婚将户口迁回了鲍二村，但户口迁回时鲍二村承包土地已经分配完毕，凰湾村应当为其保留承包土地，与鲍二村村集体无关。

（二）农村妇女受侵害的土地权益类型分析

农村的土地属于村集体成员集体所有，农民依法可以取得土地相关权利，包括土地承包经营权和宅基地使用权，在获得土地权利的基础上，农民还可以获得传统耕种收益以及国家对农村土地征收征用的补偿等收益。

1. 农村妇女土地权利受侵害

（1）农村妇女的土地承包经营权受到侵害

土地承包经营权是承包人与发包人签订土地承包经营权合同而获得的在他人土地上从事农业生产的权利。农村集体土地在法律上只能以"户"为单位进行承包，受传统习惯影响，农村妇女很难成为户主，因此名义上家庭承包的农村土地，实际上大多由男性控制。为了保护农村妇女土地权益，《农村土地承包法》第16条第2款规定："农户内家庭成员依法平等享有承包土地的各项权益。"但在"增人不增地、减人不减地"的土地政策下，婚姻发生变动的妇女无法真正将自己的那份土地权益紧握在手中。

---

[9] 参见戴仙引诉瑞安市塘下镇鲍二村股份经济合作社、瑞安市塘下镇鲍二村村民委员会侵害集体经济组织成员权益纠纷案，浙江省温州市中级人民法院（2019）浙03民终5550号民事判决书。

例如，夏美聪诉夏美金土地承包经营权确权纠纷一案。[10]夏美聪和夏美金系养兄弟姐妹关系。第一轮土地承包时，夏美聪、夏美金、夏美聪父母及夏美聪姐姐夏美英、夏美姿共6人从会溪村第二生产队分得6口人的责任田，并以父亲夏恒发为户主进行登记。后夏美聪嫁给黄田镇中际村村民刘长友，户口留在原籍会溪村未迁到夫家。夏美聪与刘长友离婚后，回到原籍会溪村居住生活。夏美聪向夏美金提出要耕种和管理婚嫁时留给父母耕种属于自己的那份责任田和自留山时，遭到夏美金的拒绝。夏美金认为夏美聪出嫁后跟丈夫一起生活，属于丈夫家庭的家庭成员，已经脱离了原有家庭，不是娘家的家庭成员，但其土地承包经营权集体也不会收回，而是由其他家庭成员继续享有。

（2）农村妇女的宅基地使用权受到侵害

宅基地使用权具有很强的身份属性，只能由本集体的成员向集体经济组织申请，只能在集体经济组织内部流转，经济属性较弱。因此，一般情况下妇女的宅基地使用权不会受到太大的侵害，只有当家庭发生巨大变化时，例如夫妻双方婚姻破裂，基于"一户一宅"原则，离婚妇女不能以个人名义申请宅基地。

例如，金素君诉温岭市横峰街道横峰村村民委员会不履行法定职责案。[11]金素君为温岭市横峰街道横峰村村民，在该村分得承包田。离异后，因前夫为军人故户口一直未迁出，至今单身，而后温岭市公安局为金素君单列分户。这次得知村里给符合条件的村民报批宅基地，遂提交了建房用地申请。温岭市横峰街道横峰村村民委员会发布通知，载明："经村两委商量决定，全村村民每户5个人以上现只有1间住房的，请把户口簿复印件和现有住房土地证复印件送到村文化礼堂底楼便民服务中心办公室……"温岭市横峰街道横峰村村民委员会认为本次建房是针对家庭人口5人以上但只有1处住宅的村民，金素君不符合本次建房用地申请条件，故村委会经讨论决定不予安排。

2. 农村妇女土地派生利益受侵害

涉及农村妇女土地权益的案件中，有关土地经济收益及征地补偿的占比是最大的。浙江省关于农村妇女土地权益的案件中，涉及土地派生利益的占85%，

---

[10] 参见夏美聪诉夏美金土地承包经营权确权纠纷案，浙江省庆元县人民法院（2013）丽庆民初字第426号民事裁定书。

[11] 参见金素君诉温岭市横峰街道横峰村村民委员会不履行法定职责案，浙江省温岭市人民法院（2020）浙1081行初76号行政判决书。

包括集体资产分配、集体土地征收征用补偿款、集体的分红和股权分配等利益。与土地权利不同，征地补偿款等派生利益直接涉及经济利益的分配，由此带来的矛盾冲突更加尖锐。[12]

例如，莲都区南明山街道章巷村第四村民小组诉曾金凤侵害集体经济组织成员权益纠纷一案。[13]曾金凤登记结婚后，将户口迁入第四村民小组，具有股东资格并享有股权。曾金凤要求第四村民小组支付土地征收补偿款，第四村民小组辩称，曾金凤是村民项建平的第二任妻子，由于项建平的第一任妻子在离婚后没有将户口迁出本小组，小组全体成员都不同意其户口迁入。为此，项建平出具书面承诺："我国现行法制男女一夫一妻制度，对集体待遇，我家只享受一人，如有其他事情发生，由本户承担全部责任。"第四村民小组为了使成员能平均分配到更多的土地补偿，从而限制户口迁入，侵害了曾金凤的利益。

三、农村妇女土地权益受侵害原因分析

（一）"从夫居"的传统习惯

受"从夫居"的传统习惯影响，农村妇女婚后被默认要加入男方家庭生活，不再享有娘家的土地权益，针对未婚妇女，甚至以"测婚测嫁"为由提前收回其土地权益。

1. 传统观念影响农村妇女地位

我国自古就是一个传统农业大国，男性是当时社会生产的主要劳动力，是财富的创造者和主要拥有者。一个家族的实力主要取决于男性的数量，于是就产生了"父权制"文化、"从夫居"等传统思想观念。受此影响，虽然《村民委员会组织法》规定了基层自治组织中应有女性成员，但实际上除了妇女主任这一明确要求由女性担任的职位，其余的职位多由男性担任。2019年，村委会成员中女性占比为23.8%，较上年略微下降；村委会主任中女性占比为11.9%，比上年提高0.8%。[14]随着近年经济文化的发展，女性地位也有大幅提高，即便

---

[12] 参见张笑寒：《中国农村妇女土地权益流失探析》，南京大学出版社2019年版，第97页。
[13] 参见莲都区南明山街道章巷村第四村民小组诉曾金凤侵害集体经济组织成员权益纠纷案，浙江省丽水市中级人民法院（2020）浙11民终1084号民事判决书。
[14] 参见第三期中国妇女社会地位调查课题组：《第三期中国妇女社会地位调查主要数据报告》，载《妇女研究论丛》2011年第6期。

如此女性的参政率依然远低于男性，男性参与决策的人数是女性的 3—4 倍，女性在决策中依然无法起到决定作用。另外，在领导干部层面，女性的占比更是低于男性，男性领导制定决策时，很难设身处地地从女性角度出发，女性权益通常会被忽略，女性群体缺少话语权从而导致女性权益受到侵害。

2. 农村妇女土地权益被家户掩盖

《农村土地承包法》第 16 条明确规定了家庭承包主体为农户，《土地管理法实施条例》第 34 条也明确规定农村村民应以户为单位申请宅基地。基于"从夫居"的传统习惯，一个农户家庭的户主被默认为男性。虽然 2018 年 12 月通过的《农村土地承包法》第 24 条规定土地确权证书上应将全部家庭成员列入，但由于土地确权工作至 2018 年年底已经基本完成，新修正的《农村土地承包法》不能保证农村妇女的名字都出现在土地确权证书上，妇女的土地权益仍有可能被家户掩盖。另外，家庭中强调的是共同共有关系，成员各自的财产份额并不清楚，一旦关系破裂，就必然导致个别成员的利益被挤压。实践中，在土地稳定的原则之下，家户承包申请的土地是固定不变的，家庭中妇女所享有的土地权益也被计入其中。但是农村妇女会因婚姻变动而具有流动性，妇女在家户中所享有的土地权益不能随妇女的流动而流动，农村妇女个人的土地权益最终可能会被家庭或家庭成员占有。

(二) 集体经济组织成员权被非法剥夺

1. 农村妇女成员资格缺乏统一认定标准

我国现行法律至今没有对集体经济组织的成员资格作出明确规定，这被当前学界视为最严重的法律漏洞之一。法律一方面要求妇女应具有某村集体经济组织成员的身份才能取得土地承包权，另一方面又缺乏界定集体经济组织成员身份的统一标准。[15] 现在的成员资格认定标准主要包括单一户籍标准和混合标准。

(1) 单一户籍标准

单一户籍标准是指以户籍作为认定集体经济组织成员资格的唯一标准，落户在本集体的，即认为拥有本集体经济组织成员资格。例如《湖北省农村集体

---

[15] 参见张笑寒:《中国农村妇女土地权益流失探析》，南京大学出版社 2019 年版，第 130—131 页。

经济组织管理办法》第 15 条规定:"凡户籍在经济合作社或经济联合社范围内,年满 16 周岁的农民,均为其户籍所在地农村集体经济组织的社员。户口迁出者,除法律、法规和社章另有规定外,其社员资格随之取消;其社员的权利、义务在办理终止承包合同、清理债权债务等手续后,亦同时终止。"单一户籍标准容易判断,在熟人社会的农村不失为一个实用、好操作的标准。但近年来农村人口流失严重,"人户分离""空挂户"的情况越来越多。同时,近些年房地产经济快速发展,土地征收较多,在利益的驱使下,某些集体经济组织成员数量畸形膨胀。当出现"人户分离"现象时,如果其并未与某种利益关系挂钩,还体现不出其实际后果,一旦其承载了某种实际利益,即会引起难以调和的矛盾。[16]

(2) 混合标准

单一的户籍标准不能适用于所有情形,不利于农村经济的发展,因此又产生了一些以户籍认定为基础,各地方认为有利于保障农民权益以及集体经济组织高质量发展的混合标准。

其一,"户籍+生活居住"标准。该标准在认定成员资格时,要求成员除了具有户口,还需要在本集体内长期生产生活。例如 2010 年修正的《新疆维吾尔自治区实施〈中华人民共和国农村土地承包法〉办法》第 7 条规定,本集体经济组织成员是指户籍关系在本村的常住人员,在户籍的基础上增加了常住条件。该认定标准增加了"生活居住"条件,确实解决了部分户口与居住地不一致的"空挂户"问题,但仍存在一定的局限性。改革开放以来,全国大量人口自由流动,农村青壮年外出务工、经商增多。这些人需要长期脱离本集体经济组织所在地的生产、生活,但他们一般仍需要以本集体经济组织的土地作为社会基本保障。[17] 以"居住条件"来限制外出务工、经商人员在外生活,是对他们基本生活权利的剥夺,不利于集体经济组织成员的生存以及集体经济组织的发展。

其二,"户籍+履行相关义务"标准。该标准以拥有户籍为基础,根据宪法规定的权利义务一致原则,附加履行集体经济组织规定的义务作为条件,同时

---

[16] 参见林苇:《论农村集体经济组织成员资格的界定——以征地款分配纠纷为视角》,载《湖北行政学院学报》2008 年第 3 期。

[17] 参见于毅:《浅议农村集体经济组织成员资格的界定》,载《农业经济》2014 年第 6 期。

满足要求才能被认定为该组织成员。例如《广东省农村集体经济组织管理规定》第 15 条规定："……户口保留在农村集体经济组织所在地，履行法律法规和组织章程规定义务的，属于农村集体经济组织的成员。"以"履行相关义务"为标准，不会使外出务工、经商人员因长期居住在外地而丧失成员资格，另外将户籍和履行相关义务结合起来，符合基层实际情况。但该标准存在难以判断成员是否履行义务的问题，尤其是农业税取消以后，成员不再向集体缴纳相关提留费用。[18]除此之外，"履行相关义务"条件还有可能将无力履行义务的农民排除在外，他们是弱势群体中的弱势群体，更需要集体保障，但适用"履行相关义务"认定成员资格，恰恰使其无法获得集体保障，这与我国建立农村土地集体所有制的初心相违背。[19]

其三，"户籍＋土地生活保障"标准。该标准在考虑户籍因素的基础上，认定具有资格的成员必须将土地作为生活唯一保障。例如《海南省高级人民法院关于审理农村集体经济组织土地补偿费分配纠纷案件若干问题的意见（试行）》第 3 条规定，认定农村集体经济组织成员资格的基本依据是以集体所有的土地为基本生活保障，兼顾考虑是否在本集体有户籍，是否在本集体形成较固定的生产、生活关系。在未获得长期稳定的城镇居民社会保障的情况下，土地权益仍是不可替代的基本保障，不应就此认定丧失农村集体经济组织成员资格。以土地生活保障作为认定资格的标准之一，有利于保护外出务工、经商人员，无力履行义务的农村弱势群体，"农嫁非"妇女等需要以土地作为生活保障的群体。

2. 集体经济组织对妇女的成员资格不予认定

集体经济组织成员资格认定标准不一，影响土地权益取得的主体资格。因妇女在婚姻变动后具有流动性，婚后需重新加入集体经济组织，故妇女土地权益受资格认定影响要远大于男性。现行法大多规定，成员资格由集体经济组织或村民委员会通过村民自治的方式认定。例如 2021 年施行的《新疆维吾尔自治区实施〈中华人民共和国农村土地承包法〉办法》第 7 条就规定了农村集体经

---

[18] 参见张昕、钟玉文：《"三权分置"背景下农民集体成员资格的认定》，载《河北农业大学学报（社会科学版）》2021 年第 5 期。

[19] 参见肖新喜：《论农村集体经济组织成员身份的确认标准》，载《湖南师范大学社会科学学报》2020 年第 6 期。

济组织成员身份应由本集体经济组织依法确认。《广东省农村集体经济组织管理规定》第8条也规定了农村集体经济组织章程应载明成员资格及其权利、义务。因此，实践中将成员资格的认定权力下放给基层自治组织，由当地集体经济组织或村民委员会根据情况依法制定标准。但因长期受封建观念影响，村民文化水平不高、法律意识淡薄，制定出的成员资格认定标准不合理、不合法，成为侵害农村妇女土地权益的依据。司法实践中，"外嫁女"嫁出本村但未迁户口，村集体就以未在该集体长期生活，未融入集体经济组织为由剥夺妇女的成员资格。这种认定标准系混合标准中的第一种，以"生活居住"作为主要认定条件。在此标准下，长期在外生活的外出务工、经商人员都应被剥夺成员资格，但实践中大多只有妇女被剥夺成员资格。

（三）村规民约不合法

针对农村管理有两种法律，一种是"国家法"，另一种是"民间法"。"国家法"即国家制定的法律、法规、规章等；"民间法"即村规民约，是由本村村民结合本地风俗、习惯、道德，制定的对本地村民起到自我约束作用的规定，但因村民文化水平不高、法律意识淡薄，易造成村规民约与法律法规相违背的问题。

1. 村规民约制定程序违法

村规民约是村民自我管理、自我服务、自我教育、自我约束的制度，但因村委会的自治权大、成员文化水平低，造成村规民约在制定过程中违反法律规定，侵害农村妇女的土地权益。《村民委员会组织法》第21条、第22条规定，召开村民会议需提前10天通知村民，由本村过半数的成年村民或者2/3以上的户的代表参加才能正常召开，并且村民会议所作出的决定必须经参会人员的过半数通过，但实际上农村村委会很少遵守这些规定。针对村民会议的召开，有的村委会仅在前一天晚上或者当天通知村民，参会人数不足的情况下继续召开，有的甚至不通知村民就召开。至于村民会议决议，大多由村委会自己制定，自己决定，召开会议仅仅是为了符合形式上的流程。因此，村规民约大多是在没有村民参与的情况下诞生的，却约束着村民的行为，侵害妇女的土地权益。

2. 村规民约制定内容违法

根据《村民委员会组织法》第27条，村规民约的制定必须依法进行，符合法律规定、政策要求。但实践中村规民约的内容却存在着与法律相违背的情形，例如村规民约中不但没有体现男女平等原则，甚至还存在"男尊女卑"的封建思想。另外，2005年修正的《妇女权益保障法》第33条就明确了不得以妇女婚姻变动为由侵害其土地权益，但十几年后仍然存在着村规民约侵害妇女权益的情形。例如，蒋玲玲诉温岭市城西街道王府基村经济合作社等侵害集体经济组织成员权益纠纷案，[20]当地村民代表会议通过的《城西街道王府基村村民福利享受办法》中载明："本村女性嫁入男方户口应迁未迁的（以结婚登记为准）、未婚生育、已办过酒席的本人及子女，……不享受王府基村村民的相关福利。"王府基村制定的《城西街道王府基村村民福利享受办法》在程序上符合法律规定，但在内容上，村集体以事实婚姻限制妇女取得土地权益，明显违背《妇女权益保障法》的规定。

（四）司法救济不力

法律救济具有终局性，这是农村妇女土地权益保障的最后屏障。《农村土地承包法》第55条第2款、《村民委员会组织法》第36条、《土地管理法》第14条、《妇女权益保障法》第55条都规定了有关法律救济的内容，对村委会决定不服、对政府土地权益纠纷处理决定不服、侵害妇女权益的，都可以选择向法院提起诉讼。虽然相关法律都规定了救济方式，但在诉讼中还有一些问题阻碍了农村妇女维权。

1. 诉讼受理混乱

农村集体经济组织成员资格认定问题在司法实践中存在较大争议，有学者认为，成员资格应由该集体经济组织村民会议、村民代表会议或农业行政主管部门确认，如对确认部门的决定不服，应向法院提起行政诉讼。还有学者认为，法律规定村民自治决定不能与宪法、法律相违背，成员资格的确定关系到该组织成员能否享受集体收益分配，涉及该组织成员的财产权利，应在民事诉讼中确认。[21]在现有的司法裁判中，诉讼请求为确认成员资格的大多为行政诉讼案

---

[20] 参见蒋玲玲诉温岭市城西街道王府基村经济合作社等侵害集体经济组织成员权益纠纷案，浙江省台州市中级人民法院（2019）浙10民终832号民事判决书。
[21] 参见沈伟、徐鸣：《农村集体经济组织成员资格认定应当有法可依》，载江西法院网，https://jxfy.chinacourt.gov.cn/article/detail/2011/11/id/2206928.shtml，最后访问日期：2023年5月17日。

件，例如曹林芳诉萧山区蜀山街道曹家桥社区居民委员会等侵害集体经济组织成员权益纠纷一案[22]，水欣苗诉宁海县跃龙街道坑龙王经济合作社侵害集体经济组织成员权益纠纷一案[23]，法院都以诉讼请求涉及集体经济组织成员资格确认问题，不属于人民法院民事诉讼的受案范围为由予以驳回；但同时也存在成员资格认定请求在民事诉讼中被受理的判决，例如戴仙引诉瑞安市塘下镇鲍二村股份经济合作社、瑞安市塘下镇鲍二村村民委员会侵害集体经济组织成员权益纠纷一案[24]，法院在民事诉讼中对戴仙引的鲍二村集体经济组织成员资格予以认定。另外，确认集体经济组织成员身份的诉讼请求通常与妇女土地利益联系在一起。因司法裁判中资格确认案件大多在行政诉讼中受理，若提起民事诉讼，法官就会以集体经济组织成员资格认定问题不属于人民法院民事案件的受理范围为由驳回起诉；若提起行政诉讼，法官就只处理资格认定问题，驳回支付请求。诉讼程序的烦琐，增加了农村妇女的维权成本，阻碍了农村妇女选择法律救济。

2. 判决难以执行

农村妇女即使通过司法渠道，历经诸多困难后胜诉，也还会面临执行难的问题。土地权益案件涉及多数人的利益，有的甚至是妇女一个人和整个村集体经济组织成员发生纠纷。虽然权益分到每个成员身上的并不多，但判决执行起来非常困难。这类案件在执行过程中会遭到村委会的阻碍，不仅对法院的判决置之不理，甚至可能暴力抵抗执行。例如，在安徽省桐城市，审判长胡立平无奈地说："五位出嫁女作为原告要求人均补偿 4109 元，平均到每个村民身上才 20 多元，可是村民就是死活不给。"[25] 由此可见，关于农村妇女土地权益的判决执行之难。

---

[22] 参见曹林芳诉萧山区蜀山街道曹家桥社区居民委员会等侵害集体经济组织成员权益纠纷案，浙江省高级人民法院（2013）浙民申字第 1063 号民事裁定书。
[23] 参见水欣苗诉宁海县跃龙街道坑龙王经济合作社侵害集体经济组织成员权益纠纷案，浙江省宁海县人民法院（2016）浙 0226 民初 1712 号民事裁定书。
[24] 参见戴仙引诉瑞安市塘下镇鲍二村股份经济合作社、瑞安市塘下镇鲍二村村民委员会侵害集体经济组织成员权益纠纷案，浙江省温州市中级人民法院（2019）浙 03 民终 5550 号民事判决书。
[25] 孙欣：《出嫁女状告娘家村委会》，载《法律与生活》2005 年第 17 期，第 12 页。

四、完善农村妇女土地权益保障措施

虽然我国规定了男女平等原则，保护了农村妇女的土地权益，但在实际操作过程中会因为传统习惯影响、法律不完善、制度不合理、实施不全面等问题导致农村妇女在土地权益方面受到不平等对待。要切实保障农村妇女的土地权益，就需要从法律实施方面、立法方面、监督方面以及救济方面等共同推进。

（一）加强法律实施

1. 加强对农村妇女土地权益的确认

妇女因婚姻变动面临着重新取得土地权益的问题，即使《农村土地承包法》第31条规定，承包期内，妇女结婚，在新居住地未取得承包地的，发包方不得将原承包地收回，保障了妇女的土地权益不受婚姻变动影响。但人地分离后，移居妇女就很容易失去对土地的控制权，进而遭到娘家成员的侵占。虽然《中共中央 国务院关于保持土地承包关系稳定并长久不变的意见》（以下简称《意见》）中提到了为避免承包地频繁变动的"增人不增地，减人不减地"原则，但《农村土地承包法》第29条规定了可以承包给新增人口的土地。因此，笔者认为在集体经济组织有自留土地的情形下，新增妇女可以申请新的承包地；即便集体经济组织没有剩余的土地，根据《意见》和《农村土地承包法》的规定，家庭成员应当依法平等享有承包土地权益。在"增人不增地，减人不减地"原则下，夫家家庭承包地面积保持不变，家庭内各成员平均分配，作为新成员的妇女可获得土地权益。但是通过这种方式获得土地权益与向集体经济组织申请不同，其没有承包合同作为证明，新加入妇女的土地权益认定仍是一大问题。《农村土地承包法》第24条第2款规定，土地承包经营权证应将具有土地承包经营权的全部家庭成员列入。农村妇女土地权益屡次被侵害，大多是因为缺乏对妇女重新取得的土地权益进行认定的机制。因此，为了从形式上保障农村妇女土地权益，笔者认为应当加强对妇女土地权益的确认，在妇女取得土地权益时，将其作为家庭成员列入土地承包经营权证中。笔者建议，可以采用登记的方式确认妇女重新取得的承包地，以保障妇女的土地权益。采用登记的方式，有公示效果，能产生权利外观，同时为妇女的维权提供了证据。

2. 确立家庭成员间土地权利的有偿流转制度

《民法典》在大多数民事关系中均强调个体的利益，但在婚姻关系、家庭关

系中则强调共同共有关系。共同共有最初是为了维护妇女在婚姻家庭中的利益，但后来逐渐发展为家庭对女性个体利益的侵占。家庭财产以不分割为原则，这就导致婚姻发生变动的妇女难以分得家庭共有的权益。为了保障妇女脱离家庭后的个人土地权益，笔者认为可以类推适用《最高人民法院关于适用〈中华人民共和国民法典〉婚姻家庭编的解释（一）》第76条，夫妻共有财产中有房屋的，一方主张所有权的，由评估机构按市场价格对房屋作出价值评估，取得房屋所有权的一方给予失去房屋的一方相应补偿。比照婚姻关系中共同共有不动产的分割方式，可以确立家庭成员间土地权利的有偿流转制度，由占有土地的家庭成员给予妇女流转价款。除此之外，《农村土地承包法》第39条也为土地经营权有偿流转提供了法律依据，该条允许当事人就土地承包经营权进行有偿流转。虽然现行法律对于土地承包经营权的有偿流转规定主要适用于承包户之间，但笔者认为家庭成员间的土地流转也可以同样适用，符合土地流转的目的与条件，同样可以提高人、地资源的配置效率，提高农村土地的财产性收益。因此，笔者建议确立家庭成员间土地权利的有偿流转制度，允许家庭成员之间有偿转让土地权利。至于宅基地，可以同承包地的流转一样，对丧失土地权益的妇女进行经济补偿，这种方式符合《土地管理法实施条例》第35条关于允许有偿退出宅基地的规定。

（二）明确集体经济组织成员资格认定机制

1. 法律规制成员资格认定标准

《立法法》第11条明确规定了只能制定法律的事项，第12条规定了尚未制定法律的，可由全国人大及其常委会授权国务院根据实际需要对其中部分事项先制定行政法规。集体经济组织成员资格的认定是对身份权的保障，身份权属于公民享有的民事权利。因此，有关集体经济组织成员资格的问题应由法律规定，在法律没有规定的情形下，至少也应由国务院制定行政法规予以规定，绝不应该由基层自治组织制定的村规民约予以规定。除此之外，基于土地政策、文化风俗差异，各地的认定标准也会有所不同，中国的行政村数量庞大，必定会产生大量不同的资格认定标准，不利于管理。资格认定标准不同，会导致妇女土地权益"两头空"。为了保证妇女能获得同等对待标准的土地权益，就必须用法律统一规制资格的认定。

2. 采用强制性规定与任意性规定的双重认定方式

2021年，最高人民法院在金欣宜诉湖南省长沙市望城区人民政府等资源行政管理案[26]中对金欣宜的集体经济组织成员资格作出了认定。法院认为,金欣宜出生时户口随父亲登记,后投靠其母将户口迁入陈家坪组,但未提交陈家坪组通过民主议定程序接纳其为集体经济组织成员的证据。一审、二审法院以金欣宜提供的证据不足以证明其与陈家坪组建立起相对稳定的生产生活联系或依赖该组土地作为基本生活保障为由,未支持其要求补偿安置的请求,符合法律规定。可见,最高人民法院认为集体经济组织成员资格的认定与四种因素有关:一是户籍;二是集体经济组织的接纳;三是稳定的生产生活关系;四是基本生活保障。户籍是实践中认定成员资格的基础,当前对农村妇女土地权益的确认还离不开户籍;稳定的生产生活关系有利于减少"空挂户"现象,保障成员们的利益;土地是基本生活保障,应当确保妇女不会因流动而丧失土地权益;集体经济组织的接纳,有利于贯彻村民自治制度。因此,笔者认为可以采用强制性规定与任意性规定的双重认定方式,在确保成员获得基本生活保障的基础上,给予集体一定范围的意思自治空间。

(1) 强制性认定规定:户籍+稳定的生产生活关系/唯一基本生活保障

土地是农民的基本生活保障,集体经济组织成员资格关系到农民的基本生活保障,涉及农民的基本生存权问题,应采取强制性规定保障,不能以意思自治的方式确定。在资格认定的标准上,笔者认为应在户籍认定的基础上,同时考虑"与集体经济组织建立稳定的生产生活关系"或者"集体经济组织的土地是唯一基本生活保障"任意一项条件,并且"户籍"条件是集体经济组织成员资格的取得条件而不是丧失条件。也就是说,农村妇女婚后将户口迁走并在新居住地正常生产生活,依法可以取得新集体经济组织成员资格但未申请的,原始取得的成员资格依然存在,不因妇女的户口迁走而丧失。这种资格认定标准可以保障未婚、已婚、丧偶、离异等任何类型妇女的土地权益,已婚妇女不会因婚姻关系而失去集体经济组织成员资格,反而可以根据自己生活需要选择保留原始取得的成员资格或者取得新的成员资格。在此种认定标准中,户籍并不是资格认定的必备要件,而是资格取得的形式要件,也更符合未来户籍制度的发展。

---

[26] 参见金欣宜诉湖南省长沙市望城区人民政府等资源行政管理案,中华人民共和国最高人民法院(2021)最高法行申2117号行政裁定书。

（2）任意性认定规定：户籍+集体经济组织成员接纳

乡村自治的核心是"民事民议、民事民办、民事民管"，因而也应有"自治"的适用余地。[27]为了贯彻村民自治，给予集体经济组织在成员资格认定上的意思自治空间，可以规定在取得户籍的基础上，通过集体经济组织成员接纳来取得集体经济组织成员资格。此处的户籍条件也是一个形式要件，认定的实质标准是集体经济组织成员的接纳。这种认定标准可以适用于"非转农"、因土地政策移民等情形，给予集体经济组织一定的自治空间。另外需要注意的是，不因法律关系接纳他人成为本集体经济组织成员，属于村民自治的重大事项，应由全体成员决议，必须召开集体经济组织成员大会或者成员代表大会，而不能由集体中的主要管理人员或者村委会来代表所有成员同意。除此之外，为了保护现有成员的土地权益不因集体经济组织接纳过量成员而被侵蚀，可以规定只有在集体经济组织存有自留地时，才能通过意思自治的方式接纳新成员。

（三）提高村民自治治理水平

1. 提高村务监督委员会治理水平

村务监督委员会是在村民自治的过程中产生的，最早于2004年出现在浙江省金华市武义县，随后在浙江省、河北省、四川省、陕西省等多个地区建立试点。《村民委员会组织法》在2010年修订时就明确了基层自治组织应当建立村务监督委员会或者其他形式的监督机构。村民委员会监督制度是指通过法律和政治等手段对村民委员会的权力范围进行约束，并对其权力运作进行相应的监视、督促与控制。[28]通过分析浙江省农村妇女土地权益案件可以发现，与村民小组、村委会以及经济合作社发生争议的案件有21件，占全部案件的75%，其中因村规民约发生争议的有17件。与村民小组、村委会以及经济合作社发生争议的案件最多，所以笔者认为应当提高村务监督委员会的治理水平，加强对基层组织的监督。在农村基层自治组织中建立村务监督委员会填补农村基层民主监督的空白，健全村级组织架构，既能惩治农村基层权力腐败，还能保障村民的知情权。村务监督委员会是村民自治组织的重要组成部分，体现了村民自治

---

[27] 参见肖新喜：《论农村集体经济组织成员身份的确认标准》，载《湖南师范大学社会科学学报》2020年第6期，第55页。

[28] 参见党敏：《我国村民委员会监督制度的现状、困境及完善策略》，载《安阳师范学院学报》2021年第1期，第63页。

的核心所在,即实现村民自我管理。[29]除此之外,提高村务监督委员会的治理水平,还有利于完善内部救济。《村民委员会组织法》第23条明确规定,村委会和村民代表会议作出的不适当决定可以通过召开村民会议撤销或变更。但实践中,妇女土地权益大多遭受村规民约的侵害,所以通过召开村民会议来修改村委会决定几乎是不可能的。设立一个与村民委员会权力相匹配的村务监督委员会,不仅可以与村委会相抗衡,还可以受理农村妇女的申诉,维护农村妇女的土地权益。

2. 提高基层政府依法治理水平

《村民委员会组织法》第27条明确规定,村规民约不得与宪法、法律、法规相抵触,若相抵触,则由乡镇人民政府责令改正。在这种过于原则性的规定下,基层政府懒政、怠政、不作为,缺乏对村规民约合法性的主动审查,导致在实践中违法的村规民约依然适用,受侵害的农村妇女依然存在。为了保障农村妇女土地权益不受村民自治侵害,笔者认为提高基层政府依法治理水平,加大乡镇政府对村民自治的监督力度极为重要。首先,要在新村规民约备案时,加强对其合法性的主动审查。其次,要审查村规民约的制定程序和实体内容是否合法。村规民约的制定一定要依法进行,要经过村民代表会议或者村民会议表决,要符合通过决议的表决人数要求,不能仅限于形式上的召开。针对村规民约的合法性审查,无论是程序违法还是内容违法,都应在备案时由乡镇政府责令改正。另外,因为《村民委员会组织法》第27条关于村规民约备案审查的规定过于模糊,笔者对村规民约何时生效的问题产生了疑问,一是在村民会议决议通过后生效,二是在完成备案程序后生效,三是在完成备案并经过合法性审查后生效,责令改正期间村规民约不得适用。经过对比,笔者认为第三种生效时间更利于加强对村规民约的监督,保证违法的村规民约不被提前适用。

(四)完善司法救济

1. 明确农村妇女土地权益案件受理范围

法律救济是妇女维权中最有效的救济途径,但也最烦琐,对妇女的法律知识有一定的要求。针对集体经济组织成员资格的确认,缺乏明确的法律规定,

---

[29] 参见高洪贵、张永杰:《村务监督委员会制度的建立动因及其发展实态研究》,载《黑龙江社会科学》2020年第6期,第28页。

理论上也存在争议，实践中既有在行政诉讼中确认的裁判，又有在民事诉讼中确认的裁判，受理混乱，给妇女维权道路增设了阻碍。2020年，最高人民法院在刘明娇诉江西省吉安市井冈山经济技术开发区管理委员会等行政不作为案行政裁定书中写道："根据现行法律法规的规定，对于村民是否具有本集体经济组织成员资格的认定，不属于管委会、金鸡湖街道办以及其他行政机关职责范围，更不属于通过单独提起行政诉讼由人民法院进行审查的事项。"[30] 由此可见，最高人民法院的观点是，单独认定资格的诉讼请求属于民事诉讼受理范围，此处的"单独"应是指没有其他属于行政诉讼受理范围的诉讼请求。假设原告对政府作出有关土地纠纷的处理有异议提起行政诉讼，其中涉及资格认定问题，并要求法院对此进行认定，法院就应在行政诉讼中予以认定。若原告的诉讼请求是单独确认成员资格，又或是在资格认定的基础上要求给付相应土地权益，则应在民事诉讼中予以认定。因此，笔者认为对涉及集体经济组织成员认定问题的诉讼，各级法院应主动告知当事人如何起诉，不能相互推诿、随意驳回，要明确农村妇女土地权益案件受理范围，减少农村妇女维权障碍。

2. 加强对村规民约的合法性审查

《行政诉讼法》第53条第1款规定："公民、法人或者其他组织认为行政行为所依据的国务院部门和地方人民政府及其部门制定的规范性文件不合法，在对行政行为提起诉讼时，可以一并请求对该规范性文件进行审查。"法院经审查认为所依据的规范性文件不合法的，可以不作为认定依据，并在裁判中予以阐明。行政诉讼中对规范性文件的附带性审查，保障了法院不会依据不合法的文件作出判决。虽然村规民约不属于规范性文件，但笔者认为对于村规民约的合法性审查可以类比适用。村规民约是基层主要的行事规范，村民对其的遵守、信任和依赖程度甚至远远超过法律法规，适用违法的村规民约会严重影响农村妇女权益。因此，笔者建议法院在受理与村规民约相关的案件时，也要主动对该村规民约进行合法性审查，保障村规民约有效合法地适用。

---

[30] 刘明娇诉江西省吉安市井冈山经济技术开发区管理委员会等行政不作为案，中华人民共和国最高人民法院（2020）最高法行申4278号行政裁定书。

犯罪既遂标准问题研究

蒋嫣婷[*]

摘　要	犯罪既遂标准是犯罪论的基础理论问题，虽然相关研究众多，但目前仍然存在不少争议。实践中处理疑难案件时，也因既遂标准的混乱而出现不同裁判结果，对司法权威性和稳定性造成影响。本文尝试从犯罪既遂的基本概念、犯罪既遂标准的理论研究现状等基础理论问题入手，探究犯罪既遂实质标准，提出犯罪客体侵害说并对此进行实证考察。
关键词	犯罪既遂标准；犯罪客体；法益侵害；犯罪构成

一、犯罪与犯罪既遂

（一）犯罪既遂的法律解释

从语言文字的字面含义来理解，"既遂"并非一个朴素生活中的经验概念，在《现代汉语词典》中只能拆分后单独查阅："既"除无实意的连词用法外，表示行为动作的完成，相当于"已经"；"遂"有两种解释，第一种用于口语，表示顺、如意，第二种用于书面语，表示成功。结合前置构成词汇"犯罪"的概念进行解读，"犯罪既遂"的文义解释即犯的行为动作已经顺利且成功完成。这个结论具有通俗易懂的特点，但犯罪既遂概念已经脱离生活化、日常化，成为刑法学中的专业名词，因此需要进一步分析：当强调犯罪意愿达到顺心如意的完满状态时，属于行为人主观视角的犯罪目的达成，符合犯罪目的实现说的表述；当强调行为最终导致犯罪结果出现时，更侧重客观意义上的侵害事实

---

[*] 蒋嫣婷，杭州师范大学沈钧儒法学院硕士研究生，主要研究方向：刑法。

发生，与犯罪结果发生说不谋而合。我国现行《刑法》没有对"犯罪既遂"的明确定义，若试图用法律语言进行解读，只能根据第 23 条对犯罪未遂的规定作出反向推论，即已经着手实行犯罪且最终得逞的，是犯罪既遂。文义解释有其固有的局限性，并不顾及得出的结论是否公正、合理，这些解释只是现代犯罪既遂理论的冰山一角。

中国古代没有对犯罪既遂制度的体系性规定，但既遂制度已经出现于法律规范中，多使用否定性修辞来表示犯罪未完成，相反，若没有在罪状前加上"不得/未有"之类词汇，直接说明刑罚，则表示犯罪既遂。如《唐律疏议·贼盗律》规定："诸窃盗，不得财笞五十；一尺杖六十，一匹加一等……"[1]这就区分了盗窃罪未遂与既遂的刑罚等级不同。至近代晚清时期，"西学东渐"对中国法律制度产生影响，资本主义刑法学开始与中国传统法律内容相融合。1911年公布的《大清新刑律》是中国历史上第一部近代刑法典，其中总则第三章名为"未遂罪"，首次对犯罪未遂的概念作出明确规定。"已着手，而因意外之障碍不遂"和"不能生犯罪之结果"皆为未遂，对应则为既遂。[2]新中国成立后，既吸收了德日等大陆法系国家的未遂犯理论，也借鉴了苏俄刑法典对既遂标准的认识，经过多次修正形成现行有效的 1997 年刑法雏形。通过历次草案的修改，可以一窥立法者对犯罪既遂理解的变化。1950 年《中华人民共和国刑法大纲草案》中，立法者认为未遂的情况包括"未完成行为，或未发生结果"，据此，此时立法者眼中的犯罪既遂应当指完成犯罪行为或发生犯罪结果。而 1954 年《中华人民共和国刑法指导原则草案（初稿）》删除了"完成犯罪行为"的表述，只保留"没有发生预计结果"。1956 年开始，更直接用模糊的"不遂"与"未得逞"作为判断标准，这种概括而抽象的定义导致后续研究者对犯罪既遂的概念产生分歧。[3]

（二）犯罪既遂的实质标准

通过分析犯罪的概念，可以解答为什么将某一行为规定为犯罪、什么样的行为会被认定为犯罪的问题。我国《刑法》将犯罪定义为危害社会的、应受刑

---

[1] 参见《唐律疏议》，刘俊文点校，法律出版社 1999 年版，第 388 页。
[2] 参见高汉成主编：《〈大清新刑律〉立法资料汇编》，社会科学文献出版社 2013 年版，第 721 页。
[3] 参见彭文华：《犯罪既遂原理》，中国政法大学出版社 2013 年版，第 23—24 页。

罚处罚的行为，兼顾犯罪的实质与形式特征，二者互为表里，形式上的刑事违法性是实质社会危害性的具体体现。构成要件齐备说虽然实现了各种犯罪既遂标准的统一，但只是从法定刑适用条件充足的角度界定犯罪既遂，是一种形式上的认识，不能体现立法者区分犯罪形态的价值和意义。想要探讨犯罪既遂的实质标准，应当回归犯罪的本质与犯罪形态的设计目的。

关于犯罪本质，理论上提出过权利侵害说、法益侵害说、规范违反说等学说，相应的，学界对犯罪客体的理解也有权利说、法益说和社会规范说。"犯罪侵犯的是刑法保护的抽象社会关系"理念因其形式性、空洞性日渐受到质疑，反之有学者提出"犯罪所侵犯的是法规范保护的客体——生活利益"[4]。可以看出，该论述其实是将犯罪客体与法益概念混用，亦将法益的概念归入社会危害性理论。对此，有学者质疑：法益与犯罪客体分属不同理论体系，混用将导致体系内概念功能不协调。[5]本文认可的解释为，"法益"作为舶来词在我国没有配套的体系与固定的定义，与"犯罪客体"一样只是用来反映刑法的保护内容——一定的社会利益、社会制度和社会秩序，[6]选用哪一种表述不会改变犯罪的特征，只是在我国使用"犯罪客体"能避免一些不必要的争议。犯罪的本质是具有社会危害性的行为，是刑法规范所保护的社会关系受到犯罪行为侵害的过程，犯罪客体受到侵犯是成立犯罪的必要条件。[7]

分析各个犯罪构成要件，可以将犯罪抽象理解为具有刑事责任能力的主体持某种主观态度对客体进行客观危害的过程，犯罪客体是其他构成要件的"指向"，它的状态变化涉及犯罪的成立与完成。[8]从犯罪构成视角而言，无论何种具体犯罪，犯罪成立后犯罪主体与主观方面就不会再发生变化，影响犯罪既遂

---

[4] 参见李文吉：《我国刑法中犯罪本质的法益侵害性阐释》，载《长白学刊》2021年第3期，第90—96页。
[5] 参见彭文华：《法益与犯罪客体的体系性比较》，载《浙江社会科学》2020年第4期，第53—54页。
[6] 参见杨兴培：《"法益理论"在步"犯罪客体"后尘》，载《上海法治报》2018年1月10日，第B06版。
[7] 参见卢勤忠：《犯罪既遂标准新论——以犯罪客体为判断的视角》，载《甘肃政法学院学报》2010年第6期，第53—54页。
[8] 参见陆诗忠：《对我国犯罪既遂标准理论的检讨》，载《法律科学（西北政法大学学报）》2012年第6期，第69—70页。

的因素集中于犯罪的客体与客观方面。犯罪客观方面具体包括危害行为、危害结果等，有的犯罪只要危害行为开始实施即告既遂，有的犯罪则需要特定危害结果实际产生才实现既遂，因此犯罪客观方面也无法作为统一犯罪既遂标准。犯罪客体的性质虽然同样不会发生改变，但在犯罪进行过程中，犯罪客体被侵害的程度会逐步加深。犯罪客体的性质在行为伊始就已经确定，在犯罪过程中犯罪客体受到侵犯的程度不同体现出社会危害性的不同，这也是研究犯罪既遂与否的突破口。

在犯罪成立之后，之所以要划分犯罪的完成形态与未完成形态，是为了依据社会危害性匹配相适应的刑罚，而影响社会危害性大小的主要因素就在于对犯罪客体的侵害程度。只要犯罪成立，就必然会对犯罪客体造成不同程度的侵害，否则不构成犯罪，无法纳入刑法规范体系。将犯罪客体受侵害程度作为划分犯罪进度的"标尺"，不同形态代表侵害进行到某一程度的"刻度"，犯罪既遂时"标记"指向末端最大"刻度"，行为对犯罪客体造成了实际损害。行为侵害性不同，在量刑时需要区别对待。具体而言，在犯罪预备情形下，客体仅受到潜在的威胁，行为人的意图尚不明确，该威胁的侵害程度可高可低，故可以从轻、减轻或免除处罚；犯罪未遂时，客体已经面临直观的威胁，不过因各种客观因素这种威胁没有进一步转化发展，处罚不可免除，只能从轻或减轻；犯罪中止时，行为人自主放弃继续侵害客体，人身危险性大大降低，没有造成损害即可免除处罚；至于犯罪既遂，这一形态下犯罪客体遭到实际侵害，侵害性达到巅峰，应适用法定最高刑。

二、犯罪既遂现有研究

犯罪既遂是世界公认的刑法术语，但如何划分犯罪未遂与既遂之间的界限或者说什么才是犯罪既遂的标准，各国及各地区的刑法并未进行充分详尽的阐述与分析。因此，如何判断和认定犯罪既遂的标准，成为研究犯罪既遂道路上的重要理论瓶颈。本文认为，犯罪既遂是被规定于刑法规范中，用于确认及裁判犯罪危害程度的停止形态，评析其标准时应当从客观性、法定性、合理性、可操作性等角度出发。就现有研究来看，我国对既遂标准的分歧主要存在于犯罪目的实现说、犯罪结果发生说和构成要件齐备说之间，亦有类型化标准说、双重标准说进入讨论视野。

(一) 犯罪目的实现说

犯罪目的实现说在一定程度上具有合理性。在直接故意犯罪中，行为人是先产生不惜违反法律也要获得某种利益的渴望与企图，然后再切实实施相应行为。犯罪目的是支配因素，犯罪行为只是外化表现。[9]支配因素满足，就代表行为完成，对行为人而言即犯罪既遂。从我国《刑法》对犯罪未遂的规定也可以得出相同结论，既然"未遂"指"由于意志以外原因未得逞"的情况，那么意志追求范围内达成的自然属于犯罪既遂，这是符合文本含义的解释。但大多数研究犯罪既遂标准的学者都最先将犯罪目的实现说排除在外，因为它确实存在不可被忽视的缺陷。第一，"目的"是多样的、复杂的。学理上将犯罪目的分为直接目的与间接目的、普通目的与特殊目的、具体目的与概括目的。但"目的"是一种心理状态，是无法被绝对化描述的。如果坚持以此为标准，则犯罪既遂的判定会具有极大不确定性，与法律的明确性要求相矛盾。第二，"目的"具有强烈的主观色彩。犯罪目的实现说是站在行为人的立场上评价犯罪既遂，行为人所追求的结果与刑法所责难的后果有时是对应的，但也有部分情况是不对应的。二者不相对应时，行为人对自身犯罪完成与否评价的主观性与犯罪既遂评价标准的客观性要求矛盾。主观的希冀有时只是一种心理倾向，难以判断是否满足。如果行为人以"目的未达成"为借口主张犯罪未完成，那么司法机关要证明其目的已经实现存在多方面困难，因此该标准不具有普遍适用性。第三，"目的"不是必要的构成要素。首先要明确的是，犯罪目的只是部分犯罪的成立条件，不是犯罪既遂的必要条件。更何况不是所有犯罪都有预设的目标，如不作为犯罪就很难分辨行为人的目的，即犯罪目的实现说不能全面涵盖所有可能存在既遂的犯罪模式。

(二) 犯罪结果发生说

犯罪结果发生说总体而言有一定合理性。首先，不论是从行为人角度还是立法者角度，甚至无关群众角度观察犯罪，犯罪结果发生都是最直观、最自然的既遂象征，映射人们心中朴素的犯罪既遂观念。其次，犯罪结果发生既是主观目的的外在表现，又满足犯罪构成客观要件，该说将犯罪目的、犯罪结果与构成要件紧密联系在一起，充分体现主客观相一致的原则。最后，该说确立的

---

[9] 参见李洁：《犯罪既遂形态研究》，吉林大学出版社1999年版，第2页。

既遂标准在实践中争议性较小、操作性极强，极易受到司法工作人员的青睐。但一方面，传统犯罪结果发生说限制既遂范围，不能适用于所有犯罪类型，如行为犯和危险犯。犯罪结果发生说以一定的危害结果作为犯罪既遂标志，就表示所有存在停止形态的犯罪成立既遂都要以特定结果出现为前提。但对于部分犯罪而言，这是不合理的。一种情况是一旦出现危害结果，犯罪性质就会产生异化。另一种情况是危害结果出现时，认定犯罪既遂已经没有意义。另一方面，犯罪结果发生说理论缺乏连贯性，难以获得一致认同。犯罪结果发生说屡受诟病的关键，在于危害结果本身的含义具有多样、复杂、不确定的特征，将其作为既遂判断依据自然会引发理论争议。尽管众多学者试图作出科学的概括，但每种观点都存在缺陷。目的结果说将危害结果解释为行为人的预期结果，强调行为人主观的追求与希望，实际上只是犯罪目的实现说的另一种表述。再看法定结果说，其中法定构成要件结果说将危害结果认定为犯罪构成的客观要件，但该说能够被构成要件齐备说所包含，缺乏独立的理论意义，且与构成要件齐备说存在类似的局限性，下文将详细论述。

（三）构成要件齐备说

我国学者主张构成要件齐备说的主要原因如下：第一，不同于有的学说只对某一类犯罪形态进行概括，它对各种不同犯罪类型进行全面提炼，具有普遍适用的价值。第二，它从立法原意出发，借助犯罪既遂形态的含义与既未遂的对比，阐明犯罪未遂的特征，从而科学区分二者。第三，它将其他学说提出的既遂标准都认定为犯罪构成要件，不同的犯罪既遂标准都可以理解为构成要件满足的具体表现形式，使犯罪既遂标准变得统一、确定。[10]第四，它是犯罪既遂模式论导向的必然结论，将既遂模式作为逻辑前提，可以使构成要件齐备说获得现实立法支撑，具有显著的实践优越性。第五，它将犯罪构成理论与犯罪停止形态联系起来，犯罪停止形态是有差异的犯罪成立状态，这种差异通过各异的构成要件表现出来，为不同停止形态的区分提供科学直观的标准。[11]

对构成要件齐备说的批评主要集中在以下几个方面：第一，混淆了犯罪成

---

[10] 参见赵秉志：《犯罪未遂形态研究》（第2版），中国人民大学出版社2008年版，第118—119页。

[11] 参见王志祥：《犯罪构成要件齐备说之辨正与改造》，载《山东警察学院学报》2007年第3期，第25页。

立与犯罪既遂的界限。具体而言，按照犯罪构成理论的通说观点，某种犯罪成立的必要条件是符合全部犯罪构成要件，而构成要件齐备说将同样的要求作为犯罪既遂的标准，那么犯罪成立的标准与犯罪既遂的标准就不可避免地产生重合。换言之，不符合全部犯罪构成要件的，既不构成犯罪，也不构成犯罪既遂。[12]

第二，模糊了犯罪既遂与其他未完成形态的界限。前文提及，构成要件齐备说对犯罪未完成形态的处理方式，实际上是将预备、未遂、中止等原本不符合犯罪既遂的形态通过修正构成要件，使之成立形式上的"既遂"。根据这一理论，犯罪行为在不同阶段停止，符合不同犯罪构成要件，而一套构成要件对应一个罪名，最终推导出一个犯罪行为在不同阶段成立不同罪名，犯罪完成形态与未完成形态的区分失去意义。[13]

第三，有形式主义之嫌。有学者犀利地指出，构成要件齐备说是一种"为追求理论的形式统一而炮制出来的概念法学走到极致的产物"[14]，因为在这个理论下，犯罪既遂与其他未完成形态的区分没意义，不经过实质性的判断即套用标准。即使是以构成要件齐备说为准则的论著，也需要借助犯罪类型的区分为各类不同犯罪确立具体标准。[15] 既然如此，不如直接采用类型化的犯罪既遂标准，确立"统一"标准似乎多此一举。

第四，理论结构性与问题单一性相矛盾。构成要件齐备说明犯罪既遂，反过来说，构成要件不齐备说明犯罪未完成。依此规律，四要件中犯罪主体、主观方面、客体、客观方面任一条件不具备，犯罪就未完成。但实际上，在行为人不具备主体资格、不具有故意或过失的心理状态、社会关系未受到侵害时，我们会将行为定性为犯罪不成立而不是犯罪未完成。只有客观方面与是否既遂有直接关联，那么构成要件齐备说要求满足其他要素就是多余的。从更宏观的角度来说，构成要件齐备说是犯罪构成理论的延伸，不论是耦合式犯罪构成还

---

[12] 参见侯国云：《对传统犯罪既遂定义的异议》，载《法律科学（西北政法大学学报）》1997年第3期，第68页。
[13] 参见彭文华：《论刑事法治视野中的犯罪既遂标准》，载《法学评论》2009年第2期，第38页。
[14] 王纪松：《论类型化的犯罪既遂标准》，载《中国刑事法杂志》2006年第1期，第37页。
[15] 参见高铭暄、马克昌主编：《刑法学》，北京大学出版社、高等教育出版社2000年版，第150—151页。

是阶层式犯罪构成，都由一定条件组合，是一个"面"的展开。而犯罪既遂标准只要求对犯罪成立后的状态进行判别，是一个"点"的集中。用一种结构性标准来解释单一性问题，本身就存在逻辑矛盾。[16]

三、犯罪客体侵害说的提倡

（一）犯罪客体侵害说的适用

犯罪客体侵害说的基本含义是，将犯罪客体受侵害程度作为犯罪既遂判断标准，其适用关键在于如何认定犯罪客体受侵害程度。为解决该问题，需要分析犯罪客体的性质与种类。广义上的犯罪客体称为一般客体，即犯罪侵害的社会关系整体，无论何种犯罪必然侵害某种社会关系，因此属于一般、普遍的共同侵害客体。将社会关系分类细化后，侵害社会关系的犯罪行为也自动归类，其侵害的犯罪客体称为同类客体。进一步具体审视某一种特定犯罪行为，其直接侵害了某种特定社会关系，犯罪客体即为直接客体。认定一般客体的意义在于揭示犯罪的根本属性，认定同类客体的意义在于将犯罪行为合理分类，而只有研究直接客体才能精准分析犯罪侵害的社会关系的性质与社会危害程度。因此，判断犯罪直接客体与其受侵害程度是犯罪客体侵害说的核心内容。

犯罪客体侵害说被批评过分抽象、缺乏实操性，尤其是在侵犯超个人法益的犯罪中，法益的概念因脱离个人与日常生活更加"悬浮"，即使将表述更换为"权利""利益"也无法改变无形的本质。但法益归根结底是一种现实的存在，即使扩展至超个人层面，也由一定的行为所侵害的无数个人的利益组成。如《刑法》分则第六章重点关注的"社会管理秩序"法益，其中个罪的犯罪客体仍然归结于个人法益受损。抽象的犯罪客体如果可以通过还原为个人法益的方式进行诠释，就可以弥补空洞、笼统的缺陷。对于无法还原为个人法益的犯罪，可以将刑法设置的表征性客体受到侵害作为既遂标志。

《刑法》总则规定了刑法的任务是保护公民、社会、国家合法权利不受侵害，在《刑法》分则各章节亦规定同类犯罪所侵犯同类权利。具体到个罪所侵害的直接客体，部分法条有直接描述，部分法条没有明确表述，这给犯罪客体侵害说的研究带来一定阻碍。由于法条竞合、空白罪状、理解偏差等因素存在，

---

[16] 参见郑利民：《对构成要件齐备说的批判》，中国政法大学2014年硕士学位论文，第11页。

对个罪直接客体的界定可能出现争议。对大多由记述性构成要素组成的罪状而言，不详细说明犯罪客体有利于刑法条文简练展现，这类罪状涉及的犯罪客体也大多可以通过生活常识直接推理出，无须过多赘述。与此相对，对涉及规范性构成要素的罪状而言，仅凭事实记述无法确定犯罪，需要进一步进行价值判断。面对直接客体的实证表述困境，不妨改变视角，当犯罪客体过于抽象时，可以利用它的事实载体——犯罪对象，通过将其具体化使犯罪对象成为犯罪行为与犯罪客体之间的桥梁，犯罪人通过侵害犯罪对象导致犯罪客体受损。[17]

此时需要讨论的问题是，是否所有犯罪都存在犯罪对象。在持犯罪对象具体说的传统观点里，犯罪对象只包括具有物理属性的具体的人或物，因此有一部分犯罪不存在犯罪对象。对犯罪对象存在形式的理解不同是犯罪结果发生说与犯罪客体侵害说的分界线，犯罪结果发生说建立在认可犯罪对象具体说的基础上，认为犯罪既遂一定存在针对具体犯罪对象的特定危害结果。这可能带来犯罪性质改变、遗漏应受刑罚处罚行为等问题，上文已详细论述，此处不再赘述。同时，因部分犯罪没有具体的犯罪对象，更毋论实现所有犯罪客体的具象化。因此，本文采取犯罪对象抽象说。犯罪对象抽象说认为，犯罪对象是指体现刑法保护的权利义务关系、刑法禁止改变的人或物的状态。[18]因此，犯罪对象与犯罪客体是现象与本质的关系，二者在具体的犯罪中实现统一，没有犯罪对象的犯罪是不存在的。具体而言，犯罪对象除了客观存在的人和物，也包括符合法律要求的良好实践状态，在现代化背景下还应探讨将信息单独视为一种犯罪对象的合理性。

由此，判断犯罪客体受侵害程度的问题就转换成犯罪对象因犯罪行为产生的变化程度问题。对于犯罪行为直接作用的人或物，以局部或整体受到损毁、位置移动、状态变更等自然或社会的特性变化为表征。对于没有客观物理属性的实践状态而言，则表现为破坏平稳的规范秩序。因为犯罪客体是复杂多样且不断变化的，相应的犯罪对象也无法一概而论。甚至部分案件的犯罪对象在犯罪行为进行过程中，虽然保持相同状态，但其承载的犯罪客体亦非始终相同，

---

[17] 参见李洁：《犯罪结果论》，吉林大学出版社1994年版，第26页。
[18] 参见吴念胜、廖瑜：《论犯罪结果的构成要件地位》，载《社会科学家》2009年第11期，第70—73页。

需要根据具体犯罪进程来认定。例如，盗窃身份证件后要求证件所有人以财物进行交换，可能定性为盗窃、敲诈勒索、盗窃国家机关证件等犯罪客体不同的罪名。总而言之，在将犯罪对象受侵害程度作为认定犯罪既遂的标准时，可以借助分析具体犯罪中犯罪对象受侵害的表现，再进一步判断其发生刑法意义上变化的程度，当犯罪对象所表征法益不可能再受到更严重的侵害时，犯罪只有既遂一种解释。

（二）犯罪客体侵害说的优越性

该说克服了犯罪目的实现说、犯罪结果发生说主观性过强、标准无法统一的缺陷，与构成要件齐备说在表面上存在部分重合，二者都关注犯罪客体的状态。不同的是，从构成要素角度区分，构成要件齐备说在判断犯罪既遂时，将不影响既遂的要件要素也一并考虑在内，犯罪客体侵害说只将客体要件作为判断标准；从法益受损角度区分，构成要件齐备只能说明犯罪客体、刑法保护的法益受到侵犯，不能说明侵害法益的行为需要遭到何种程度的处罚，这也是犯罪成立与既遂区分的另一种视角解读。

提倡犯罪客体侵害说的理由有以下几点：首先，犯罪客体侵害说体现了刑法惩治犯罪、保护社会利益的立法目的，也能发挥法益在犯罪基本理论问题中的解释规制功能。其次，犯罪客体侵害说摒弃了各种理论修正与补充，立足于我国立法现状，以四要件体系为基石，以犯罪客体为切入点展开理论研究，避免了因移植无根无源的国外理论而产生的"水土不服"，使理论更加精练、逻辑更加顺畅、理解更加容易。再次，犯罪客体侵害说克服了构成要件齐备说的缺陷，切实揭示了犯罪停止形态的本质。如前文所述，同一犯罪完成形态与未完成形态的主体、主观方面、客观方面是相同的，客体性质也没有差别。构成要件齐备后即可定罪，但判断性质相同犯罪的刑罚轻重，则需要考量客体受侵害程度。构成要件齐备说试图同时解决定性与定量的问题，仍然处在犯罪成立与停止形态的混淆中。最后，犯罪客体侵害说不会过度依赖司法工作人员的主观判断，具有较强的客观性。我国《刑法》分则根据同类犯罪客体进行章名设置，但对部分具体犯罪的客体缺少明确描述。有学者提出确定法益的基本方法可供参考：在根据具体犯罪所属类罪确定刑法条文的主要目的与法益范围后，依据刑法条文规定的行为、结果、行为对象、违反法规、犯罪滋生与使用物等内容确定具体犯罪法益。

四、犯罪客体侵害说的实证检验

（一）盗窃罪的既遂

盗窃罪作为发案率最高的犯罪之一，一直受到重点关注和研究。但随着社会的进步与科技的发展，盗窃的手段与财物的种类都发生了翻天覆地的变化，新型盗窃引发的连锁问题纷至沓来，其既遂标准也愈加混乱。笔者翻阅各家论著，发现理论上盗窃罪的既遂学说五花八门。在以构成要件齐备说为主流的现状下，个罪出现如此繁杂的具体标准，已经从一定程度上反映出形式化的构成要件齐备说无力应对复杂的司法实践。其中，接触说、转移说、隐匿说、损失说存在先天理论缺陷、适用范围有限，无法应对多样的实践问题，已经逐渐淡出研究者的视野。取得说与失控说都强调盗窃行为人对财物的控制，与控制说没有本质区别，[19]因此，目前的争议主要还是在于失控说与控制说。顾名思义，失控说主张盗窃的既遂标志应为财产所有人或持有人丧失对财产的占有，控制说主张以盗窃行为人取得对财产的实际控制为盗窃犯罪既遂的标准。

本文认为，打击财产犯罪是手段，保护公私财产才是刑法的目标，失控说从财产权利人角度出发评判盗窃行为，符合刑法立法的精神宗旨，盗窃犯罪的危害结果也应侧重财产权利人视角，其丧失对财物的控制时，盗窃的侵害就已经产生。

（二）抢劫罪的既遂

关于普通型抢劫罪的既遂有以下几种代表性理论：第一，财物占有说或财物控制说。该说认为，抢劫罪的既遂标志是行为人非法取得财物。第二，人身权利侵犯说。该说认为，应以被害人人身权利是否受到侵犯作为抢劫既遂的判断标准。第三，结合犯区别对待说。第四，加重犯区别对待说。第五，双重客体侵害说。以犯罪客体受到侵害作为既遂标准在简单客体犯罪的运用中较为简单，但在复杂客体犯罪中需要先对客体进行分析。认定抢劫罪既遂的关键，是对抢劫罪犯罪客体进行剖析。目前，抢劫犯罪侵犯客体属双重客体（人身权利和公私财产所有权）已成为共识，但对两客体的地位与作用有不同理解。

本文认为，抢劫罪的既遂标准应以双重客体侵害说为前提，普通抢劫直接

---

[19] 参见苏惠渔主编：《刑法学》，中国政法大学出版社1997年版，第206页。

适用，加重情形区分结果加重与情节加重：出现加重结果时，犯罪形态与普通抢劫一致；出现加重情节时，分别判断犯罪形态。如此也与最高人民法院的适用意见保持一致，"既侵犯财产权利又侵犯人身权利，具备劫取财物或者造成他人轻伤以上后果两者之一的，均属抢劫既遂"，"除'抢劫致人重伤、死亡的'这一结果加重情节之外，其余七种处罚情节同样存在既遂、未遂问题"[20]，实现理论与实务的统一。

（三）绑架罪的既遂

绑架罪不同于一般行为犯的特殊之处在于，根据刑法条文的罪状描述，需要行为人实施复合行为才能符合它的标准犯罪模式：先以勒索财物为目的绑架他人，再以此威胁第三人提供赎金。对该罪既遂标准的争论围绕这一系列复合行为展开，根据行为发生的先后顺序，既遂的认定时间逐渐后延，主要包括绑架行为完成说、勒索行为完成说、勒索结果发生说。

本文认为，确定绑架罪的既遂标准，应先厘清绑架罪的侵犯客体，在该客体实际受侵害时认定绑架既遂。无论哪一种学说都认可刑法设置绑架罪要保护的法益包括被害人人身自由，但对是否同时保护第三人的某种特定权利各执一词。如上文分析，根据罪刑相适应原则，绑架罪所保护的法益一定多于非法拘禁罪。重新审视刑法规定，绑架罪虽然以"绑架"为罪名，但本质是非法拘禁行为与敲诈勒索行为的结合，是利用第三人对被害人人身自由与生命健康的担心而获得财物或其他不法利益的行为。因此有学者提出，该罪侵犯的法益不仅包括被绑架人的移动自由权，也包括被勒索人被迫牺牲特定利益时的行为自主决定权，甚至还包括正常社会治安。[21]除绑架针对的主要是个人法益而非社会法益外，笔者大致认可该学者观点。笔者认为，绑架所侵犯的是双重法益。与抢劫罪中的双重法益并列不同的是，绑架罪侵害的双重法益有先后顺序。抢劫罪可能在不侵害人身安全的情况下侵害财产权利，反之也可能成立。但绑架罪必须先对被绑架人的人身自由造成实际侵害，再给第三人的自主决定权造成威胁，因此必须同时侵害双重法益才能认定既遂。在第三人对被绑架人存在关心、

---

[20]《最高人民法院关于审理抢劫、抢夺刑事案件适用法律若干问题的意见》第10条。

[21] 参见肖松平：《绑架罪既遂的认定》，载《衡阳师范学院学报》2011年第5期，第41—43页。

行为人以被绑架人的自由与健康为要挟向第三人提出不法要求时，第三人无法根据自主意愿行事。无论不法要求最终是否被满足，勒索行为完成时双重法益都实际受到侵害，绑架既遂。勒索行为完成说唯一的漏洞在于不能保证第三人会担忧被绑架人的安危，在添加这一前提条件后该既遂标准基本达到理论性与实践性的统一。

（四）放火罪的既遂

放火罪是典型的危害公共安全犯罪，与破坏交通工具罪形式上相似，刑法分则根据是否造成严重后果在不同条文中规定了不同刑罚。但其与破坏交通工具罪的实质不同，本文主张将第116条的规定理解为破坏交通工具罪的未遂形态，第119条第1款为既遂形态，而第114条与第115条都是放火罪的既遂形态，区别在于放火行为对公共安全造成更多严重威胁，应受到更加严厉的惩罚。这是因为，两种犯罪的犯罪客体虽然都是公共安全，但客体受侵害的表现形式有区别。破坏交通工具罪的犯罪对象是客观具体的火车、汽车、航空器等交通工具，在犯罪对象被破坏达到足以发生倾覆、毁坏危险但尚未造成严重后果时，犯罪行为仍然停留在侵犯公私财产的程度，处于可能对公共安全造成侵害的状态，此时属于犯罪未遂形态。相比之下，放火罪的犯罪对象则具有不确定性，行为人的放火行为不会确定地作用于某一个或几个特定的人或者某项特定的财物，而是作用于不特定的多数人或者不特定的公私财产。即使行为人主观上针对确定的对象，也难以控制放火行为最终的影响范围。因此，无法单纯通过计算人身伤害或财产损失判断公共安全受侵害程度，需要从更抽象的秩序规范被破坏角度探讨公共安全受到危害的定义。第114条规定了用各种手段危害公共安全但尚未造成严重后果情形下的刑事制裁，建立在公共安全已经受到侵害的基础上，因此属于放火罪的既遂，是否造成严重后果仅影响量刑，不影响犯罪形态认定。综上，应在放火行为终止、事态不再进一步发展时，以燃烧残骸、燃烧痕迹为基础，排除介入因素，科学判断放火行为是否使公共安全遭到危害，进而确定放火罪是否既遂。

在线诉讼云模式的实证研究
——以杭州市为例

太金锁　吴志豪　郭皓娴
俞佳慧　江晨雨[*]

摘　要　后疫情时代为在线诉讼云模式提供了新的发展契机。在线诉讼云模式能够有效提高诉讼效率、提升诉讼质效、强化审判管理，但是也存在数据搜集不全面以及技术和立法滞后等问题，引起裁判结果的偏差，未能充分实现实质正义。技术是无法完全代替人的，在司法智能化进程中，应当形成以法官为主导、机器为辅助的裁判格局，辅之以源头的信息制度保障和事后的裁判问责制度。同时，应当合理限定适用在线诉讼云模式的案件类型并明确适用程序。

关键词　在线诉讼；云模式；云计算

一、引　言

互联网技术的飞速发展深刻地变革了人类社会的各个方面，近年来，随着大数据、人工智能技术的发展，司法形态也发生了较大改变。大数据处理催生了云计算技术，在线诉讼云模式在此基础上诞生。

法院信息化建设是我国贯彻实施网络强国战略的重大举措之一，[1]推动云模式在诉讼中的应用是顺应时代的智慧之举。我国法院积极适应技术与司法融合的趋势，着力建设在线诉讼云模式。2015 年，国内司法系统就开始推行"智慧法院"建设工作；2017 年以来，最高人民法院先后印发《最高人民法院关于

---

[*]　太金锁、吴志豪、郭皓娴、俞佳慧、江晨雨，杭州师范大学沈钧儒法学院 2020 级本科生，主要研究方向：诉讼法。
[1]　参见黄茜茜、杨建林：《基于司法判决书的知识图谱构建与知识服务应用分析》，载《情报科学》2022 年第 2 期。

互联网法院审理案件若干问题的规定》和《民事诉讼程序繁简分流改革试点实施办法》，指导相关法院开展线上诉讼实践。

新冠疫情的暴发为在线诉讼云模式提供了一个快速发展的契机。一方面，疫情的发生促进了在线诉讼在实践中的广泛应用。几乎从一夜之间，在线诉讼实现了从趋近于"零"到"有"再到"多"的突破。[2]另一方面，云模式也依托在线诉讼得到飞速发展，疫情之初，移动微法院平台就实现了全国四级法院全覆盖并得到广泛应用。现如今，我国如何借助疫情防控期间积累的经验更好地发展在线诉讼云模式，值得我们深思。

因此，本文旨在考察在线诉讼云模式推动智慧诉讼的效用，反思在线诉讼云模式存在的问题，以期推动在线诉讼云模式的完善。同时，本文采取了实证研究的方法，帮助建立对研究对象更精准的认知，从而使为在线诉讼云模式提出更精准合理的建议具有可能性。考虑到杭州市是中国首家互联网法院所在地，对在线诉讼拥有较为丰富的经验，所以本文以杭州市为在线诉讼云模式实证调查的地点。

二、在线诉讼云模式概述

在线诉讼指的是，依托互联网技术完成囊括立案、调解、证据交换、询问、庭审、送达等环节的诉讼模式。近年来，随着大数据技术的迅猛发展，云计算技术也有了很大进步。云计算是分布式计算的一种，指的是通过网络"云"将巨大的数据计算处理程序分解成无数个小程序，然后通过多部服务器组成的系统处理和分析这些小程序，并将分析结果反馈给用户。[3]

大体来说，云模式就是以云计算技术为核心的模式。目前，不同文献资料与平台从不同角度具体定义云模式。第一种定义认为，云模式是一种电子商务应用模式，而商务云模式是第四代价值型搜索引擎与云计算相结合的一种新型电子商务应用形式。第二种定义认为，云模式可看作云计算按照部署模式的不同分成的三大类，即公有云、私有云和混合云。第三种定义认为，云模式是指以下三种以云计算为基础的服务模式，即基础设施即服务（Infrastructure-as-a-

---

[2] 参见左卫民：《中国在线诉讼：实证研究与发展展望》，载《比较法研究》2020年第4期。
[3] 参见许子明、田杨锋：《云计算的发展历史及其应用》，载《信息记录材料》2018年第8期。

Service)、平台即服务（Platform-as-a-Service）以及软件即服务（Software-as-a-Servic)。前述三种不同的定义中，第一种将云模式狭义地看作一种与云计算结合的商务云模式；第二种从云计算的部署模式角度给出了云模式的定义；第三种则认为云模式就是云计算的服务模式，在不同层面为用户构建堆栈，提供虚拟化计算资源。

综上所述，本文认为，所谓的云计算是指整合大规模可扩展的计算、存储、数据、应用等分布式计算资源进行协同工作的超级计算服务模式。云模式就是建立在云计算理念的基础上，通过建立起内容丰富的虚拟数据库，提供强大数据处理分析能力的一种全方位信息化综合服务模式，可具体分为基础设施即服务、平台即服务以及软件即服务三种。本文聚焦云模式在诉讼领域的应用。

三、在线诉讼云模式的意义

（一）提高诉讼效率

诉讼云模式依托大数据、云计算、人工智能等先进技术，贯穿包括立案、调解、证据交换、询问、庭审、送达等环节在内的在线诉讼全流程，全面推进信息技术在司法中的深度应用，在实现司法活动一体化、在线化、智能化的同时，有效提高了在线诉讼效率。

1. 诉讼全流程在线促进司法服务便捷化

在司法服务上，云模式的运用能够不断深化人民法院对在线服务的探索，使在线诉讼覆盖司法领域全业务、全流程成为可能。通过搭建云上服务网络平台实现全流程线上诉讼，为人民群众打造高效便利的诉讼模式。

2017年8月，杭州互联网法院正式成立，开创了诉讼全流程在线的互联网司法新模式。此后，浙江省各级人民法院依托全省法院办案办公一体化平台，在线上纠纷线上解方面不断深化杭州互联网法院改革，对外诉讼服务方面形成了移动微法院、浙江法院网、智慧法院应用程序三位一体的主渠道，诉前调解阶段搭建了在线矛盾纠纷多元化解平台。人民法院在线服务涵盖了包括调解、立案、阅卷、送达、保全、鉴定在内的各项司法活动，当事人只需通过一个统一的在线诉讼平台即可办理所有诉讼业务。线上线下深度融合使得法院不再是诉讼的唯一场地，群众诉讼、法官办案不再受时空限制。当事人不仅可以远程立案，还能随时随地参与诉讼活动，实现跨时空庭审。

2. 智慧赋能助力诉讼节点智能化

在实现平台化、无纸化的基础上，杭州互联网法院还充分利用"算法＋数据"的优势，在智审、智执、智管等方面推动人工智能与司法活动的深度融合，切实为法官减负。法院依托文字识别、自动语音识别、自然语义处理等技术为办案人员提供立案信息回填、繁简自动分流、笔录智能生成、类案智能推送、文书智能纠错等审理全流程伴随式智能辅助，[4]使各个审判节点更加智能化，提升审判质效。例如杭州市上城区人民法院研发的"凤凰金融智审3.0"系统，其会在人工智能法官助理"小智"的支持下对进入"凤凰金融智审3.0"的金融纠纷案件进行审查立案、分案排期、文书送达。在开庭审理以及之后的当庭宣判、电子归档等环节，也由"小智"完成大部分程序性事务。同时，根据"小智"实时生成的庭审预判，法官即可当庭宣判。这使得法官能在不影响办案质量的前提下，把更多精力放在处理复杂疑难案件上，提升了司法审判的整体效能。截至2022年4月，"凤凰金融智审3.0"系统已处理案件3000余件，减少书记员工作量60%，减少法官工作量30%，使平均审理时间缩短39.4%，提升了金融纠纷从调解、立案、审理到裁判等办案各环节、全流程、全要素的智能化水平。[5]

3. 司法程序代码化助推诉讼环节自动化

人工智能技术在司法领域的应用，可以将司法规则转换成能够自动运行的程序代码，按照符合程序规定的方式将司法过程精确拆解，又借助数据分享和集中管理，令系统中的每一个"动作"都为管理者可见。[6]例如，杭州互联网法院利用互联网、大数据、云计算等先进技术，开创了新型网络执行体系。这一新型网络执行体系借助第五代移动通信技术（5G）和区块链技术，对执行过程进行全方位、立体化的记录。一方面，它可以实现第五代移动通信技术网络传输。通过网络连接执行指挥中心，真正实现了执行现场和执行指挥中心之间

---

[4] 参见李占国：《"全域数字法院"的构建与实现》，载《中外法学》2022年第1期。
[5] 参见林慧：《全域数字法院视野下"凤凰金融智审"技术应用与深化问题研究》，载微信公众号"浙江天平"，https://mp.weixin.qq.com/s/5oxabRCiDYhrJBvu2t80Kw，最后访问日期：2024年5月5日。
[6] 参见芦露：《中国的法院信息化：数据、技术与管理》，载《法律和社会科学》2016年第2期。

高清、实时、低延迟连接，确保了执行的及时性。另一方面，它通过可信时间、可信位置、可信算法、可信硬件、可信人员、可信节点解决源头数据失真的问题，使真实数据上链，既保证了执行过程的完整性、真实性、可信性，又便利了各部门对标准执行的监督工作。司法程序的代码化大大降低了司法的运行成本，提高了诉讼效率。

（二）提升诉讼质效

在线诉讼云模式不仅在程序上促进了各个节点效率的进一步提升，在司法公正的实体层面，还提升了服务当事人的诉讼质效，辅助法律工作者完成诉讼，并进一步将司法融入社会治理中，推动社会协同治理。

1. 提高诉讼服务质量，增强当事人司法获得感

习近平总书记指出："全面依法治国最广泛、最深厚的基础是人民。"[7]在线诉讼云模式的建设坚持以人民群众的需求为落脚点、出发点，通过数字赋能，深度挖掘人民群众的诉讼需求，打通诉讼服务的每一个节点，进一步提升诉讼质效。

在信息化时代，借助司法公开等线上服务，人们拥有更广泛的渠道获取信息，但海量的信息往往会造成"信息过载"，反而不利于当事人精准查找，而云模式就能通过大数据分析，主动地、具有针对性地回应当事人的需求。

除在中国裁判文书网公开上传裁判文书外，杭州市多家法院在几大主流调解平台——浙江解纷码、中国（杭州）知识产权·国际商事调解云平台等，均向当事人开放类案检索功能。类案检索功能依托庞大且不断扩充的案例数据库实现案件分类。其主要有以下三种模式，平台会择一或混合使用：一是提供储备数据库，当事人勾选相关的案由找到以往的相似案例；二是对当事人的提问作出回应，通过24小时在线的法律机器人答疑，推送相关案例及法规知识；三是通过算法分析，精准提供历史相似案件，智能推送调解或判决结果供各方参考。

同样值得关注的是，在具体的诉讼流程中，在线诉讼云模式不仅将原本在线下进行的诉讼环节转移到线上进行，更通过智慧赋能，在诉讼的多个节点进

---

[7] 习近平：《坚定不移走中国特色社会主义法治道路 为全面建设社会主义现代化国家提供有力法治保障》，载人民网，http：//jhsjk.people.cn/article/32038656，最后访问日期：2022年3月24日。

行了创新，使当事人拥有更好的司法服务体验感。其中，最为典型的代表便是通过要素化起诉答辩大幅降低维权门槛，帮助更多不熟悉法律知识的当事人提起诉讼。杭州市上城区人民法院的"凤凰金融智审3.0"系统和杭州互联网法院、杭州市余杭区人民法院的"知产智审"系统均采用"知识图谱+模型算法"，实现了要素化起诉、答辩。以"知产智审"系统的要素化起诉为例，系统事先对上万件涉著作权、信息网络传播权案件进行深度解构学习，形成了要素化的起诉和应诉规则。只要当事人按要素填写表格，系统就能自动生成起诉状，大幅降低了维权门槛。

2. 坚守法律公平正义，助力法官公正审判

公正一直是审判所追求的目标。在传统司法过程中，裁判者受制于物理空间，其司法亲历性受限，增加了审判难度，同时，由于法官认知上的差异，同案不同判的现象也并不少见，有损审判公正性。在线诉讼云模式的飞速发展助力了大数据、人工智能等技术融入司法审判，为审判公正提供了多重保障。

在线诉讼云模式深刻变革了法律工作者对当事人数据与信息的搜集模式。在传统诉讼模式中，法律工作者对当事人数据与信息的获取多来源于当事人递交的材料以及和当事人现场交流等，在线诉讼云模式大大丰富了法律工作者获取当事人及案件信息的途径。在传统诉讼模式中，当事人的数据信息在被搜集之后一般就处于"静止"状态；在线诉讼云模式中，当事人在平台上的每一步操作都将被系统处理后以身份数据、财产数据等形式储存起来，时刻处在动态更新当中。

如果说数据搜集就是对案件事实的呈现，那么审判工作就是对案件事实的评价。由于现实案件的复杂多样，裁判者往往只能基于法律规则针对个案作出分散的、个体的判断，在一定程度上导致了司法实践中"类案不类判"的现象。为应对这个难题，杭州市各法院积极开发探索智能裁判辅助系统，力求"类案类判"。目前，杭州市开发的智审系统多以"知识图谱+模型算法"的方式智能预测裁判结果。知识图谱是指针对某一领域审判实践的"知识点"、"知识图谱"和"争点"以及该领域的大量判例进行知识整理，根据要素进行拆解、梳理、提炼、分析从而建构的该领域的法律知识图谱。[8]根据知识图谱构建智审

---

[8] 参见吴旭阳：《司法裁判智能化的模式建构》，载《浙江社会科学》2022年第6期。

系统后，还需要向其输入大量案例进行学习，如"知产智审"系统就学习了上万件涉著作权、信息网络传播权案件。通过大量学习案例，智审系统能够在大量输入的信息中识别何种信息属于小前提，这些小前提又属于哪一类规则（大前提）的适用范围（法律事实），由此预测出与类案相似的结果。在审理案件时，智能辅助裁判系统能够依托案例数据库，在云计算系统中对不同类型案件进行查询、对比。故而，其所作的每一份判决，都是一项数据庞大的实证法研究和一次综合衡量，尽可能地避免了法官主观性对审判公正的不利影响。

（三）强化审判管理

"公正与效率"是司法的永恒主题。在线诉讼所带来的便捷，是"诉讼爆炸"的诱因之一，对审判管理工作提出了更高的要求。在提升诉讼质效之外，云模式也依托在线诉讼的便捷性，为审判管理模式注入了新的活力。

1. 发挥数字监管的提质效能

保障案件处理质量是审判管理的核心需求。云模式通过数字赋能，进一步规范了裁判权、执行权，有效地促进裁判、执行质量的提升。在裁判阶段，杭州互联网法院的案件数字画像除了能记录基本的收案数、结案率等流程数据，还能进一步提炼出服判息诉率、改判发回瑕疵率等核心质效指标。与此同时，杭州互联网法院实行庭审全程录音录像，实现在线庭审视频一键点击播放、异步审理对话一键点击浏览、结案文书一键点击查看。此外，系统还能智能监测审判过程和结果偏离态势，为审判提供多重保障。在执行阶段，浙江省各级人民法院积极推动"智慧执行 2.0"建设，杭州市各级人民法院深入贯彻执行。"智慧执行 2.0"系统增设了对每个案件的质效监控功能，以动态画像对工作人员进行绩效考核，同时加强了数据管理，确保执行行为、监督管理、风险管控全过程留痕。

2. 促进审判数据深度融入社会治理

将大数据同社会治理深度融合、运用大数据解决复杂社会问题成为时代发展的必然趋势。[9]云模式还可以通过对司法大数据的分析，归纳总结案件的要点，为科学决策提供参考。在实践中，杭州市不少法院已经采取大数据分析的

---

[9] 参见付立华：《大数据与司法社会治理：应用及其伦理》，载《山东社会科学》2021年第4期。

做法，通过缜密的算法计算，反映社会某一领域的特定问题，为政府建言献策。杭州互联网法院系统通过对互联网纠纷的形势、样态和原因等进行分析，判断互联网纠纷的风险点、数字经济发展的机制障碍以及政府管理存在的漏洞，为政府提供有益的决策参考。杭州市上城区人民法院"凤凰金融智审3.0"系统增加了金融纠纷智能分析功能，可以实时统计全省金融案件数据，对案件分布、金融机构出险量等进行智能化分析和展示，助力防范化解金融风险。

四、在线诉讼云模式潜在的问题

（一）本质问题

1. 云模式与法律代码化的反思

随着云模式不断深入法律研究，信息和法律的交叉部分越来越多。人工智能的算法变革使得这样一种"声音"产生：算法是一种代码式的法律，它以另一种法律规则运行来替代现实法律的运行。[10]我们需要正视法律代码化的问题。

在法律逻辑的问题上，博登海默如此表述："为使法律具有逻辑自洽性、可预见性和稳定性……西方社会通过精心设计一种同质化的法律技术和方法，试图确保和维护法律自身的自主性。"[11]博登海默的表述在某种程度上揭示了，要获得一个近乎完美、简洁、逻辑自洽的法律体系，就需要基于法律文本的文字表达并舍弃对于社会现象的价值评价，从而打造独立的逻辑空间。然而，即使如此，要想在自然语言的文本上抽象出一个独立完整的逻辑空间依然是不可能的，要想以"非法/合法"的二元体系对任何一个客观事实进行判断并不现实，而这正是以二进制为逻辑的法律代码化所要解决的最根本的问题。因此，有学者指出，以绝对理性方法构建的法律规范仅仅是简单冰冷的逻辑规则的堆积，并非人们所真正需要的符合人类价值追求的法律。[12]

除了面临本体论上的追问，法律代码化在司法实践中亦存在着难题。"算法歧视"是指自动化决策中，由数据分析导致的对特定群体的、系统性的、可重

---

[10] 参见魏斌：《智慧司法的法理反思与应对》，载《政治与法律》2021年第8期。

[11] ［美］博登海默：《法理学：法律哲学与法律方法》，邓正来译，中国政法大学出版社1999年版，第275页。

[12] 参见褚尔康：《法律"代码化"理论的形成逻辑与运行机理》，载《未来与发展》2022年第5期。

复的不公正对待。[13]计算机程序本身并不带有任何人为的、主观的色彩，仅仅根据指令输出相应的结果，是作为"裁判者"的角色而存在的。但问题在于，计算机算法与程序由程序员所编写，他们完全可能基于主观色彩和自身的利益诉求改变某些参数，使得计算机程序所输出的结果实际上并不是很客观，带有程序设计者的偏见。而这种"算法歧视"违背了正当程序的公正要求。即使计算机程序的运行不受人为操控，但是事前带有偏见的程序设计就使得计算机程序必然不可能成为不偏不倚、不带有歧视因素的"裁判者"。可以预见的是，如果不对"算法歧视"作出规制，那么一旦带有歧视性的算法被大规模地应用到自动化决策中，相关群体将会长期反复地受到歧视以及侵害，他们所遭受的不公也就会成为现实并被不知不觉地接受。以此类算法辅助司法裁决，将会违背司法公正的规律。

2. 在线审判模式的局限性

在线诉讼在很大程度上变革了审判模式，克服了空间与地域的限制。异步审理模式更突破了时间的限制，当事人可利用空闲时间，不同时、不同地、不同步参与诉讼活动，充分保障当事人的诉讼权利。[14]

不可否认的是，在线诉讼是对审判模式的变革，其虽然没有从根本上改变当事人的诉讼权利，仅在形式上变动了诉讼方式，[15]但形式的变动与程序保障紧密相关，其潜在的司法亲历性问题不容忽视。所谓亲历性，是指司法人员应当亲身经历案件审理的全过程，直接接触和审查各种证据，特别是直接听取诉讼双方的主张、理由、依据和质辩，直接听取其他诉讼参与人的口头陈述，并对案件作出裁判，以实现司法公正。传统诉讼模式对于亲历性的程序构造主要体现在在场性和仪式性两方面，在线诉讼恰恰对这两方面造成了重大冲击。

从"去在场性"的角度来说，在线庭审对直接言词原则产生了直接的冲击。直接言词原则指的是法官在庭审中必须直接接触诉讼当事人与诉讼参与人，并且直接审查案件的事实材料和证据，主要表现为"直接"原则——"直接接

---

[13] 参见章小杉：《人工智能算法歧视的法律规制：欧美经验与中国路径》，载《华东理工大学学报（社会科学版）》2019年第6期。

[14] 参见杜前：《电子商务审判态势与相关法律问题研究——以杭州互联网法院司法数据为基础》，载《中国应用法学》2019年第5期。

[15] 参见王福华：《电子诉讼制度构建的法律基础》，载《法学研究》2016年第6期。

触"、"直接举证"和"言词原则"三个方面。在传统的线下诉讼中,诉讼主体聚集在一个固定的、有限的物理空间内,彼此可以清晰地看见对方的面容,听见对方的声音,这就是所谓的"直接接触"。而在以网络为媒介的在线庭审中,诉讼各方仅仅通过信息网络产生联结,他们之间的"接触"仅限于他们面前的屏幕,事实上他们可能在空间上相距很远。这样一来,就很难达到传统法理所界定的"直接接触"。"言词原则"是指法庭审理必须以口头陈述方式进行。作为在线诉讼中颇受关注的一种庭审方式,非同步审理机制指的是将案件的各审判环节分布在诉讼平台上,法官与原告、被告等诉讼参与人在规定期限内的任意时间登录平台,以非同步、非面对面的方式完成诉讼的新型审理模式。因此,在以此种方式进行审理时,各主体之间可能采用了录音或文本的形式进行信息传达,但文本的形式显而易见并不是口头形式。此外,非同步审理中的信息传达可以是经过充分和审慎的考虑的。尤其是在法官询问证人之后,证人可以经过充分的思考,而这也使得法官发现和排除伪证的难度大大提高。

从"去仪式性"的角度来说,在线庭审可能会使司法的权威性有所下降。在传统线下庭审中,即使法庭的规模不大,其特有的布置也还是会让人产生肃穆感。法官坐在中间,身穿黑色法袍,手握法槌;其身后悬挂了国徽;诉讼当事人分列两席。这样的布置在事实上产生了很强的仪式感,诉讼各方也在不知不觉中产生了肃穆感。而在在线庭审中,没有了现实性的布置,诉讼各方可能坐在家中,仅仅面对着一块屏幕。这样的庭审甚至与一般的线上会议并无二致。而失去了这种仪式感的约束,就会使庭审缺乏庄严肃穆的氛围,当事人对诉讼程序可能不再那么尊重,程序法也有未被充分贯彻的可能。[16]

(二) 方法性问题

云模式融入司法改革,本质上是通过建立数据库进行一系列的分析,最终提供更加高效的司法服务的一种方法。全面审视云模式,其在前置的数据搜集和结果性的司法服务中都存在着风险。

1. 前置性缺陷:数据搜集的困境

云模式建设的基础在于建立庞大的数据库,这势必依托海量的司法数据。

---

[16] 参见段厚省:《远程审判的程序正当性考察——以交往行为理论为视角》,载《政法论丛》2020年第2期。

然而，现有的司法数据存在数据不全、数据质量良莠不齐、数据垄断三大问题。

当前，司法数据最重要的来源无疑是中国裁判文书网。目前，杭州市多家法院在线诉讼各环节所应用的司法大数据，如调解环节中浙江解纷码平台的案例库，庭审环节中"知产智审"系统建立的基础知识图谱、所学习的上万件案例均依托中国裁判文书网。然而，在中国裁判文书网上公开的案件数量与实际数量并不相符。2020年，地方各级人民法院和专门人民法院审结、执结案件超3000万件，[17]而裁判文书网上传文书数量仅为1490.4万件，其中还存在重复上传一类的错误。特别是在线诉讼兴起较晚，想要借鉴参考同样以在线庭审方式审理的案件更是难上加难。在实证考察中，通过输入"在线诉讼""微法庭""远程审理"等10余个关键词搜索，仅找到百余篇裁判文书，其中还包含3篇重复上传的裁判文书。由此，审判辅助、类案检索等功能的成效性值得深思。

与此同时，数据质量存在良莠不齐的现象。同样以中国裁判文书网为例，其所上传的案例并非每一件都有充分的说理，本身也存在类案不同判的现象，但是机器并不能自主分辨出需要排除在外的错误案例，以此为基础进行智能裁判结果预测是不准确的，何况随着新法出台，原来的旧案就失去了其作为数据来源的合理性。在数据检索时，错案、旧案却不会被特别标注，导致机器在面对个案时，仍然不能避免使用不当判决。

此外，数据垄断现象值得关注。在法院之间的信息互通上，虽然杭州市各法院能够依托全省法院办案办公一体化平台实现内部数据的互联，但随着新兴技术的发展，数据之间的互通面临新的挑战。例如，就目前得到较多应用的区块链技术而言，各法院之间的区块链平台难以互通；前文所提及的诸多应用也多局限于法院辖地，在杭州市内尚未做到互通互享。在外部与各行政机关的互通方面，虽然有部分应用实现了互联，如浙江省推动的不动产处置"一件事"改革将办案系统横向对接自然资源、税务等单位，纵向贯通省、市、县、乡、村5个层级，但纵观市内整体发展，法院与其他部门、机关之间的信息互通仍普遍不畅。

2. 结果性缺陷：司法裁判的难题

云模式为在线诉讼各个环节提供了智能化服务，其中最主要的服务是通过

---

[17] 参见《最高人民法院工作报告》，载中国法院网，https://www.chinacourt.org/article/detail/2021/03/id/5868576.shtml，最后访问日期：2024年1月22日。

知识图谱和案例学习提供智能裁判结果预测，从而达到类案类判之效用。在具体的适用方法上，首先将数据库分为训练集和测试集，由经过专业训练的数据标注员进行标注，然后用已标注的数据训练机器，进而得出以概率函数、代数函数或人工神经网络为基函数的数学模型，再通过模型对新的案件进行所属类别的预测。

然而，作为"由因确果"的司法裁判，其基础是因果关系，机器对于知识图谱的学习是"关联性"的，而非"因果性"的。机器的这种思维方式对传统法律方法论产生极大冲击。"由因确果"指的是根据法律规则，确定某一现实损害是否能够归因于被告，从而确定其法律责任。而机器不具备人类的推理思维，不能真正理解两者之间的因果关系。事实上，机器学习算法能做的，只是通过一种自动化的方式用多种预设配置将一组观测值（输入值）与一组可能结果（输出值）关联起来，[18]并不能充分理解输入值与输出值之间的因果关系。具体而言，"知产智审"系统在给出裁判结果时就是借助大数据技术筛选出相似程度高的案例，归纳出类案审判的共同点。因此，机器学习不能够完全排除错误的相关关系。在具体实践中我们也可以看到，适用智能裁判辅助系统的多为某一特定领域的案件，杭州市各法院所普遍应用的"知产智审"系统与"凤凰金融智审3.0"系统就是如此。特定领域的小范围适用能够极大地提升专业度，减少"相关关系"与"因果关系"之间的矛盾，进一步保障了裁判的正确率。而想要实现大量案件的广泛适用，仍然需要很长一段时间。

除此之外，"类案类判"本身亦并非完全意味着公平正义。机器所具备的只是历史经验，而不具备衍生学习能力。机械的类案类判必然会导致法官丧失自由裁量权，司法对于立法的反思作用也会受到巨大影响。而当下我国大力推广类案类判，最高人民法院就曾发布《最高人民法院关于统一法律适用加强类案检索的指导意见（试行）》，意图以类案检索推动类案类判。实践中，在"凤凰金融智审3.0"系统的帮助下，案件从开庭到进入电子归档程序，往往只需半个小时，智能裁判辅助系统在其中起到的作用不可或缺。如何做到人工智能预测裁判结果与法官自由裁量权之间的平衡，值得我们的深思。

---

[18] 参见冯洁：《大数据时代的裁判思维》，载《现代法学》2021年第3期。

(三) 技术性问题

1. 基础设施仍待进一步升级

杭州市中级人民法院早就在"民事诉讼繁简分流试点"改革的试点报告中指出最基础的网速问题。之后，杭州市多家法院虽然对基础设施进行建设，但仍不能充分保障在线诉讼需求。以杭州市萧山区人民法院为例，该法院虽然设置了专门的在线诉讼庭室，并特别在亚运村法庭中设置了互联网法庭，但由于案件繁多，有在线庭审需求的案件也不一定能在专门庭室开庭。因此，法官往往只能通过非专业设备如手机等开庭，从而导致频繁掉线等问题。

2. 高新技术难以进一步普及

第五代移动通信技术、虚拟现实（Virtual Reality）技术在智慧司法过程中发挥的效能有限，短时间内不太可能实现大范围普及。第五代移动通信技术建设耗资巨大，从基站的建设到宏站、微基站的建设以及光传输等都需要大量的资金，而基站数量的增加使得基站建设的费用越来越高，光纤量也会激增。目前，第五代移动通信技术仅适用于网络庭审和执行，主要对庭审、执行过程进行在线的立体化记录。虚拟现实技术也存在基础设施昂贵的问题，目前多用于司法网拍，为在线用户提供身临其境的看样体验，在更加重要的庭审环节中尚缺乏应用条件。

此外，区块链技术也存在一定风险。区块链技术维护的数据库信息透明、难以篡改，但是该技术存在无法分辨上链数据真实性的问题。区块链的延长和扩增是在已经形成的最长区块链的基础上进行的，其中一个区块的头部信息一旦改变，随后的每一个区块的头部信息都会发生改变，因为后区块中的头部信息既包含了前区块中头部信息的特征，也包含了其内容信息，如果上链的信息是真实可信的，那么整条区块链都是安全的。目前，区块链只允许符合技术资质审查标准的行业联盟链成员接入，对一般的用户是不完全开放的，在这种情况下，一旦上链信息出现错误或被篡改，那么整条由数据建立起的数据网络具备极高正确性的说法就是无稽之谈了。

3. 复合型人才亟待培养

将云模式融入司法，意味着法律与信息的结合，这就导致在线诉讼云模式对通晓法律知识与技术的复合型人才有着极大的需求。以前文所提到的数据标注为例，数据标注技术在类案检索中发挥着重大作用。数据标注指在数据挖掘与处理的过程中对不同类型的案件特征进行提取，并利用这些特征在案件卷宗中识别类案。

不同于其他领域，在对法律领域的数据集的处理与制作方面，数据标注技术存在着独特的门槛。由于目前的机器学习多以有监督学习为主，这就需要有数量足够的带标注的数据集来供机器学习。以机器学习中最常见的图像分类技术为例，在有监督的机器学习情况下，就需要由数据标注员提前进行大规模的图像数据标注。这在图像分类中是可以实现的，但是卷宗与图像的预处理有很大区别，法律文书的分类具有一定的门槛，对法律文书进行标注时需要先训练标注人员，这就需要技术与司法复合型人才。否则极易使数据标注的质量参差不齐，进一步导致法律文书资料库建立失败。

然而，互联网司法人才培养模式还不够成熟。目前来看，适用于互联网司法建设的人才培养体系尚未全面建立。一方面，杭州各高校法学院并未开设与在线诉讼云模式相关的技术课程；另一方面，部分高校于2019年才开始在小范围内招收人工智能法学专业硕士研究生，尚未有大批具备相关专业知识的法律人才进入法院，法院缺乏技术与司法复合型人才。

五、完善在线诉讼云模式的路径研究

（一）理论探究

1. 以人文主义为设计理念

在厘清云模式的地位之前，首先要明确的是机器与人存在的差别以及由这种差别而得出的结论——机器无法取代人。机器虽然有自动学习样本和数据的能力，"机器学习还通过搭建多层神经网络急剧增加系数数量"[19]，这使得机器看起来具有与人相似的"自主决策能力"。但实际上，机器所做的仍不过是基于"输入""输出"的逻辑计算，而无法真正做到像人一样兼具情感与理性的深度思考。再者，与云模式在其他生产生活领域的应用不同，司法裁判涉及的是人的权利与义务，关系到人们的切身利益和权利保护。如果以机器裁判代替法官判案，不仅会使判决本身的权威性受到质疑，还存在裁判不公损害当事人权利

---

[19] 杨延超：《算法裁判的理论建构及路径选择——基于若干人工智能实验的启示》，载《治理研究》2022年第4期。

的危险。因此，在诉讼领域引入云模式应是一个以人文主义为设计理念的改革过程，并非单纯以机器取代法官。

2. 以法官主导、机器辅助为裁判格局

在上文中，我们可以看到机器可以辅助裁判文书生成。机器虽然有自主学习和决策的功能，但这种功能仍然受到人的控制。在定位上，我们必须明确智能裁判是在以法官为裁判主体的前提下引入的，比一般技术更为强大的工具——人工智能辅助法官办案，从而使法官能够从程序性事务中解放出来，更好地投入到案件本身。

需要指出的是，机器在裁判过程中生成的判决书体现的仍是法官的意志。一方面，法官是算法模型的决策者，法官根据判案经验和法律逻辑绘制的知识图谱是后续转化为算法语言的基础；另一方面，机器所做的决策对于法官而言更多起的是辅助作用，法官的意志仍在判决中起主导作用。在判决书自动生成后，法官并非全盘接受，而是结合自己的审判结论对此进行修改。

（二）制度保障

传统的诉讼原则、规则不能完全满足在线诉讼云模式及其背后所涉及的技术的需求，为此，我们要建立起配套的法律制度，有效规制"技术"这一介入手段。

1. 基于内部混合决策构建法官问责制度

人工智能本质上是辅助工具，让人工智能承担法律责任不具备可能性。然而，人工智能介入司法作出裁判预测破坏了审判的独立性、排他性，使法官的权与责之间出现了一定的模糊性。这种模糊性有可能使法官的责任被有意地转嫁给人工智能，导致司法价值的失衡。因此，我们有必要建立起完善的法官问责制度。

赋权型问责机制是指通过赋予法官相应的权利，保障法官对裁判结果的决定权，并由法官对其审判行为和裁判质量承担责任的一种问责机制。[20]该机制的特点是重新赋予法官权利，这与人工智能影响到审判权，削弱了法官的独立性相契合。只有对法官的权利进行补正，才能使法官的权责一致，进而构建起完整的问责机制。具体来说，可分为以下两个层面。

---

[20] 参见雷婉璐：《智能辅助审判技术下法官问责难题的破解路径》，载《哈尔滨工业大学学报（社会科学版）》2022年第2期。

第一，赋予法官结果选择权。对于人工智能作出的裁判，法官拥有选择权。这也就意味着在法律上要明确法官的主体地位，肯定法官拥有裁判的最终决定权，而人工智能作出的裁判只起参考性作用。如此一来，法官选择人工智能作出的裁判，就要对其负合理的审查义务。考虑到人工智能生成的裁判文书在说理方面较薄弱，法官应对裁判文书进行心证补充。此外，人工智能裁判系统还会自动归纳争议焦点，法官也要对此负有合理的审查义务。

第二，赋予法官算法解释权。算法解释权是指当自动化决策结果对相对人有法律上或者经济上的显著影响时，相对人有权向算法使用人提出异议，要求其提供对具体决策的解释，并拥有要求更新数据或更正错误的权利。[21] 这是因为算法具有专业性、技术性，如果不加以解释，普通人难以理解。在这样的情况下，要求法官对算法负全部责任，显然是不合理的。

2. 基于外部信息搜集构建信息准入制度

在线诉讼云模式存在数据不全、数据质量良莠不齐、数据垄断、数据标注困难等问题。作为前置性的数据，其不准确性直接影响到包括智能裁判在内的各个环节结果的精确性。因此，我们有必要建立起信息准入制度，对进入智能系统的信息进行"质"与"量"的控制。

信息的搜集可分为获取数据资源和数据标注两个阶段。在获取数据资源阶段，需要建立起动态的司法数据引入和退出机制，对数据进行筛选、清洗。[22] 在类案检索到的案件中，一方面要注重案件的广泛性，应涉及多个地域、由不同级别的法院裁判；另一方面，要严格把控检索案件的质量，避免出现说理不充分、不清晰甚至裁判错误的文书。应特别注意的是，要衡量级别、地域、时间之间的优先级。譬如，有当事人试图检索在 C 区发生的某案件的类案，最终检索到两个裁判，其中一个是在 5 年前由 A 市中级人民法院作出的，另一个是在 2 年前由 B 市基层人民法院作出的。这两个裁判，哪个应被优先考虑？这些都有待进一步明确。此外，要在立法层面进一步规定横向单位之间数据互通的门槛与界限，以加大对数据垄断的打击力度。

---

[21] 参见张凌寒：《商业自动化决策的算法解释权研究》，载《法律科学（西北政法大学学报）》2018 年第 3 期。

[22] 参见刘国华、沈杨：《人工智能辅助司法裁判的实践困境及其应对策略》，载《学术交流》2021 年第 9 期。

在数据标注阶段，数据标注本身要求标注人员具备一定的技术水平和法律知识。实践中，一般先由法律工作人员和技术人员相互沟通，再由技术人员对数据进行标注。因此，我们无法保证技术人员在标注时是否带有主观色彩。为应对这种情况，我们应该加强对技术人员的司法教育，建立起配套的技术规范。此外，在法官问责制之外，还应当重视对技术人员问责制的建设，探索合理的责任分配机制，允许法院向技术公司和技术人员追责。

（三）场域构建

将视角重新集中于在线诉讼云模式具体的应用场景，我们会发现当前的弱人工智能只能根据设置运行既有程序，而无法真正像法官一样进行法律推理和价值判断，其所能发挥的作用更多是帮助法官完成程序性的事务，提高审判效率。因此，限定人工智能的适用范围是必要的，这不仅是因为人工智能技术的限制，更是出于保护当事人利益最大化的需求。

1. 适用案件类型的限制

在人工智能应用现状之下，大部分法院依旧处于初级人工智能的探索阶段，机器裁判所涉及的案件类型也是有限的。"在司法裁判中，事实认定分为两个过程：客观事实认定与法律事实认定"[23]，相比客观事实认定，算法在法律事实的认定上存在更多可能性。而"法律事实认定＝客观事实＋价值判断"，一般来说，价值判断占比越低，机器认定的准确率就越高。因此，处理事实关系错综复杂、涉及情感道德层面的疑难案件人工智能就无法胜任了。机器更适合应用于事实清楚、权利义务关系明确、争议显著较小、同类案件数量庞大的简单案件。比如，司法确认和督促程序等非诉案件以及金融借款合同纠纷、涉网知识产权纠纷、小额标的案件等。以杭州市余杭区人民法院"知产智审"系统为例，该系统适合审判事实清楚、要素清晰、同质化程度高的案例。在认定版权是否侵权方面，模型基于对大量裁判文书的学习可以得出比较高的准确率。另外，基于人工智能模型"深度学习的最大拟合特征"，在知识产权赔偿金额的计算方面，算法模型可以最大限度拟合此前同类案件，在数千份裁判文书的基础上提炼类案裁判金额计算标准，从而为法官提供专业参考。

---

[23] 尤文杰：《"冷热交替"地再思考：人工智能裁判的困局与进路》，载《上海法学研究》集刊2022年第11卷。

2. 适用案件程序的限制

云模式应根据不同诉讼阶段的特点发挥不同程度的作用。一方面，智能裁判系统应当主要适用于一审案件，而不得适用于上诉、再审或者发回重审的案件。首先，智能裁判的主要功能是提高审判效率，缓解人案矛盾。而上诉、再审或者发回重审的案件多是事实不清、证据不足的疑难案件，智能裁判无用武之地。其次，智能裁判案件一般在一审时便已经由法官做过一次判断了，二审的目的主要在于纠错。另一方面，对于不予受理、管辖权异议、驳回起诉等单纯的程序性事项，可以充分发挥智能裁判系统的监督和提醒功能。这些单纯的程序性事项更追求效率，与人工智能裁判的定位和功能不谋而合。

（四）技术支持

1. 多手段助推在线诉讼智慧发展

（1）运用虚拟现实技术增强在线诉讼感知

目前，在线庭审将人与人之间的直接接触变为屏与屏的虚拟接触，缺乏实际的体验感。为增强当事人对诉讼的真实感知，我们可以通过虚拟现实技术将诉服大厅的全部服务区域和设施设备展现给用户。用户可通过小程序以第一视角自由地漫游诉讼服务中心，并通过人工智能虚拟助手的引导功能实现诉讼风险评估、诉讼文书生成、业务咨询问答等操作，让用户在足不出户的情况下就可以拥有能与现场媲美的体验。具体来说，在云诉讼的实践拓展中，我们可以将诉讼场景进行转化，通过计算机将真实和虚拟相结合，打造出一个人机便捷交互的跨空间体验环境。通过广义虚拟现实技术，即狭义虚拟现实、增强现实和混合现实三者的视觉交互融合协同技术，为体验者带来虚拟世界与现实世界无缝衔接的"沉浸感"。

在智慧法院的建设中，我们可以用虚拟现实技术打造高度仿真的庭审环境，为在线诉讼当事人提供沉浸式的庭审体验，还原庭审仪式感，增强在线诉讼的司法公信力。通过戴上虚拟现实设备，转动头部，就可以看到法庭开庭实况。同时1∶1的高度模拟成像技术使得在屏幕上呈现的人像与真人比例相同，极大增强了网络庭审的现场感。

值得一提的是，在取证质证环节，虚拟现实技术也赋予了办案人员"千里眼"，使其能够对案件现场进行全息查看，为诉讼提供了具有说服力的证据。在质证环节，虚拟现实技术可以将取得的证据数字化，即把证据的三维模型保存到数据库。根据证据形态,数据采集有多种方式,可以进行三维建模,也可以将现场图景制作成全景照片。

在数据采集完毕之后需要把数据与证据链相关联,当庭审讨论到某个争议点时,可以通过虚拟现实设备直接展示证物,通过操作设备让各方看到证物细节。比如让证人戴上虚拟现实眼镜,通过操作手柄还原现场,使其身临其境,进而提供更加真实有效的证词。

(2) 运用多模态情感识别算法捕捉当事人情绪

在庭审过程中,法官的心证受到许多因素影响,其中对当事人的情感判断是相当重要的部分。而线上庭审所特有的网络延迟、卡顿等因素非常不利于其作出准确的判断。借助"情感计算"技术,法官可以更精准地把握当事人情绪的变化,利于其更好地进行心证。

"情感计算"是全世界范围内的学术热点,涉及心理学、生理学、神经科学、语言学、社会学等学科。在诸多"情感计算"算法中,多模态情感识别是较常用和较准确的算法之一。情感是通过多种模态的形式进行表达的,情感涉及主观感受,身体会出现一系列的生理反应,并且通过表情、言语和肢体动作等方式表示。比如,人们在高兴时说话节奏欢快,表现在说话的音调和语速上,同时会微笑、眯眼,此时语音和表情同时表达出高兴的情感状态。多模态情感识别就是通过这些反应来识别和预测情感,通过分析语音信号、视觉信号和生理信号等来识别人的情感状态,利用多通道情感信息之间的互补性来提高情感识别的准确率。

在庭审中可以使用多模态情感识别算法,对当事人的每个模态特征用一个组件隐马尔可夫模型建模,最后将模型的结果进行融合,为法官提供参考。当然,这种"情感计算"呈现的单一结果并不能代替法官的观察与对案件的思考,所以在线上庭审的过程中,"情感计算"展现给法官的不能仅仅是对多种特征进行融合之后的结果,而是要将每个特征按一定的指标进行融合。通过呈现有关当事人情绪的数据指标,法官可以作出更精准的判断,从而在一定程度上弥补在线庭审导致的法官心证的不足。

2. 着力建设"基础设施即服务"助力云模式升级

目前,云模式在智慧司法中的应用仅仅局限于"软件即服务"模式,用户只要连接网络,就可以通过浏览器直接在云端运行应用,不需要顾虑安装等琐事。虽然"软件即服务"模式不需要用户自己解决问题，只需要确定需求即可，不需再另外购买硬件，但是它的安全性和可定制性存在不足。安全性得不到保障也是许多大型企业不愿使用"软件即服务"模式的原因，它们需要保护自己的核心技术，不希望交付第三方来负责。此外，基于公有云的"软件即服务"几乎不能定制化开发，所有应用服务都由用户共享，不能像私有化部署那样对一些特有的功能进行定制设计。

智慧司法也是如此，司法安全不能长期由第三方负责，并且有许多要求与一般行业不同，故本文认为，在满足条件的情况下应转为使用"基础设施即服务"模式。该模式下，用户可以按需使用基础架构或虚拟机，供应商负责提供网络传输服务和虚拟服务器，消费者可自行操作系统及其对应的程序。虽然在这种服务模式下，法院需要自行充当系统管理员，需要根据具体的需求自行在租用的云服务器端设置所需的功能，但是其不仅性价比高，还具有极强的可靠性、可拓展性和可访问性。当智慧司法的需求和其中的环节发生了改变，就不需再向云服务商提出要求，自行更改即可，增强了原始服务的拓展性和可更改性，安全性也得到了提高。但需要指出的是，"基础设施即服务"模式要求使用人同时拥有法律知识和计算机知识，这又指向了培养复合型人才的必要性。[24]

六、结 语

在线诉讼云模式是技术融入司法的一个创新之举。通过对杭州市在线诉讼云模式的实证研究，我们窥得智慧法治建设的一角，助力构建未来智慧法院建设的元素。我们寄希望于在线诉讼云模式，对其秉持乐观积极的态度，也就更需要对其精准定位，充分防范潜在的风险。当下的云模式已深入应用于各个诉讼环节，但其核心工作仍是数据搜集和裁判预测，更多提供的是对过去经验的总结。然而，司法裁判的重心从来不在于对过去的模仿，而是立足当下、面向

---

[24] 2017年，国务院印发《新一代人工智能发展规划》明确提出："鼓励高校在原有基础上拓宽人工智能专业教育内容，形成'人工智能+X'复合专业培养新模式。"这指引我们进一步培养复合型人才，为人工智能司法构建良好的基础。2019年起，部分高校开始启动人工智能法学专业招生，这为在线诉讼云模式的发展提供了支撑。

未来。[25]对于云模式所提供的服务,我们要审慎地使用,不能当然地将其置于主导地位。总体而言,技术的推广和法律的规范都需要时间沉淀,相关技术和法律能否真正发挥效用,也需要实践的检验。在网络化、信息化的当下,我们要进一步发挥在线诉讼云模式的效用,以期实现司法的时代化发展。

---

[25] 参见杨延超:《算法裁判的理论建构及路径选择——基于若干人工智能实验的启示》,载《治理研究》2022年第4期。